LES CONFIGURATIONS DU NIHILISME

DANS LA MÊME COLLECTION
DERNIÈRES PARUTIONS

Pierre CASSOU-NOGUÉS et Pascale GILLOT (éd.), *Le concept, le sujet et la science. Cavaillès, Canguilhem, Foucault*, 280 pages, 2009.

Franck FISCHBACH, *Sans objet. Capitalisme, subjectivité, aliénation*, 272 pages, 2009.

Servianne JOLLIVET et Claude ROMANO (éd.), *Heidegger en dialogue, 1912-1930*, 304 pages, 2009.

Jean-François LAVIGNE, *Accéder au transcendantal? Réduction et idéalisme transcendantal dans les* Ideen I *de Husserl*, 336 pages, 2009.

Pierre RODRIGO, *L'intentionnalité créatrice. Problème de phénoménologie et d'esthétique*, 304 pages, 2009.

Sophie-Jan ARRIEN et Sylvain CAMILLERI (éd.), *Le jeune Heidegger 1909-1926*, 288 pages, 2010.

Sandra LAUGIER, *Wittgenstein. Le mythe de l'inexpressivité*, 272 pages, 2010.

Jean-Michel ROY, *Rhin et Danube. Essais sur le schisme analytico-phénoménologique*, 544 pages, 2010.

Günter ABEL, *Langage, signes et interprétation*, 336 pages, 2011.

Étienne BIMBENET, *Après Merleau-Ponty. Études sur la fécondité d'une pensée*, 256 pages, 2011.

Françoise DASTUR, *Heidegger et la pensée à venir*, 256 pages, 2011.

Franck FISCHBACH, *La privation de monde. Temps, espace et capital*, 144 pages, 2011.

Renaud BARBARAS, *La vie lacunaire*, 216 pages, 2011.

PROBLÈMES ET CONTROVERSES

Directeur : Jean-François Courtine

LES CONFIGURATIONS DU NIHILISME

sous la direction de

Marc CRÉPON

et

Marc de LAUNAY

Ouvrage publié avec le concours des Archives Husserl de Paris (UMR 8547 Ens/Cnrs)

PARIS
LIBRAIRIE PHILOSOPHIQUE J. VRIN
6 place de la Sorbonne, V^e

2012

Imprimé en France
ISSN 0249-7875
ISBN 978-2-7116-2412-6
www.vrin.fr

LIMINAIRE

Durant trois années (entre 2007 et 2009), les Archives Husserl de Paris, laboratoire du CNRS, ont organisé à l'École Normale Supérieure des journées d'étude consacrées aux « Configurations du nihilisme ». À chaque reprise, Franco Volpi, dont le livre *Il nihilismo* reste la référence majeure sur le sujet, nous avait fait l'amitié de venir de Padoue pour participer à nos travaux. Avec une grande générosité, il nous avait donné à partager ses recherches et ses réflexions. Au croisement de la rue d'Ulm et de la rue Gay-Lussac, il nous avait promis, à l'issue de la dernière journée, la version rédigée de ses interventions, avant de partir à l'assaut des librairies parisiennes, comme il avait l'habitude de le faire, à chacun de ses passages. Sa disparition tragique, quelques semaines plus tard, ne lui a pas laissé le temps de mener à bien ce projet. Il nous a donc fallu finir sans lui. C'est avec tristesse et gratitude que nous dédions ce livre à sa mémoire.

Marc CRÉPON et Marc de LAUNAY

« ITINERARIUM MENTIS IN NIHILUM »
POUR UNE HISTOIRE CONCEPTUELLE DU PROBLÈME

L'homme contemporain se trouve dans une situation d'incertitude et de précarité. Sa condition est semblable à celle d'un promeneur qui aurait longtemps marché sur une surface gelée mais qui découvrirait qu'avec le dégel la banquise se met à bouger et qu'elle est en train de se briser en mille morceaux. La surface des valeurs des concepts traditionnels s'est fissurée et la poursuite de la marche en est rendu difficile.

La pensée philosophique a tenté de faire le diagnostic d'une telle situation, des maux qui affligent l'homme contemporain et des dangers qui le menacent. Et elle a cru pouvoir identifier la cause essentielle de tout cela dans le « nihilisme ». Mais qu'est-ce que le nihilisme ?

Le terme de nihilisme fait son apparition à la fin du XVIIIe siècle et au début du XIXe siècle à la faveur des controverses qui caractérisent la naissance de l'idéalisme allemand ; plus tard, dans la seconde moitié du siècle passé, c'est devenu un thème général de discussion mais il ne s'est révélé comme problème dans toute sa radicalité et son ampleur que dans la pensée du XXe siècle. En tant qu'expression des tentatives artistiques, littéraires et philosophiques qui visaient à expérimenter la puissance du négatif et à en vivre les conséquences, il a mis en évidence le mal-être profond qui déchire comme une fissure la compréhension que notre époque a d'elle-même. Nietzsche déjà le saluait comme « le plus inquiétant » parmi tous les hôtes. Désormais, cet hôte sinistre rôde partout dans la maison, et vouloir à le mettre à la porte n'a plus de sens. Mais que signifie véritablement le nihilisme ?

Nous trouvons la réponse à notre question chez Nietzsche, le premier grand prophète et théoricien du nihilisme. Dans un fragment manuscrit des dernières années de lucidité, Nietzsche, après s'être posé la question, répond :

> Le nihilisme est un état ***normal***. Nihilisme : le but fait défaut ; la réponse au "pourquoi ?" fait défaut. Que signifie le nihilisme ? – que les valeurs suprêmes se dévalorisent [1].

Le nihilisme est donc la situation de désorientation qui succède à la perte des repères traditionnels, c'est à dire les idéaux et les valeurs qui représentaient la réponse au « pourquoi ? » et qui, comme tels, éclairaient l'action de l'homme. Dans un autre fragment, Nietzsche illustre ensuite la dynamique qui donne naissance à la dépréciation des valeurs supérieures et provoque l'avènement du nihilisme :

> L'homme moderne croit de façon expérimentale tantôt à telle *valeur*, tantôt à telle autre, quitte à les laisser tomber : la sphère des valeurs dépassées et déchues augmente sans cesse ; le *vide* et *l'indigence en valeurs* se font de plus en plus sensibles : mouvement irrésistible – malgré une tentative de grande envergure pour en retarder l'effet – Enfin l'homme moderne risque une critique des valeurs d'une manière générale ; il *en reconnaît* les origines ; il en *sait suffisamment* pour ne plus croire à aucune valeur : voici le *pathos*, le frisson nouveau... Ce que je raconte est l'histoire des deux prochains siècles... [2].

Entre temps, la prophétie de Nietzsche s'est réalisée. Le feu qu'il a allumé s'est partout propagé. N'importe qui peut voir que le nihilisme n'est plus seulement l'obscurité expérimentée par d'extravagantes avant-gardes intellectuelles, mais qu'il fait désormais partie de l'air même que nous respirons. Son omniprésence multiforme l'impose à notre considération avec une évidence qui n'a d'égale que la difficulté où nous sommes de l'embrasser dans une définition claire et univoque. Sur le diagnostic de nihilisme, sur la mise en évidence des pathologies et du malaise culturel qu'il représente, les esprits sont divisés. En outre, les enquêtes historiques sur la genèse du terme ont révélé les traces d'une manifestation complexe et ramifiée du phénomène.

J'avancerais, à titre de première définition, payant tribut à l'étymologie, que le nihilisme – de *nihil*, rien – est la pensée obsessionnelle du néant. Si c'est bien le cas, on pourrait être tenté de retrouver le nihilisme et ses traces

1. F. Nietzsche, *Fragments posthumes*, 9 [35], automne 1887, in *Œuvres philosophiques complètes*, XIII, Paris, Gallimard, 1976.

2. F. Nietzsche, *Fragments posthumes*, 11 [119] (362), novembre 1887-mars 1888, in *Œuvres philosophiques complètes*, XIII, Paris, Gallimard, 1976.

un peu partout dans l'histoire de la philosophie occidentale, à tout le moins dans chaque pensée où le néant se présente comme problème central – n'en déplaise à Bergson qui le rangeait parmi les faux problèmes.

En ce sens, Gorgias pourrait être considéré comme le premier nihiliste de l'histoire occidentale pour la démonstration fulgurante qu'il nous a léguée : le néant est ; même s'il était, il ne serait pas connaissable, et même s'il était connaissable, il ne serait pas communicable (*anhermèneuton*). Cela étant, il faut se demander si une histoire du nihilisme ne devrait pas aussi inclure Fridugise de Tours, l'élève d'Alcuin qui dans le *De substantia nihili et tenebrarum*, par un geste philosophique scandaleux pour l'époque, veut montrer que le néant s'impose par sa présence, et qu'il lui revient donc un certain être et une certaine substance. Ne faudrait-il pas non plus accueillir de plein droit dans cette histoire les méditations de Maître Eckhart lorsque, avec une vertigineuse *annihilatio*, il affirme que Dieu est le néant, que « l'ange, la mouche, et l'âme » sont la même chose – comme dans le commentaire de la parole de Luc : « Paul se souleva de terre et, les yeux ouverts, vit le néant » ? Et pourquoi pas aussi d'autres expressions sublimes de la mystique spéculative, de Denys l'Aréopagite à Jean de la Croix et à Angelus Silesius.

Mais également Charles de Bovelles qui, en pleine Renaissance, dans son *Livre du Néant* (1509) s'acharne sur cette « négation originaire de la créature et de la matière » qu'est le néant, le considérant comme un concept cardinal de sa théologie négative ? Ou, enfin, Léonard qui dans une note du *Codex Atlantique* (folio 389, vers d) remarque : « Parmi les grandes choses qui se trouvent parmi nous, l'être du néant est des plus grandes » ? Ou la bible du scepticisme nihiliste, le *Quod nihil scitur* de Francesco Sanches ? Et pourquoi pas Leibniz aussi, et sa célèbre question formulée dans les *Principes de la nature et de la grâce* : « Pourquoy il y a plustôt quelque chose que rien ? », ainsi que sa réponse encore plus stupéfiante : « Car le rien est plus simple et plus facile que quelque chose » [1] ? Et enfin pourquoi pas également ce sublime maître du néant que fut Leopardi avec cette affirmation du *Zibaldone* selon laquelle « Le principe des choses, et de Dieu même, est le néant » [2] ?

À la façon d'une ombre que l'on ne peut supprimer, le néant a depuis toujours accompagné et tenaillé la réflexion philosophique – comme Méphisto. L'« esprit qui toujours nie » s'insinue dans les pensées qui animent

1. Leibniz, *Principes de la nature et de la grâce*, éd. Gerhardt, vol. VI, p. 602.

2. Leopardi « Zibaldone », in *Opere*, Milano, Mondadori, 1937-1949 ; III, 903.

l'esprit humain tirant leur force des raisons de la négativité qui furent déjà celles d'Anaximandre :

> Denn, was entsteht,
> Ist wert, dass es zu Grunde geht;
> Drum besser wär's, dass nichts entstünde [1].

La philosophie ne peut pas s'épargner de penser le néant s'il est vrai que, pour accomplir la tâche qui est la sienne, autrement dit le questionnement au sujet de l'être en tant qu'être, elle doit distinguer ce dernier de ce qui lui est essentiellement opposé à savoir le néant. Et c'est la conclusion sans appel à laquelle parvient Heidegger à ce sujet :

> C'est pourquoi l'expérience immédiate et foncière de la proximité du Néant, qu'un philosophe ferait dans l'être de l'étant, constitue, quant à l'authenticité et la force de sa pensée, la pierre de touche la plus dure, mais la plus certaine. Celui à qui cette expérience échappe se tient désespérément et définitivement hors de la philosophie [2].

Confrontés au nihilisme nous avons la même conviction qu'à l'occasion de tous les vrais problèmes philosophiques : ils n'ont pas de solution mais une histoire.

Franco VOLPI
(Traduit de l'italien par Gilles Tiberghien)

1. Goethe, *Faust*, I, v. 1339-1341 « Car ce qui naît ne vaut que de périr, et mieux vaudrait qu'il ne naisse point ».
2. M. Heidegger, *Nietzsche*, I, Paris, Gallimard, 1971 p. 357 (trad. P. Klossowski).

« JE N'AI FONDÉ MA CAUSE SUR RIEN » : NIHILISME ET SUBJECTIVITÉ DE JACOBI À STIRNER

Nous prendrons pour point de départ de cette réflexion une remarque de Charles Taylor : « Un subjectivisme total et parfaitement conséquent tend vers le vide : aucun accomplissement n'aurait de valeur dans un monde où littéralement rien n'aurait d'importance que l'accomplissement personnel » [1]. Nous nous demanderons à quoi pourrait bien ressembler un tel subjectivisme total et si l'on trouve dans l'histoire de la philosophie – chez Berkeley, chez Fichte, voire chez Stirner –, quelque chose qui s'apparente au nihilisme radical dont nous menace, paraît-il, la promotion moderne de la subjectivité. Nous nous appuierons pour cela sur l'analyse de Friedrich Heinrich Jacobi, puisqu'il lui revient d'avoir été le premier à porter ce diagnostic et à faire du nihilisme la contrepartie de l'affirmation de soi de la subjectivité.

Le terme *subjectivité* apparaît en Allemagne à la fin du XVIIIe siècle. Le mot, adapté du français, a d'abord été utilisé dans le cadre de la polémique anti-kantienne et a d'emblée reçu un sens négatif et critique. On le voit ainsi employé pour la première fois en 1788 par Adam Weishaupt, le fondateur de l'ordre des *Illuminaten* de Bavière, pour signifier que le système kantien conduit la connaissance à une *totale* subjectivité, c'est-à-dire à la ruine de toute certitude, puisque ne lui correspond plus aucun objet existant indépendamment des représentations du sujet [2]. Le terme ne peut donc s'entendre

1. *Cf.* Ch. Taylor, *Les sources du moi*, trad. fr. C. Melançon, Paris, Seuil, 1998, p. 633.

2. A. Weishaupt, *Zweifel über die Kantischen Begriffe von Zeit und Raum*, Nürnberg, 1788. *Cf.* K. Homann, « Zum Begriff 'Subjektivität' bis 1802 », *Archiv für Begriffsgeschichte*, Begründet von Erich Rothacker, H.-G. Gadamer et J. Ritter (éd.), Bonn, Bouvier, Bd. XI, 1967, p. 184-205.

indépendamment de la nuance dépréciative qu'apporte l'épithète qui lui est immédiatement accolé : un subjectivisme conséquent ne peut qu'être total. C'est déjà en ce sens que Jacobi entendait le mot *subjectif* quand, en 1787, quelques mois avant la parution de la seconde édition de la *Critique de la raison pure*, il accusait l'idéaliste transcendantal de substituer aux objets réels des déterminations simplement subjectives de l'esprit, c'est-à-dire dépourvues de quoi que ce soit de réellement objectif[1]. Pour Kant, seul ce que le sujet construit de lui-même est réel. L'époque est donc celle du triomphe de la subjectivité, au sens où elle tend à dissoudre toute réalité en représentations, à vider le monde de sa substance et, en rendant la philosophie impossible, à priver la pensée de sa force. Cette déréalisation radicale de tout ce qui est est le premier pas vers le nihilisme.

Jamais pourtant un philosophe n'a encore eu le courage d'aller au bout de son subjectivisme. Berkeley par exemple a pu donner l'impression de prendre la subjectivité pour principe et de produire un idéalisme absolu, mais sa philosophie, bien qu'on ne saurait effectivement en venir à bout tant elle s'éloigne du sentiment naturel, n'est qu'un idéalisme incomplet ou inachevé puisque la réduction de l'*esse* au *percipi* nous conduit en fin de compte à avoir recours au fondement divin. Aussi Jacobi n'hésite-t-il pas à mettre la philosophie moderne au défi « de soutenir l'idéalisme le plus énergique qui ait été professé et de ne pas s'effrayer devant le reproche d'égoïsme spéculatif » qui ne saurait manquer de lui être adressé. Le destin du kantisme par exemple est de déposer sa double nature d'idéalisme transcendantal et de réalisme empirique et, en allant toujours plus loin dans l'approfondissement de la pure subjectivité, d'aboutir à l'idéalisme absolu. C'est donc avec le plus grand intérêt, mais non sans surprise, que Jacobi va assister à l'essor de la philosophie fichtéenne. Fichte est en effet le premier qui ait osé employer le terme subjectivité en un sens positif[2]. Il était alors inévitable qu'il passe pour le tenant d'un idéalisme subjectif intégral. Reinhold par exemple dira de sa *metaphysische Subjektivitätslehre* qu'elle tend à faire

1. « David Hume et la croyance. Idéalisme et réalisme », in *Friedrich Heinrich Jacobi, Werke. Gesamtausgabe*, Bd. II, 1, *Schriften zum transzendentalen Idealismus*, W. Jaeschke et IM. Piske (éd.), Hamburg, Meiner, Frommann-Holzboog, (cet ouvrage étant le deuxième tome des *Werke* (*Gesamtausgabe*, K. Hammacher/ et W. Jaeschke (éd.), Hamburg, Stuttgart-Bad Cannstatt, 1998-2004), il sera dorénavant abrégé en JWA 2, 1), p. 107 et 109 (*cf.* trad. fr. de L. Guillermit, Paris, Vrin, « Textes et Commentaires », 2000).

2. *Cf.* la lettre à Reinhold du 28 avril 1795, *in* J.G. Fichte, *Gesamtausgabe*, R. Lauth et H. Jacob, (éd.) Stuttgart-Bad Cannstatt, Frommann-Holzboog, Bd. III, 2, *Briefwechsel 1793-1795*, 1970, p. 314-315 : tout principe se subordonne à ce « principe de la subjectivité en général » que Kant pointait déjà manifestement du doigt.

de la subjectivité absolue la pure vérité et de la vérité pure la subjectivité absolue[1].

Or, c'est moins une accusation de subjectivisme que de nihilisme que Jacobi va adresser à cette doctrine de la subjectivité totale. À cet idéalisme absolu Jacobi va tout d'abord opposer un réalisme inconditionné : « Je fais un grand saut et dis : de même que, pour Fichte, tout est subjectivité, pour moi, tout est objectivité »[2]. Le vrai n'est accessible qu'à une raison désubjectivisée, à un *nous* englobant aussi bien le *logos* que l'*ethos*. Sans ce savoir immédiat du réel, sans une *foi*, nous ne pourrions opérer ce *salto mortale* et passer par-dessus la distinction du phénomène et de la chose en soi, consubstantielle à la position de la subjectivité comme principe. Malheureusement, Fichte n'est pas assez fou pour oser effectuer ce saut : chez lui, l'unité du moi et du non-moi, du *Je suis* et du *Il y a des choses hors de moi*, n'est jamais qu'une égalité artificielle produite par la spéculation dans son effort pour devenir une science complète du vrai. L'enthousiasme logique le conduit en effet à prendre pour principe un moi incapable d'affirmer son infinité autrement qu'en supprimant ses limites et en niant le non-moi. Le Moi dissout toute extériorité, toute objectivité et se voue éternellement à une pure activité de production de soi, « simplement pour l'amour de l'activité et de la contemplation, sans autre sujet ou objet, sans contenu, sans matière, sans but et sans dessein »[3]. Le nihilisme se caractérise donc autant par un appauvrissement des contenus que par la réduction à néant de toutes les fins : Dieu lui-même n'est plus qu'un symbole ou une image en nous, une pensée du fini, et le Moi voit tout autour de lui se décomposer peu à peu en son propre néant.

La *Lettre à Fichte* en vient donc à faire de la formule Je=Je, de la position de soi du Moi, l'expression même du nihilisme. Jacobi, qui a popularisé ce terme à défaut de l'avoir inventé, ne laisse pourtant pas échapper le caractère le plus spécifique de la *Wissenschaftslehre*. Il se distingue en cela de l'ensemble de ses contemporains, qui ne virent en elle qu'un pur subjectivisme. Il comprend, non sans acuité, que le Moi de Fichte n'est pas un sujet auquel l'objet ferait pendant mais un authentique sujet-objet, qui fournit le fondement à la fois de l'objectivité et de la disjonction du subjectif et de l'objectif. À ses yeux, la *Doctrine de la science* n'est pas un simple monisme, mais un

1. CL. Reinhold, *Beyträge zur leichtern Uebersicht des Zustandes der Philosophie beym anfange des 19. Jahrhunderts*, Bd. II, Hamburg, 1801-1803, p. 49.

2. Lettre à Jean Paul du 16 mars 1800, in *Aus FH. Jacobi's Nachlaß*, éd. R. Zoeppritz, Leipzig, Engelmann, vol. I, 1869, p. 239.

3. *Lettre à Fichte, in* JWA 2, 1, p. 210 et 205.

égoïsme absolu, spéculatif[1]. Elle n'est pas un pur idéalisme mais un idéal-matérialisme, la réunion de l'idéalisme et du matérialisme en un seul être, un spinozisme inversé. Avec le concept d'une substance qui se détermine elle-même et produit les étants, Spinoza a découvert l'idéalisme absolu, la subjectivité de la substance, l'identité de la pensée et de l'être dans le sujet-objet. Fichte, en renversant le cube philosophique du spinozisme, met cette fois en évidence la substantialité du subjectif. Pour lui, le substantiel est le sujet absolu : l'objet ne se soutient que de la spontanéité du sujet et l'égalité du sujet et de l'objet est encore quelque chose de subjectif. Dans la *Doctrine de la science*, la subjectivité absolue se sait donc être l'identité de la substance et du savoir, mais elle ne le sait que *subjectivement*, négativement : pour elle, le subjectif et l'objectif ne sont jamais que des aspects du Moi. Cette opposition des deux doctrines, en apparence les plus inconciliables qui soient, suppose, on le voit, un accord de fond : Fichte et Spinoza partagent la même conception de l'individuation comme déploiement à partir d'un principe. En faisant du Moi la mesure de toutes choses, Fichte ne prive pas moins le fini de réalité que Spinoza.

Jacobi oppose à tout ce spinozisme du Moi une authentique philosophie de la personne. Il demande par exemple : « Ne devrait-on pas faire une différence entre le *Ich* et le *Selbst* ? – *Ich selbst* implique l'*identité* et ne peut être généralisé de la même manière que le *Ich* »[2]. Une vraie identité personnelle, une unité à soi indissoluble ne sauraient donner lieu aux généralisations dont la philosophie abstraite nous a accablés et qui toutes reposent sur la considération d'un Absolu anonyme et s'achèvent dans la contemplation du néant. Seule une identité irréductible à soi peut donner à la philosophie son principe. Ce que le subjectivisme a fait perdre au Moi, c'est sa substantialité, ce qui rend possible une individuation et permet que dans la formule *Je suis*, *Ich bin*, le *Ich* ait plus de valeur que le *bin* : « l'égoïté comme simple activité d'identification – du rien, comme rien, dans le rien, par le rien, est une pure absurdité et l'opposition, comme condition de cette identification, est une véritable ineptie étant donné que, *pour* l'opposition, je n'ai jamais à ma disposition qu'un rien plus rien, une *quantité infinie* de "plus rien". La pure identité (*Selbstheit*) est la pure mêmeté sans personne qui soit le même (*reine Derselbigkeit ohne Der*). Le *il* (*der*) ou le *ça* (*das*) est toujours

1. *Cf.* G. Zöller, « Fichte als Spinoza, Spinoza als Fichte. Jacobi über den Spinozismus der Wissenschaftslehre », in *Friedrich Heinrich Jacobi. Ein Wendepunkt der geistigen Bildung der Zeit*, W. Jaeschke et B. Sandkaulen (éd.), Hamburg, Meiner, 2004, p. 37-52.

2. *Kladde* VI, 13 : cité par B. Sandkaulen, *Grund und Ursache. Die Vernunftkritik Jacobis*, München, Wilhelm Fink, 2000, p. 197 note.

nécessairement un individu. L'identité a donc naturellement la substantialité pour fondement et la substantialité l'individualité. *Conscient* est un adjectif; sans substantif, on ne peut le penser et ce substantif est ce qui se présente, de manière non intuitive, dans le sentiment d'identité. La personnalité de l'homme est absolument inconcevable sous la forme d'un simple flottement par synthèse : on peut prouver qu'elle est impossible en tant que produit dans le temps, comme quelque chose qui naît seulement par réflexion. Moi, Friedrich Heinrich Jacobi, je me reconnais comme tel *sans le moindre signe distinctif*, immédiatement en vertu de ma substance; je n'ai pas besoin de composer au préalable ma personnalité »[1]. Le *cogito* jacobien porte donc moins sur un Moi que sur une personne. Jacobi ne se préoccupe d'aucune subjectivité pure ou absolue mais de l'existence d'un être effectif, définie à partir d'une unité à soi irréductible et de la conscience de l'identité propre qui l'accompagne. En comparaison, le Moi fichtéen paraît n'être qu'une abstraction impersonnelle, une pure généralité, qui, à force de dénier toute réalité à son autre, se perd soi-même dans le néant. Subjectivité signifie ici tout le contraire d'individualité, de clôture sur soi, d'identité personnelle, mais dissolution, déréalisation de soi. Une fois encore, elle ne peut qu'être totale.

En fin de compte, toute l'erreur de la pensée moderne, qui l'a conduite à l'égoïsme spéculatif et au nihilisme, est d'avoir isolé la personne de ses contenus. C'est ce qui l'a chaque fois amenée, quelque forme qu'elle ait pu prendre, à se donner pour point de départ « une représentation tout à fait indéterminée d'un pur principe vital, semblable à la représentation du pur espace et du pur temps vides : sans propriété, sans individualité, sans une quelconque caractéristique de l'être de qui on a présentement conscience qu'il est une personne, la personne propre »[2]. L'erreur a donc été de croire qu'il puisse exister un pur principe, un sujet sans prédicat, indépendant de ce qu'on lui attribue. Si la philosophie moderne n'avait eu l'idée d'isoler un sujet en-deçà de l'unité irréductible de la personne, elle ne se serait jamais égarée dans le subjectivisme et dans la représentation d'un être pur ou d'une pure existence. « L'existence en effet peut être tout aussi peu un prédicat que quelque chose qui subsiste par soi seul. Le sujet ne vient pas seulement s'ajouter à telle ou telle caractéristique mais le sujet ne peut non plus exister

1. Lettre de Jacobi à Jean Paul du 16 mars 1800, in *Aus FH. Jacobi's Nachlaß*, éd. R. Zoeppritz, Leipzig, Engelmann, 1869, Bd. I, p. 238.

2. Jacobi, *Werke* I, 276.

sans ces caractéristiques, dont la nature fait l'intérêt de son essence » [1]. C'est parce que la philosophie moderne s'est ingéniée à séparer l'un de l'autre ces deux termes qu'elle est devenue toute entière une philosophie de la subjectivité, non une philosophie de la personne.

Rien n'est donc plus absurde, aux yeux de Jacobi, que la réduction subjectiviste du fondement qu'opère Fichte et pourtant, toute insensée qu'elle soit, cette opération n'en dévoile pas moins une dimension constitutive de la subjectivité. Le nihilisme auquel aboutit le subjectivisme fichtéen est le résultat nécessaire, inévitable et, à sa façon, révélateur, non seulement des tendances de l'époque, mais d'une réalité inscrite au cœur de toute existence personnelle. C'est à l'idéalisme allemand qu'il est revenu d'emprunter jusqu'à son terme cette voie qui s'offrait à la pensée. Jacobi, qui s'est toujours flatté d'avoir anticipé le développement du nihilisme moderne, en a sans doute aussi, par ses écrits, mais à son corps défendant, précipité l'achèvement. Aussi l'erreur fondamentale qu'a commise la philosophie allemande n'a-t-elle finalement pas enlevé à sa tentative toute légitimité : l'époque a seulement eu le tort de vouloir penser quelque chose comme un sujet nu, sans voir qu'il ne s'agissait là que d'une pure absurdité. L'unité irréductible, la réalité dernière, au contraire, est celle de la personne et l'erreur philosophique par excellence reste, comme le dira Whitehead, celle du « concret mal placé ». C'est cette faute qui a conduit au subjectivisme absolu fichtéen, au spinozisme du Moi, à un système de la subjectivité absolue où précisément tout sujet fait défaut. N'est-ce pas en vérité la chose la plus absurde qui soit : un Moi qui, étant pour lui-même le début, le milieu et la fin, ne peut rien commencer? Le nihilisme, qui ne repose pas sur un oubli de l'être ou de quelque différence intérieure à l'être mais sur un oubli de *celui qui est l'être,* est bien moins une philosophie dangereuse qu'une philosophie impuissante.

Sans *Toi*, pas de *Moi :* seule cette vérité première, qui vaut pour tous les êtres finis, peut donner une consistance à la vacuité du sujet humain [2], seule elle peut faire obstacle au nihilisme fichtéen. À travers toute son œuvre, et jusque dans ses derniers écrits, en réaction d'abord au rationalisme des Lumières puis à l'idéalisme postkantien, Jacobi définit la philosophie comme la recherche d'une vérité qui ne soit pas ma création mais dont je sois la

1. Lettre du 22 janvier 1784 à Wizenmann, *in* Friedrich Heinrich Jacobi, *Briefwechsel*, in *Gesamtausgabe*, M. Brüggen und S. Sadhof, Stuttgart (éd.), Frommann-Holzboog, 1981-2005, Bd. I, 3, p. 269. *Cf.* B. Sandkaulen, « *Dass, was oder wer? Jacobi im Diskurs über Personen* », in *FH. Jacobi. Ein Wendepunkt der geistigen Bildung der Zeit*, W. Jaeschke et B. Sandkaulen (éd.), Hamburg, Meiner, 2004, p. 217.

2. JWA 1, 1, p. 338.

créature. Je ne suis que l'autre d'un Autre, son reflet et son symbole : je me sens davantage exister en lui qu'en moi-même et le sentiment de l'autre peut à bon droit être appelé la véritable création *ex nihilo*. L'expression « dieu personnel » doit donc être prise en un double sens : je ne peux avoir un dieu qui me soit personnel et qui s'adresse à moi en tant que personne qu'à la condition qu'il soit lui-même doué de personnalité. Jacobi va donc donner le nom de nihiliste à celui qui oublie que l'on ne peut s'affirmer comme une personne qu'en tant qu'assujetti à l'existence d'un Autre, d'un Toi transcendant : le nihiliste se représente Dieu, non comme un être personnel mais comme un Absolu anonyme ou une pure activité, autant dire comme un spectre. Son regard dissolvant fera bientôt se dissiper tout être et toute essence comme autant d'apparences ou de superstitions. Il conduira à la ruine tout ce qui est sacré. Car, comme le dit Jacobi solennellement, « sans un Dieu *vraiment* vivant, un Dieu qui soit un être personnel, rien dans le monde n'a plus de valeur pour moi et ma propre existence me donne la nausée »[1]. La tendance à jouir de sa propre existence est une absurdité et, en vérité, une absurdité terrifiante. L'existence qui n'est pas le signe d'une transcendance est vide et ne peut qu'inspirer le dégoût.

Jamais encore on n'avait si fortement dénoncé le néant de la subjectivité livrée à elle-même. Jamais on n'avait aussi violemment placé la philosophie en face du néant. Et pourtant la position de Jacobi ne manque pas d'être ambiguë : chez lui, le sujet n'est jamais affecté par le néant auquel il s'oppose, il ressort inaltéré de cette confrontation. C'est là d'ailleurs tout ce que Hegel lui reproche : ne jamais concevoir la subjectivité que sous la forme d'un rapport immédiat à soi, rechercher l'innocence de l'immédiateté à travers un questionnement philosophique qui ne peut vouloir être tel. On veut tout ignorer des effets que le rapport à la vérité a sur le sujet et l'on entend préserver intacte sa particularité en ne la soumettant pas au feu dévorant de l'Absolu. Jacobi n'a donc pas compris ce que Fichte entend par subjectivité, il n'a pas vu que, dans la *Doctrine de la science*, égoïté signifie réflexivité, retour sur soi de l'activité intelligente[2] et il n'est évidemment pas à même d'effectuer le pas décisif qui conduit la réflexion à devenir spéculative. La réflexion en effet devient l'instrument de la philosophie sitôt qu'elle a rapport à l'Absolu : en s'anéantissant elle-même et en anéantissant avec elle tout ce qui est limité, elle se réfléchit sur elle-même et se fait négation de la négation.

1. *Einige Betrachtungen über den frommen Betrug*, in *Deutsches Museum*, 1788, I, p. 166.

2. *Cf.*, par exemple, le *Fondement du droit naturel selon les principes de la doctrine de la science*, trad. fr. A. Renaut, Paris, P.U.F., 1984, p. 33 : « Une activité en général revenant sur elle-même (égoïté, subjectivité) est la caractéristique de l'être raisonnable ».

Elle donne alors au fini sa subsistance en tant qu'autodétermination de l'Absolu. C'est précisément cette négativité du rapport à soi que Jacobi préfère ne pas voir. Sa conception positive de la personne comme identité irréductible à soi accomplit alors ce que lui-même reprochait à Fichte, à savoir l'absolutisation de la subjectivité, entendue cette fois comme simple particularité. Jacobi fait, d'une manière très subjective, de la subjectivité l'individualité. Sa conscience d'avoir supprimé la subjectivité et anéanti l'égoïsme est précisément la subjectivité suprême, « le subjectif du subjectif ». Sa doctrine est donc loin d'être une authentique *philosophie* de la subjectivité. Cette *philosophie* au sens fort du terme est bien plutôt l'œuvre propre de Hegel, sa contribution spécifique. Or, c'est justement en partant de l'accusation que Jacobi a lancée contre la *Doctrine de la science* que celui-ci a pu former son concept de la négativité et démarquer son nihilisme de celui de Fichte : comme l'ont montré W. Bonsiepen et O. Pöggeler, c'est par opposition à Jacobi que le Hegel de Iéna en est venu à présenter sa philosophie comme un *vrai nihilisme*, comme un nihilisme de la pensée pure, reposant sur la négation de soi de la subjectivité particulière du sujet et laissant l'être dire lui-même progressivement son sens [1].

Les successeurs de Hegel auront tendance à laisser de côté le versant positif, le côté lumineux de cette philosophie de la subjectivité. Ils oublieront que la négation de la subjectivité peut donner lieu à une construction rationnelle, à une construction dans l'Absolu. Les plus significatifs d'entre eux retiendront plutôt qu'il en va de l'essence de la subjectivité d'être irréductible à toute détermination et que sa position est en même temps sa dissolution, ou du moins la mise en évidence non pas de sa négativité, mais à proprement parler du *néant* qui la constitue. Ainsi, ils iront plus loin encore que Hegel dans la tendance à détacher la subjectivité de l'identité et à réduire cette dernière à une catégorie unilatérale. C'est par exemple ce que fait Johann Kaspar Schmidt, dit Max Stirner, à n'en pas douter le plus marquant, mais aussi le plus étrange des posthégéliens, lorsqu'il demande à propos de l'individu humain : « Ce prédicat d'homme remplit-il la fonction du prédicat, d'exprimer le sujet dans sa totalité ou bien n'omet-il pas du sujet précisément sa subjectivité en ne disant pas qui, mais seulement ce que le sujet est ? » [2]. Une fois brisé le lien du sujet à ses prédicats, il était inévitable que ces derniers paraissent faire écran à l'affirmation de soi de la subjectivité. Stirner

1. *Cf. Der Begriff der Negativität in den Jenaer Schriften Hegels*, Bonn, Bouvier, 1977, p. 42-59.

2. *Cf.* M. Stirner, *L'Unique et sa propriété*, in *Œuvres complètes*, (trad. fr. P. Gallissaire et A. Sauge), Lausanne, L'Âge d'homme, 1972, p. 403.

pousse ainsi à son comble la réaction nominaliste consécutive au triomphe de la philosophie hégélienne, car il s'agit cette fois de prendre pour point de départ non pas l'homme, le Moi ou l'esprit mais le sujet que je suis. Désormais, ce qui importe, ce n'est pas ce que l'on entend sous le concept d'homme mais le fait que chacun puisse se manifester comme sujet à travers les prédicats qu'on lui attribue : non comme ce qu'il est mais comme celui qu'il est. La singularité telle qu'on la conçoit ici ne relève ni d'une position ni d'une négation, mais d'une pure affirmation, d'une affirmation sans contenu pensable, qui est précisément tout sauf une affirmation dialectique : il s'agit d'une séparation, non d'une aliénation.

Stirner substitue en effet au Moi, tel que la philosophie l'a conçu et qui n'est qu'un agrégat de prédicats, ce que lui-même appelle l'Unique et qui, en tant que tel, n'est pas définissable. En lui, ce qui se montre, ce n'est pas le mensonge du monde égoïste mais c'est le dépouillement et la nudité du concept. L'Unique est le néant logique, le Moi *gedankenlos*[1] qui n'offre aucune prise à la pensée mais dont toute pensée procède. C'est une énonciation qui n'énonce rien. Au contraire des phrases saintes, éminentes et pleines de contenu de la philosophie, il est « la phrase vide, sans prétention et tout à fait commune ». L'Unique est un mot sans contenu de pensée, un signifiant sans signifié ; c'est une énonciation qui se change en visée, une énonciation muette. « Tu es unique » est ce que le logicien appelle un jugement absurde, qui n'est logique que formellement car c'est un jugement qui n'énonce rien. « C'est la logique trouvant sa fin en tant que phrase ». Contrairement à ce que croyait Jacobi, ce n'est donc pas le Moi abstrait et impersonnel qui est le néant, mais c'est précisément le singulier lui-même. L'Unique, en effet, n'a rien d'idéal et n'a pas plus de contenu logique que n'en a un nom propre. « Le nom est le mot dénué de contenu auquel la visée (*Meinung*) seule peut en conférer un » : il ne peut se généraliser ou être mis à la place d'autre chose. L'Unique est un homme qui ne correspond pas au concept d'homme : c'est ce que la logique appelle un jugement contradictoire. Il n'est qu'une phrase vide, c'est-à-dire qu'il n'est pas même une phrase ; mais « cette phrase est la clef de voûte de notre monde des phrases, de ce monde "au commencement duquel était le *verbe*" »[2]. De même que l'on a dit de Dieu que les noms ne le nomment point, aucun concept ne m'exprime car un concept n'est jamais qu'un nom. À travers les concepts de Dieu, de genre, d'humanité, la philosophie a eu le pressentiment que l'Unique était la phrase vide mais

1. P. 379.
2. P. 402.

elle ne l'a conçu que comme un singulier que personne n'assume : le philosophe n'a pas su reconnaître qu'il était lui-même le contenu de la phrase, qu'il devait devenir lui-même l'objet d'une appropriation.

« Dieu et le genre humain ont fondé leur cause sur rien, sur rien d'autre qu'eux-mêmes. Je fonderai donc également ma cause sur moi-même, qui suis tout autant que Dieu le rien de tous les autres, qui suis mon tout, qui suis l'Unique » [1]. Pour Stirner, l'affirmation du Moi n'est rien de moins que sa dissolution ou plutôt la mise en évidence du néant qui le constitue. Alors que Jacobi assurait que l'on ne pouvait séparer la personne de ses contenus ou isoler le sujet de ses prédicats sous peine de se perdre dans une métaphysique de la subjectivité, dans une pensée du néant, Stirner proclame que c'est précisément de ce néant qu'est le Moi que proviennent toutes mes créations. Ce qu'il prend pour principe n'est donc pas tant le Moi transcendantal ou un Moi qui serait toute réalité que l'Unique, ce néant radical auquel se réduit toute subjectivité une fois qu'on l'a dépouillée de chacun de ses prédicats. Ce Moi, qui n'existe qu'en anéantissant ce qui se présente à lui, et en premier lieu ses propres particularités, ses propres déterminations, n'est rien, il n'est en soi que néant. Fonder sa cause sur soi, c'est la fonder sur un sujet qui se consomme, qui se dévore lui-même et n'est rien du début à la fin. C'est ce que Stirner retient des analyses de Feuerbach et de B. Bauer : « Nous pouvons accepter cette leçon de la Critique : ne jamais laisser aucune parcelle de notre propriété se solidifier et ne nous sentir bien que *dans la dissolution* » [2]. La subjectivité illimitée, la subjectivité livrée à elle-même, en vient donc à jouir de son propre néant. Ici le sujet n'est pas ce qui supporte mais ce qui dissout tous les prédicats. Jacobi avait donc mille fois raison de dire que le sujet n'est *rien* sans ce qu'on lui attribue, mais il aurait dû employer ces mots en un sens beaucoup plus radical et oser affirmer : *je suis le néant créateur* (*ein schöpferisches Nichts*).

Stirner part donc du néant, en tant qu'il est aussi un prédicat de Dieu, pour s'affirmer lui-même comme sujet et aller plus loin que Feuerbach.

1. P. 80. M. Stirner reprend une célèbre formule du lied *Vanitas ! Vanitatum vanitas !* dans lequel Goethe détournait le titre d'un chant religieux de Johannes Pappus (1549-1610) « *Ich hab' mein'Sach' Gott heimgestellt* » (cf. *Gedichte 1800-1832*, K. Eibl (éd.), Francfort, Deutscher Klassiker, 1988, p. 86). Dans les *Aphorismes sur la sagesse de la vie*, Schopenhauer dira de cette maxime qu'elle signifie « que c'est seulement après s'être débarrassé de toutes ses prétentions et réduit à l'existence telle qu'elle est, nue et dépouillée, que l'homme peut acquérir ce calme de l'esprit qui est la base du bonheur humain, car ce calme est indispensable pour jouir du présent et, par suite, de la vie entière » (*Parerga & Paralipomena. Petits écrits philosophiques*, trad. fr. J.-P. Jackson, Paris, Coda, 2005, p. 340).

2. P. 198.

Chez lui, Dieu n'est plus le sujet absolu, mais ses prédicats sont conservés et attribués à l'essence humaine. Feuerbach, croyant réintégrer dans l'humanité l'essence qu'elle avait projetée dans le ciel, s'est contenté de reprendre à son compte les prédicats humains (l'amour, la raison ...), considérés pour eux-mêmes indépendamment de tout rapport à un sujet transcendant. Dans ce cas, conclut Stirner, ces prédicats restent extérieurs à moi et continuent à me dominer. Or, « tous les prédicats des objets sont mes déclarations, mes jugements, mes créatures. S'ils veulent se détacher de moi et être quelque chose pour eux, voire m'en imposer, je n'ai rien de plus pressé que de les reprendre dans leur néant, c'est-à-dire en moi, leur créateur » [1]. Pour m'assurer de ma propriété, il me suffit de la reprendre constamment en moi, c'est-à-dire d'anéantir en elle toute velléité d'indépendance et de l'absorber avant qu'elle ait pu se fixer et devenir une représentation autonome, un fétiche, une *idée fixe*. Or, les reprendre en soi signifie les ramener à son propre néant. À cela Feuerbach objecte que si les prédicats ne sont pas maintenus par un sujet, alors rien ne subsistera. Lorsque Stirner se réclame de ce rien qui définit non seulement l'activité du moi mais aussi le résultat de cette activité, Feuerbach rétorque que le néant est encore une propriété divine. L'Unique répond alors en parlant de lui-même à la troisième personne : « Des paroles de Stirner : "je n'ai fondé ma cause sur rien", Feuerbach tire "le néant" et conclut que l'égoïste est un pieux athée. Le néant est assurément une définition de Dieu. [...] Du reste, il est dit à la p. 31 de l'*Essence du christianisme :* "le seul athée véritable est celui pour qui les attributs de l'être divin, l'amour, la sagesse, la justice ne sont rien, et non celui pour qui le sujet seulement auquel se rapportent ces attributs n'est rien". N'est-ce pas ce qui se rencontre chez Stirner surtout si on ne lui impute pas le néant pour rien ? » Prendre le néant au sérieux suppose qu'on en mesure les effets tant sur le sujet que sur ses prédicats et que l'on comprenne qu'il n'est d'ultime raison du sujet que dans le néant.

Stirner en vient alors à placer Dieu et le monde du côté du « non-Moi », c'est-à-dire du côté de ce que je ne puis encore consommer et absorber. Il se démarque donc de l'idéalisme allemand, qu'il parachève à sa façon, sur ce point décisif : pour lui, la position absolue du Moi n'est plus un acte de subject-objectivation qui serait en même temps position de l'univers tout entier mais elle est dissolution de soi autant que du monde. Ce double anéantissement est le prix à payer pour que le singulier soit à lui-même sa propre vérité. La subjectivité ne s'affirme comme telle dans son absoluité

1. P. 371.

qu'à condition de s'identifier au néant. Malgré cela, un commentateur aussi averti de la question du nihilisme que F. Volpi peut assurer qu'on ne trouve pas à proprement parler chez Stirner d'affirmation philosophique du néant, que celui-ci n'est pas posé, thématisé ou valorisé comme tel [1]. Il ne fait pas de doute en effet que le rien qui donne à l'Unique sa force n'est pas le Néant en tant que tel ou en tant que catégorie philosophique, qu'il n'est pas non plus une détermination au sens où Hegel l'entend. À vrai dire, quand Stirner dit avoir fondé sa cause sur rien, il ne dit pas l'avoir fondée sur *le* rien, sur *le* néant et les termes qu'il emploie de préférence, sont des termes simplement négatifs (ineffable, incomparable, unique) ou qui n'expriment qu'une pure et simple indétermination. Le néant dont il s'agit chez lui est toujours le néant de quelque chose (et il n'y a guère en vérité que du néant que l'on puisse dire qu'il est *de* quelque chose). En réalité, Stirner pense toujours le néant en rapport à la subjectivité, il n'est jamais chez lui question que du néant *du* sujet et ce néant est d'abord considéré dans ses effets : le néant n'est pas rien puisqu'il me constitue en sujet, puisqu'il me donne, non pas le pouvoir, mais la propriété sur moi-même, c'est-à-dire la possibilité d'user et d'abuser. Finalement, ce que Stirner remet en cause, c'est le grand principe du rationalisme moderne que, dans les *Lettres à Moses Mendelssohn*, Jacobi mettait en évidence chez Spinoza : *a nihilo nihil fit*. En niant que fût possible un quelconque passage de l'infini au fini, sous prétexte que tout changement dans l'infini « poserait un quelque chose tiré du néant », le rationalisme en arrivait à nier l'existence « d'une cause intelligente et personnelle du monde » [2]. En niant implicitement ce principe, Stirner en vient à former l'idée d'une subjectivité illimitée, d'une subjectivité sans intériorité, réduite à la volonté pure.

L'objet de *L'Unique et sa propriété* est donc moins la nudité de la vie même que la nudité du rapport à soi, entendu comme rapport entièrement objectif, non relationnel. C'est ce qui justifie notre rapprochement avec Jacobi : la recherche d'une immédiateté irréductible à soi en dépit ou plutôt au prix de son propre néant. C'est d'ailleurs bien cela qui fait de Stirner tout le contraire d'un penseur de la finitude : pour lui, il ne s'agit pas tant de partir de rien que d'arriver à rien, pour être soi-même. « Chacun pour soi, nous sommes tous parfaits » : il ne s'agit donc pas d'opérer on ne sait quel tournant vers la finitude ou de substituer l'existence finie au Moi transcendantal, mais de montrer que la subjectivité n'est en rien fondatrice, qu'elle

1. Pour le jugement de F. Volpi, cf. *Il nichilismo*, Bari, Laterza, 2005, p. 30.

2. JWA 1, 1, p. 18.

ne peut donner lieu à une quelconque compréhension de l'effectivité mais seulement à une appropriation active. Et la première de ces idées, celle de la transcendance de l'esprit, sur laquelle l'idéalisme allemand a fait reposer son édifice, est la première aussi qu'exclut un concept radicalement immanent de l'individu : « Mais qui résoudra aussi l'esprit en son *néant?* Seul celui qui a pu, grâce à son esprit, se représenter la nature comme *le néant*, le fini et le périssable, peut le réduire à une égale inanité. Je le peux, chacun de vous le peut, qui agit et crée en tant que *moi* sans limites : en un mot, l'*égoïste* le peut »[1]. Aussi faut-il sans doute qualifier de nihiliste, quand bien même Stirner n'emploie pas le mot, une position qui nie tout fondement dépassant l'existence originaire de l'individu. Avec l'esprit s'effondre toute valeur : nul n'est appelé à rien, personne n'a de tâche ni de destination. La vérité est vaine et nulle ou n'est qu'un matériau pour l'appropriation.

À notre avis pourtant, l'idée d'un néant créateur comme assise de la personnalité est une belle innovation conceptuelle et un legs précieux que sauront reprendre ces lecteurs honteux de *L'Unique et sa propriété* que seront Nietzsche et Sartre. C'est parce que le sujet s'identifie au néant qu'il n'entre pas en contradiction avec soi-même quand il outrepasse les limites de son individualité. Sans cette idée n'aurait pu avoir lieu le changement de perspective, nous dirons le changement de dispositif, qui, de Jacobi à Stirner, nous conduit d'une conception de la personne comme identité irréductible, antérieure à toute séparation du sujet et de ses prédicats, à l'idée d'un sujet qui n'est plus le support ou le porteur de ses qualités mais leur négation. D'où la place atypique de Stirner dans l'histoire de la philosophie : nul avant lui n'avait imaginé faire du néant, d'un néant créateur, le support existentiel de la personnalité. C'est en définitive tout ce que le nihilisme a à nous apprendre, à moins qu'il faille se résoudre, comme le fait Habermas, à réduire les constructions de Stirner, mais aussi toute réflexion sur le néant, à un accès de folie furieuse[2]. De Jacobi à Stirner l'on passe donc d'une conception existentielle de la personnalité qui exclut de toute part le néant à une pensée qui fait du rien à la fois le cœur de l'identité à soi et le signe de la répugnance qu'éprouve inévitablement le sujet à se laisser enfermer dans les limites fixées par l'essence ou par le discours. Ce passage, ce changement de problématique, n'aurait pas été possible, semble-t-il, sans les nombreux contresens

1. M. Stirner, *L'Unique et sa propriété*, op. cit., p. 137.

2. *Cf.* J. Habermas, « *Absurdität der Stirner'schen Raserei* », in *Das Absolute und die Geschichte*, Bonn, Dissertation, 1954, p. 16-34. Husserl mentionne une fois Stirner et dit n'avoir jamais parlé de lui publiquement pour préserver ses étudiants de la « force de séduction » de ses idées (*Husserl-Archief te Leuven*, Manuscript F I 28, S. 118).

commis par Jacobi au sujet de la philosophie de Fichte et la question du nihilisme. Nul ne croirait à la fécondité du contresens s'il n'y avait les historiens de la philosophie.

Le radicalisme de Stirner l'a conduit à affirmer l'inanité de la notion rationaliste de la personne et à lui préférer celle d'une individualité irréductible : un concept de personne qui serait en tous à la fois le même et pas le même est un concept impossible [1]. En même temps, lorsqu'il fait du Moi la mesure de toute chose, Stirner sait à quel point il s'éloigne aussi de Fichte : « Le mot de Fichte : "le Moi est tout" semble, écrit-il, en complète harmonie avec ce que j'avance. Seulement, ce n'est pas "le Moi est tout" qu'il faut dire mais "*détruit* tout", et seul le Moi se dissolvant lui-même, le Moi qui n'est jamais, le Moi fini, est véritablement Moi. Fichte parle du Moi "absolu" alors que je parle de Moi, du Moi périssable » [2]. Étrangement, Stirner ne prête pas au moi fichtéen les caractères que Jacobi lui attribue mais il les revendique pour soi seul, pour l'Unique et c'est en toute connaissance de cause qu'il entreprend de tout ramener au néant du Moi empirique. Personne avant Stirner, au demeurant professeur dans un établissement d'éducation pour jeunes demoiselles berlinoises, n'avait eu l'idée de faire ainsi du moi empirique l'Un et le Tout, l'*Hen kai Pan* de la philosophie, en prenant pour prétexte qu'au contraire de l'être, celui-ci est à la fois tout et rien. Car il y insiste : ce rien qu'est l'Unique n'est pas vacuité, mais il est un *néant créateur*. Le néant n'est plus, comme chez Jacobi, l'infini de Platon, le *encore moins que rien*, mais il est ce néant producteur, réintroduit au cœur même de la subjectivité, qui me donne assez de fonds pour être tout dans tout.

1. *Cf.* M. Scheler, *Der Formalismus in der Ethik und die materiale Wertethik*, Berne, Franke, 1966, p. 504.

2. P. 231. Lorsque Stirner lit Fichte, il le lit à travers Feuerbach et tend à identifier le Moi à l'être générique des posthégéliens : « On a toujours pensé devoir me donner une destination située hors de moi, si bien qu'on en est finalement venu à me proposer de revendiquer l'humain parce que je = homme. Tel est le cercle magique du christianisme. Le Moi de Fichte est aussi le même être en dehors du moi car chacun est Moi et si seul ce Moi a des droits, alors c'est lui "le Moi" et je ne le suis pas. Cependant, je ne suis pas un Moi à côté d'autres moi, mais le seul moi : je suis unique » (p. 392). Feuerbach, Szeliga et Hess en 1845, Kuno Fischer en 1847, et surtout Eduard von Hartmann en 1869 dans sa *Philosophie de l'inconscient*, ne virent en Stirner qu'un continuateur, voire un simple parodiste, de Fichte et, parmi d'autres sarcasmes, ils multiplièrent les allusions à un « moi principe », un « égoïsme absolu », une « dogmatique de l'égoïsme », un « égoïsme érigé en système ». Autant dire qu'ils reprirent les termes mêmes de Jacobi. Or, il n'est question de Fichte que deux fois dans l'*Unique et sa propriété* (p. 231 de la traduction de Gallissaire et Sauge, il faut corriger "Feuerbach" en "Fichte"). S'il fallait chercher une influence de Fichte sur les posthégéliens de gauche, ce serait, nous semble-t-il, bien plutôt du côté de Bakounine, traducteur de l'*Initiation à la vie bienheureuse*, qu'il faudrait le faire.

M. Foucault, qui voit à juste titre dans l'idéalisme postkantien une tentative pour réintroduire en philosophie une certaine forme de souci de soi, découvre dans l'œuvre de Stirner et dans l'anarchisme en général un essai pour reconstituer une éthique ou une esthétique du soi [1]. On serait toutefois bien en peine de dire en quoi les constructions de Stirner, qui vont plutôt dans le sens de la destruction de toute forme de personnalité, donnent lieu à la production d'une nouvelle forme de subjectivité. Peut-être est-ce cela le nihilisme : la recherche d'un concept radicalement immanent de l'individu, une pure affirmation de soi improductive, une esthétisation de soi n'ouvrant sur aucun nouveau rapport à soi ou ne donnant lieu à aucune création de subjectivité. En même temps, c'est au nihilisme qu'il revient d'avoir conduit à son achèvement la découverte moderne du sujet. Ce qu'il s'agit de dire, ce n'est donc pas que le subjectivisme total tend vers le vide, mais inversement que le néant doit être placé en tant que tel à la racine même de la subjectivité. C'est bien ce qu'affirme Stirner : en tant que telle, la position du rien est la contrepartie inévitable de l'affirmation de soi du sujet ; c'est le néant qui fait que je ne suis l'autre d'aucun Autre, mais suis propriétaire de ma propre exception.

Toute philosophie conséquente se doit d'affronter la question du néant. Jacobi est le premier à avoir placé la pensée devant ce choix ultime : ou bien tout déduire de l'Un, d'un être unique et personnel, ou bien tout déduire de rien. L'homme ne peut se faire Dieu qu'en choisissant le néant, le rien est le prix à payer pour être à soi-même sa propre vérité. Celui qui prend le néant pour principe fait alors le choix de la plus répugnante superstition, celle qui conduit à se diviniser soi-même. Or, rien ne peut sembler important et respectable à celui qui a perdu toute conviction autre que la certitude de soi. Qui ne croit plus en l'être ou plutôt en *celui qui est l'être* n'a plus jamais que soi, c'est-à-dire rien, à contempler : il voit tout autour de lui se décomposer peu à peu en son propre néant et en vient immanquablement à faire de soi un fantôme. Ce que le nihilisme nous apprend, c'est que l'on ne saurait aller au bout de l'affirmation de soi et conserver intacte la moindre valeur. Toute valeur est le signe d'une impuissance et d'un renoncement à faire valoir pleinement sa subjectivité. C'est pourquoi le subjectivisme, cette conception logique erronée qui pense le sujet à part de ce à quoi il se rapporte et le contraint à former son identité à partir de rien, nous interdit de nous représenter une existence véritablement vivante, capable de reconnaître

1. M. Foucault, *L'herméneutique du sujet. Cours au collège de France.* 1981-1982, Paris, Gallimard, 2001, p. 241.

et d'affirmer la transcendance des valeurs. C'est donc le signe d'une personnalité forte que de *reculer d'horreur devant le néant*. Bien avant que Hegel n'affirme que c'est manquer de spiritualité que d'être incapable de séjourner auprès du rien, Jacobi assure que le néant, l'absolument indéterminé, l'entièrement vide, en un mot l'*apeiron* platonicien, ne peuvent inspirer autre chose qu'une effroyable terreur, notamment lorsque la philosophie en vient à les prendre pour objet [1]. Seule cette réaction salutaire d'effroi aurait pu empêcher Fichte de conduire la spéculation au bout de son destin et de la transformer en un véritable savoir philosophique du néant.

Trente ans après la mort de Jacobi, Stirner est le premier à se souvenir que le néant est encore un attribut de la divinité et qu'il est possible de le transférer comme tel à l'homme. Jamais un philosophe n'aura été aussi prêt de dire : *Ego mihi Deus*. Curieusement, c'est à lui et non à Fichte que Jacobi doit d'avoir rétrospectivement raison : alors que la lettre de 1799 fait du nihilisme un des termes d'une alternative indépassable, d'un dualisme originaire si tranché qu'on ne pouvait plus refuser de choisir entre théisme et nihilisme, entre philosophie du non-savoir et philosophie pure, Stirner ose choisir le nihilisme et suggérer que tout déduire de l'Un ou de *l'Unique*, c'est précisément tout déduire de rien. Avec *L'Unique et sa propriété*, c'est le néant qui devient sujet. De même que Peirce affirmera plus tard que le sujet, c'est le rien car il n'est pas soumis au principe de contradiction, Stirner veut montrer, non pas, comme d'autres, *dialectiquement*, que l'être est néant mais qu'à sa façon, sous la forme du sujet, le néant *est* : pour lui, la pointe extrême de la singularité n'est pas autre chose que le rien. Malgré cela, comme le dit D. Arendt, la pensée par négation de Stirner n'est pas « *expressis verbis* » un nihilisme [2]. Si l'on a pu associer son nom à ce vocable, c'est d'abord parce que la plupart des critiques ne virent dans l'Unique qu'une idée, un principe ou un idéal, opposé à un autre idéal, l'Homme. Au contraire, la grande découverte de Stirner fut, comme le dit un auteur peu fréquentable, que *le Moi n'est pas objet de pensée*, qu'il est tout sauf un concept que l'on peut définir et distinguer d'autres concepts ou, en d'autres termes, – Nietzsche et la psychanalyse sauront en prendre acte – qu'il n'y a pas de moi idéal. Philosopher, c'est défendre la pensée contre le pensé, c'est ne plus être dupe de ses propres idées et notamment de la première d'entre elles, celle du Moi. À côté du néant qu'est l'Unique, le Moi de Fichte n'est qu'une pâle abstraction, une essence en dehors de moi. C'est donc ainsi, à notre sens, que

1. JWA 2, 1, p. 214.
2. *Nihilismus. Die Anfänge. Von Jacobi bis Nietzsche*, Köln, Hegner, 1970, p. 72.

l'idéalisme allemand en vient à dire son dernier mot : il s'achève au moment où ses ultimes partisans, ses disciples honteux, se donnent pour tâche d'extirper l'idéal à la racine même de la personnalité. Il ne s'agit plus de réaliser l'idéal en théorie comme en pratique, mais de se l'approprier, de le consumer. L'idéalisme allemand, qui a su montrer l'idéalité du réel, renonce donc définitivement à prouver la réalité en moi de l'idéal.

Patrick CERUTTI

LE « NIHILISME EST UN ÉTAT NORMAL »[1]

Das Nichtsein ist nicht zu denken
NIETZSCHE[2]

Le nihilisme est le terme qui résume la plupart des diagnostics de Nietzsche sur la décadence de l'Europe contemporaine[3] ; mais c'est aussi la caractéristique des « deux siècles à venir »[4] ; c'est enfin, à chaque époque passée, ce qui qualifie telle ou telle figure de la pensée ou de la culture, Socrate, par exemple[5], ou Flaubert[6]. Quel est donc le statut de ce terme dans l'œuvre de Nietzsche, quel lien entretient le sens de la notion avec les piliers de sa pensée, la « volonté de puissance » et l'éternel retour ? Plus profondément, quels en sont les présupposés ?

Il existe 178 occurrences des termes « nihilisme », « nihiliste » dans les œuvres de Nietzsche qu'il s'agisse des livres publiés de son vivant ou des ouvrages posthumes, dans les fragments posthumes et dans la correspondance. Ce nombre peut sembler élevé, mais il est bien moindre que celui des occurrences de termes tels que « volonté de puissance », « force », « volonté », « désir », « instinct », « passion ». Il n'est pas inintéressant d'observer comment s'effectue la répartition de ces occurrences selon les trois

1. F. Nietzsche, *Fragment posthume* (désormais cité FP) 9 [35], automne 1887.

2. FP 3 [91], hiver 1869 – printemps 1870.

3. F. Nietzsche, *Le Gai Savoir*, § 343 et FP 2 [131], aut. 1885 - aut. 1886 ; c'est dans le même contexte qu'on trouve le diagnostic comparable de « Verdüsterung » : FP 2 [125], aut. 1885 – aut. 1886.

4. FP 11 [119] (362), nov. 1887-mars 1888, ainsi que 11 [411].

5. F. Nietzsche, *Ecce homo*, « Pourquoi j'écris de si bons livres », « La Naissance de la Tragédie », § 1, *in fine*.

6. F. Nietzsche, *Crépuscule des idoles*, « Maximes et traits », § 34.

sources textuelles évoquées : on en trouve 8 dans la correspondance, 30 dans les œuvres publiées et 140 dans les fragments posthumes. La première occurrence date de l'été 1880[1], donc de l'époque où Nietzsche est en train d'achever *Aurore*, et, la dernière, de janvier 1889 (il s'agit du manuscrit d'*Ecce homo*). La correspondance confirme cette durée puisque la première occurrence se trouve dans une lettre à Heinrich Köselitz (P. Gast) datée du 13 mars 1881 où « nihilisme » signifie un dégoût de vivre, une autodestruction dépendante de certaines circonstances. Dans les œuvres publiées comme dans les fragments posthumes, il apparaît très nettement que le terme appartient surtout aux trois dernières années d'activité intellectuelle, donc de 1886 à 1888, avec un point culminant durant la période qui va de l'été 1887 au printemps 1888[2], et une reprise du thème, non plus surtout dans les fragments posthumes, car désormais le terme n'y apparaît plus, mais dans les œuvres de la « conversion des valeurs », c'est-à-dire le *Crépuscule des idoles* et *L'Antéchrist*.

Dans les fragments posthumes, hormis les deux premières occurrences du terme « nihilisme » dont on indiquera les sources, la chronologie indique que l'apparition de la notion est postérieure aux ébauches de la « volonté de puissance » (été 1880) comme à celles de l'éternel retour un an plus tard. Quant aux œuvres publiées du vivant de Nietzsche, la majeure partie des occurrences se concentre dans l'ouvrage d'intention didactique qu'est *Pour une généalogie de la morale*, ainsi que dans les deux livres de la « conversion des valeurs » dont la vocation proclamative est évidente. Les termes « nihilisme » et « nihiliste » ne font, en outre, pas l'objet de précautions spéciales dans leur exposition, au contraire de ce qui se produit pour la « volonté de puissance » et, *a fortiori*, pour l'éternel retour : c'est, en effet, le cas de la « volonté de puissance » parce que l'expression elle-même est jugée par Nietzsche inadéquate puisqu'elle est d'ordre simplement exotérique[3] et qu'elle ne devrait, *stricto sensu*, jamais être dite au singulier ; c'est aussi le cas de l'éternel retour dans la mesure où, bien plus discret quant à ce thème, Nietzsche choisit d'utiliser l'expression quand il n'en parle que par analogie avec une conception qui n'est pas la sienne[4], et, de ne pas faire figurer le syntagme « éternel retour » lorsqu'il est véritablement question de ce qu'il

1. FP 4 [103] et 4 [108], été 1880.

2. Ce qui correspond à la parution de *Pour une généalogie de la morale* et à la grande recollection des fragments destinés au projet de « Volonté de puissance ».

3. FP 5 [9], été 1886 – aut. 1887.

4. *Cf.*, par exemple, *Ainsi parla Zarathoustra*, III, « Le Convalescent », § 2.

pense[1]. D'autre part, si le nihilisme peut être considéré comme un prolongement de la réflexion antérieure de Nietzsche sur le pessimisme, et s'il en provient à certains égards, il est dans un voisinage de quasi synonymie avec la notion de « décadence » qui est une autre manière de désigner la phase historique que traverse l'Europe, en tous cas à la fin du XIXe siècle.

L'absence d'exposition spéciale, même si elle aurait pu être de type ésotérique, ne rend pas d'emblée claire la manière dont Nietzsche conçoit et emploie le terme, comme on peut aussitôt s'en rendre compte à travers les rares occurrences de la correspondance. En mars 1887, il écrit à Köselitz qui est tout de même le plus constant dépositaire des évolutions de ses réflexions : « Je jouis d'une merveilleuse et presque mystérieuse considération auprès de tous les partis radicaux (socialistes, nihilistes, antisémites, chrétiens orthodoxes, wagnériens) », tandis qu'en 1887 toujours, deux mois après, et s'adressant de nouveau à Köselitz, Nietzsche écrit que « Taine, Burckhardt et moi sommes trois nihilistes – bien que moi-même je ne désespère jamais de trouver le détour et l'ouverture grâce auxquels on parvient à un "quelque chose" ». En septembre de la même année, Nietzsche déclare le nihilisme être « un système de pensée européen comme le kantisme et l'atomisme », et, deux mois plus tard, il évoque, à propos du deuxième volume du *Journal* des Goncourt, les dîners où se retrouvaient Sainte-Beuve, Flaubert, Gautier, Taine, Renan, Gavarni et Tourgueniev, et il en décrit l'atmosphère ainsi : « pessimisme, cynisme, nihilisme alternant avec beaucoup de décontraction et de bonne humeur [...] Je ferais sans difficulté partie de la bande [...] Je connais ces gens par cœur, d'autant plus que j'en ai déjà vraiment marre ». En mars 1888, au jeune Brandès, Nietzsche confie, non sans fanfaronner quelque peu lorsqu'il s'adresse au jeune Danois enthousiaste qui allait effectivement être le premier à lui assurer une célébrité dans les années 1890 : « À Saint-Petersbourg, je serais nihiliste (j'admire tout homme qui ne perd pas la foi qu'il a en lui sous un ciel couvert) » ; et, content de sa formule, il la ressert à sa sœur quatre jours plus tard en se désignant lui-même comme un « bon à rien philosophico-nihiliste ».

On le constate – c'est presque toujours le cas dans sa correspondance – Nietzsche n'utilise pas le terme comme *terminus technicus*, ne fait aucune référence précise à l'une de ses œuvres ou à une segment argumenté de sa pensée ; « nihiliste » est donc employé *latissimo sensu* dans un voisinage synonymique de termes tels que pessimiste, décadent, critique radical.

1. F. Nietzsche, *Par-delà bien et mal*, § 43, 56, et *Ainsi parla Zarathoustra*, IV, « Le chant du promeneur nocturne », § 11.

Cet état de fait résulte, pour une part, du caractère composite des sources où Nietzsche a puisé en important le terme dans son œuvre, comme en témoignent les deux premières occurrences de l'été 1880 évoquées plus haut. Le fragment 4 [103] évoque la distance prise, il y a déjà longtemps, par rapport à Schopenhauer : « La consolation de Luther quand les choses marchaient mal : "fin du monde". Les nihilistes avaient Schopenhauer pour philosophe. Tous les gens d'une activité extrême veulent mettre le monde en pièces quand ils admettent l'impossibilité de ce qu'ils veulent (Wotan) » ; ce fragment est la première source de l'aphorisme 304 d'*Aurore*, intitulé « Les destructeurs du monde ». Le fragment 4 [108] révèle plus nettement l'origine de sa source : « À la question de savoir si les nihilistes russes sont plus immoraux que les fonctionnaires russes, on répond généralement en faveur des nihilistes. » D'une part le terme est donc associé, anciennement, à la réception, dans les années 1865/1866 et 1869, du bouddhisme via Schopenhauer, et par la suite Nietzsche associera toujours le nihilisme (dans une acception plus précise) au bouddhisme ; d'autre part, il puise à des sources russes directes et indirectes. La plus ancienne est Herzen (dont la filleule était très proche de Malwyda von Meysenbug) et qui, dans un supplément à la revue *Kolokol* (« La Cloche »), avait écrit le 15 février 1869 : « Le mot nihiliste est un mot d'argot ; ce sont d'abord les ennemis du mouvement radical et réaliste en Russie qui l'ont mis en avant. Le mot est resté. Ne cherchez donc pas une définition du nihilisme dans l'étymologie. La destruction, prêchée par nos réalistes, tend par toutes ses aspirations à l'affirmation. » Puis, Nietzsche a lu *Pères et fils* de Tourgueniev, publié en 1863 et précédé d'une « Lettre à l'éditeur » de Prosper Mérimée qui reviendra sur l'auteur russe dans le deuxième volume de ses *Études de littérature russe* ; Tourgueniev écrit : « Un nihiliste est un homme qui ne s'incline devant aucune autorité, qui n'accepte aucun principe sans examen, quel que soit le crédit dont jouisse ce principe [1] ». Enfin, deux ans après ces deux premiers fragments, Nietzsche a lu et maintes fois souligné le chapitre intitulé « Le roman du nihilisme russe » du livre de Ferdinand Brunetière, *Le roman naturaliste* (paru en 1882), où l'auteur parle de l'évangile du nihilisme russe à propos du *Que faire ?* de Tchernychevski. Il y est décrit cette expérience vécue d'un désarroi face au sentiment de la perte des valeurs, celle d'une mélancolie suscitée par la dévalorisation des dites valeurs ou par la dévalorisation plus générale du monde, mélancolie qui s'accompagne d'une inappétence à vivre.

1. L'écrivain russe reprendra ce thème dans *Terres vierges*, (1877), Paris, Stock, 1971.

Mais lorsque Nietzsche commence à traiter plus personnellement de la notion de nihilisme, c'est, en 1882, lorsqu'il esquisse la notion de surhumain [1], cette figure de l'avenir qui s'opposera tant aux chrétiens qu'à tous les nihilistes [2].

Ce premier aperçu autorise trois remarques. On peut dire, tout d'abord, que la notion de nihilisme vient prendre la relève de celle de pessimisme tout en conservant la critique du « bouddhisme » schopenhauérien. Ensuite, et bien que manifestement issus de sources composites, les premiers développements de cette notion à partir de 1882 la font rentrer dans le cadre de la philosophie de Nietzsche désormais commandée à la fois par la « volonté de puissance » et par l'éternel retour dont l'élaboration date des deux années précédentes dont on peut dire qu'elles ont été le tournant décisif de sa pensée auquel les années 1875-1879 aboutissent après le long cheminement de *Humain, trop humain*. C'est donc dans cette nouvelle configuration que « nihilisme » désigne à la fois certaines dispositions pulsionnelles de la « volonté de puissance », et, d'une part, la conséquence de l'éternel retour comme, d'autre part, ce qu'il est censé permettre de dépasser. Le nihilisme a donc, enfin, toute sa place dans la perspective de la conversion des valeurs, et il s'agit alors d'une notion qui est propre à une conception de l'histoire universelle telle que Nietzsche la réinterprète. Le projet d'une « histoire du nihilisme européen » ne verra pas le jour : c'est le dernier projet d'une ébauche d'un livre sur la « volonté de puissance » comprise comme conversion des valeurs où l'histoire du nihilisme correspondrait au chapitre III du troisième livre. En septembre 1888, Nietzsche trace le plan de l'ouvrage sur la conversion de valeurs en quatre livres ; le deuxième est intitulé « Critique de la philosophie comme mouvement nihiliste ». Là encore ce projet n'aboutira pas puisque seul *L'Antéchrist*, premier livre de cette nouvelle mouture de l'ouvrage, sera écrit, tandis que le *Crépuscule des idoles* fera figure de prélude à cette « Conversion des valeurs ».

Apparition tardive dans le lexique nietzschéen, le nihilisme n'a pas dans sa pensée le statut d'une cause motrice dans l'évolution historique ; il désigne d'abord le symptôme d'une usure des énergies au sein de telle phase de la culture et de l'histoire, ainsi qu'un facteur indirect stimulant par contrecoup ou par réaction la lutte pour la domination universelle, c'est-à-dire la grande politique : on en voit un exemple dans *Par-delà bien et mal* où les Russes, identifiés à de nouveaux barbares, sont censés provoquer l'Europe à sortir

1. FP 4 [75], nov. 1882 – fév. 1883.
2. F. Nietzsche, *Ecce homo*, « Pourquoi j'écris de si bons livres », § 1.

de son apathie[1]. À partir de 1885-1886, les réflexions de Nietzsche entremêlent, dans les œuvres publiées et dans les fragments posthumes, des développements sur le nihilisme à l'occasion desquels il procède souvent à des récapitulations et des classements des différentes modalités du nihilisme. Néanmoins, jamais le nihilisme ne renvoie à un néant compris absolument, car il s'agit toujours de décadence, d'affaiblissement, de perte d'intensité, de critique ou de rejet ; autrement dit, la négativité n'est ici que relative.

Dès les paragraphes 30 et 34 de *Humain, trop humain*, Nietzsche avait esquissé les linéaments de sa conception de la « volonté de puissance », en montrant qu'il était impossible de maintenir une distinction ou une opposition entre être et évaluer[2]. L'être, c'est l'évaluation, autrement dit, il n'y a pas d'être qui ne consiste pas en évaluation, et la vie de tout être consiste à évaluer, dépend de ses évaluations comme de celles des autres qui, à leur tour, font l'objet d'évaluations concurrentes, dominantes ou, au contraire, qui vont s'affaiblissant et sont absorbées par celles qui réussissent à s'imposer. Avant même qu'il ne développe sa théorie des instincts, corollaire de son interprétation du monde comme énergie constamment mobile, Nietzsche pose que même si elles tendent au néant, nos évaluations (c'est-à-dire les choix opérés par nos pulsions qui ne cherchent qu'à mieux pouvoir s'épancher) n'en disparaissent pas pour autant et demeurent jusqu'à être absorbées dans la subordination à des choix auxquels elles préfèrent adhérer ou jusqu'à se sublimer sous d'autres formes. En d'autres termes, la volonté peut donner l'apparence de ne vouloir rien, elle ne s'anéantit pas pour autant. Le néant n'est que la « limite du monde », et il n'y a pas d'espace qui contiendrait en quelque sorte du « vide » ; le monde n'est ainsi qu'un jeu de forces, une « mer de forces », c'est-à-dire un flux et un reflux permanent de forces qui génèrent des cycles irréguliers d'entropie et de négentropie énergétique, le quantum d'énergie restant, lui, toujours identique. Pour nous, le monde est « la somme des relations à une sphère bornée d'hypothèses fondamentalement erronées », mais qui n'en sont pas moins nécessaires, et cette sphère est commandée par « l'ampleur et l'intensité selon lesquelles chacun perçoit ces relations »[3]. Nietzsche ne reviendra jamais sur cette conception de la « nature » – la seule « substance » pérenne résulte donc de l'*hypothèse* que la réalité dernière est l'énergie en perpétuel mouvement[4]. Cela ne garantit

1. F. Nietzsche, *Par-delà bien et mal*, § 10, 208.

2. F. Nietzsche, *Humain, trop humain*, I, § 30-34.

3. FP 38 [12], mai-juillet 1885.

4. C'est ainsi que Nietzsche peut écrire que « le monde est volonté de puissance et rien d'autre » (*Par-delà bien et mal*, § 36).

nullement notre propre survie, car « ce sont nos propres lois que nous projetons sur le monde, nonobstant que l'apparence nous enseigne l'inverse et semble nous désigner nous-mêmes comme des conséquences de ce monde, semble désigner ces lois comme les lois de ce monde dans leur action sur nous »[1]. On retrouvera sans cesse cette même critique du savoir que nous développons sur les choses, Nietzsche identifiant savoir, croyance et imagination en les subordonnant purement et simplement à « ce qui peut être utile au troupeau humain » tout en soulignant que même cette utilité « n'est que croyance, imagination, peut-être cette stupidité la plus fatale dont nous périrons un jour »[2].

Il n'y a donc pas de néant à l'œuvre derrière le nihilisme ainsi compris, mais tout au plus une volonté de détruire (ou d'accepter de l'être) qui présuppose toujours ce en vue de quoi la destruction (ou l'acceptation d'être dominé) est jugée utile : « Quiconque a la volonté d'innover en matière de bien et de mal commence nécessairement par détruire et briser des valeurs »[3]. La difficulté propre à la compréhension du nihilisme tient au fait qu'il renvoie à la fois à quelque chose de très général dans le rythme cyclique de l'énergie, c'est-à-dire à la phase d'entropie, et aux conséquences, pour nous, de cette phase, conséquences qui sont nécessairement singulières, historiquement originales et géographiquement situées. Ainsi Nietzsche peut-il parler de « nihilisme européen », du bouddhisme, du christianisme et de la « nihiline » russe, mais tout à la fois d'un affaiblissement de la volonté, c'est-à-dire d'une dispersion des énergies pulsionnelles, tandis que, bien entendu, cette dispersion locale, historiquement datable, s'accompagne en même temps et ailleurs d'une inévitable concentration.

En outre le nihilisme est perçu à travers des expériences singulières dont la négativité s'accroît au fur et à mesure que ceux qui vivent ces expériences se rapprochent de ce que Nietzsche imagine être la cause profonde de leur négativité, c'est-à-dire ce qu'il imagine être les alternances constantes des flux énergétiques, du mouvement permanent de charge et de décharge des pulsions sans que le devenir en général de ces alternances ait le moindre but défini, donc sans que l'existence humaine en particulier puisse discerner la moindre finalité[4], donc se consoler en accordant crédit à l'idée d'une totalité divine englobante où l'on pourrait se fondre, en croyant à une rédemption dispensée par la grâce d'un Dieu personnel, en reconstruisant

1. FP 15 [9], automne 1881.
2. F. Nietzsche, *Le Gai Savoir*, § 354.
3. F. Nietzsche, *Ainsi parla Zarathoustra*, II, chap. 12, « Du dépassement de soi ».
4. F. Nietzsche, *Humain, trop humain*, I, § 33.

l'assurance qu'il existe en arrière-monde vrai [1]. On en trouve un écho dans un aphorisme de Kafka qui se trouve dans ses écrits posthumes datés hypothétiquement de 1920 : « La force de nier – cette manifestation la plus naturelle de l'organisme guerrier de l'homme, qui ne cesse de se transformer, de se renouveler, dépérissant, reviviscent – nous l'avons toujours ; mais pas le courage, alors que la vie est pourtant bien négation, c'est-à-dire négation affirmation » [2].

Il y a bel et bien, pour Nietzsche, un « instinct propre à la faiblesse » qui pour cette raison même est en quête d'un point fixe, d'une entité stable : on le trouve dans le positivisme qui pêche par fatigue, déception, anarchisme démobilisateur, et on en observe les ramifications dans le chauvinisme, le naturalisme français (à qui Nietzsche reproche de ne dévoiler que les aspects dégoûtants de la nature), et le nihilisme russe. Le besoin de croyance, de colonne vertébrale est toujours plus fort là où fait défaut la volonté comme passion de commander, signe de force et de maîtrise de soi. Christianisme et bouddhisme, « les deux religions universelles » [3], ont forcé un désir effréné de « tu dois » ; elles ont enseigné le fanatisme à un moment où la volonté somnolait en offrant un point d'appui, une nouvelle possibilité de vouloir, une nouvelle jouissance de la volonté : le fanatisme comme unique force de la volonté chez les faibles [4]. Ceux qui peuvent se passer de ces béquilles ou de ces stimulants de la volonté, ceux qui n'ont donc pas besoin de point fixe ni de stabilité, Nietzsche les appelle les danseurs de corde, c'est-à-dire les esprits libres.

On remarquera aussitôt que ce que Nietzsche dit de l'intervention dans l'histoire du christianisme et du bouddhisme s'applique également à sa propre conversion des valeurs, à ceci près justement qu'elle ne peut s'adresser à ceux qui sont tout à fait victimes du nihilisme et qui sont plongés dans cette configuration psychique. Il s'agit de cette disposition psychologique où l'on cherche un sens à tout ce qui arrive, alors que le devenir, gaspillage de forces, ne tend vers rien et n'aboutit à aucun *telos ;* on cherche de même un ordre, une totalité, une organisation dans tout cours des choses, une

1. F. Nietzsche, *Humain, trop humain*, I, § 34 et § 638.

2. F. Kafka, « Er », in *Beschreibung eines Kampfes*, Francfort s. M., Fischer, 1989, p. 221.

3. On trouve dix-huit co-occurrences des deux termes chez Nietzsche : *cf.*, par exemple, *Par-delà bien et mal*, § 61 ; *L'Antéchrist*, § 20, 22, 23. Ces deux « religions universelles » représentent les deux formes achevées de la religion le théisme et le panthéisme qui sont, pour lui, deux modes de négation du monde : dans le premier cas, le monde est nié au profit du salut éternel ; dans le second, au profit du nirvâna.

4. F. Nietzsche, *Le Gai Savoir*, § 347.

forme d'unité, de « monisme » qui permette, par exemple, la fusion dans le tout ou l'abandon à une forme de divinité personnelle ; on peut aussi, enfin, s'interdire de croire à un monde métaphysique en admettant que seul est réel le devenir, et en renonçant même à toute divinité, mais on n'est pas alors en mesure de supporter ce monde-là, on est incapable de faire face à ce devenir sans but que, par ailleurs, on se refuse à nier [1]. La totalité du monde semble dévaluée, et cette dévaluation est la conséquence du discrédit jeté sur la finalité, l'unité, l'être ; car « la croyance aux catégories de la raison est la cause du nihilisme » qui apparaît alors comme le résultat d'une déception née de l'application de ces catégories au monde tel qu'il est, laquelle a révélé que lesdites catégories n'étaient adaptées qu'à un monde fictif.

Il ne suffit pas d'accepter un monde du devenir pour échapper au nihilisme ; encore faut-il être capable de supporter un tel monde – et Nietzsche s'est targué d'avoir percé à jour « l'histoire cachée des philosophes » en faisant « du courage, de la dureté envers soi, de la salubrité appliquée à soi » le « vrai critère de la valeur » : « Quelle degré de vérité peut supporter, voire oser un esprit ? » [2] C'est l'une des significations profondes de l'*amor fati* nietzschéen que de se présenter comme le véritable dépassement du nihilisme sans que, bien entendu, l'*amor fati* ait un quelconque rapport avec une attitude fataliste par ailleurs dénoncée [3].

L'équivoque à laquelle prête le terme de nihilisme est toutefois perçue par Nietzsche qui l'exprime à l'aphorisme 346 du cinquième livre du *Gai Savoir*, donc à l'automne 1886 [4] : « Ne serions-nous pas tombés par là même dans le soupçon d'une contradiction, de la contradiction entre ce monde où nous avions jusqu'alors le sentiment d'être chez nous avec nos vénérations – vénérations en vertu desquelles peut-être nous *supportions* de vivre – et d'un monde qui n'est autre que *nous-mêmes :* donc tombés dans le soupçon inexorable, foncier, dernier à l'égard de nous-mêmes ; soupçon qui exerce de façon de plus en plus cruelle son empire sur nous autres Européens, et

1. FP 11 [99] (351), novembre 1887 - mars 1888.

2. F. Nietzsche, *Ecce homo*, Avant-propos, § 3 *in fine*.

3. F. Nietzsche, *Le Gai Savoir*, § 276 ; FP 16 [32], printemps – été 1888 : « Le plus haut état auquel un philosophe puisse parvenir : avoir une attitude dionysiaque à l'égard de l'existence – : ma formule pour le dire est *amor fati*. ». *Cf.*, aussi, bien que l'expression n'y figure pas comme telle, *Ainsi parla Zarathoustra*, III, « Des tables anciennes et nouvelles », § 3 : « Délivrer le passé dans l'homme, et transmuer tout "ce fut" jusqu'à ce que la volonté dise : "Mais c'est ce que j'ai voulu ! Et c'est ce que je voudrai !" » ; c'est ce que Zarathoustra dit avoir enseigné, lui qui se dit « rédempteur » puisqu'il nous « délivre du hasard » en nous affranchissant d'un passé immuable sur lequel il n'y aurait plus aucune prise créatrice.

4. *Cf.*, également, un an plus tard, FP 9 [35], automne 1887.

qui pourrait facilement mettre les générations futures dans l'effrayante alternative : « Ou bien supprimez vos vénérations – ou bien supprimez-vous *vous-mêmes* ! » Le dernier terme serait le nihilisme; mais le premier, ne serait-ce pas également – le nihilisme ? – Tel est *notre* point d'interrogation. » Cette contradiction ressort plus nettement dans l'opposition entre deux énoncés : l'homme est nécessairement la mesure de toutes choses puisqu'il n'y a aucune instance supérieure, aucune faculté spéciale qui donnerait accès à la vérité; au contraire, l'homme n'est nullement la mesure de toutes choses, car il n'a aucun accès à la réalité objective des forces qui, de part en part, le déterminent à être ce qu'il est, c'est-à-dire mû par des besoins immédiats dont il ignore les mobiles plus profonds [1]. La résolution de cette contradiction engendrée par l'identification de l'être à l'évaluation est fournie par Nietzsche lui-même sous la forme d'une consécution logique et nécessaire entre la « volonté de puissance », l'éternel retour et la conversion des valeurs; ou, pour le dire autrement, par la « naturalisation » de l'homme [2]. Ce qui implique qu'on ait d'abord défini la « nature » comme un « texte » [3], un ensemble de signes (des symptômes, le cas échéant) à interpréter (former un diagnostic), et tout à la fois comme un monde de forces en perpétuel devenir dont la finalité n'est ni l'homme ni sa conservation, tandis que ce qui se conserve est le quantum de l'énergie commandant les fluctuations de ces forces [4].

L'équivoque qui nimbe le terme de nihilisme conduit Nietzsche à opérer une sorte de classement de ses différentes modalités dans plusieurs fragments posthumes : 2 [127], aut. 1885 – aut. 1886; 5 [71], juin 1887; 9 [35], 10 [42] et 10 [192] 286, tous datés de l'automne 1887. Ce qui permet de distinguer six niveaux ou six modalités du nihilisme.

1) le nihilisme incomplet ou inachevé [5] qu'on rencontre dans les différentes formes de positivisme, de naturalisme causaliste et mécaniste, donc dans les sciences de la nature et de l'histoire (dans l'école de Ranke); mais

1. F. Nietzsche, *Par-delà bien et mal*, § 3.

2. F. Nietzsche, *Le Gai Savoir*, § 109 *in fine*.

3. F. Nietzsche, *Par-delà bien et mal*, § 230.

4. *Cf.*, notamment, *Aurore*, § 106; FP 6 [123], automne 1880; *Le Gai Savoir*, § 1 et *Par-delà bien et mal*, § 13. On notera que ce refus de croire à une pérennité du genre humain est esquissé au tout début du texte de 1873 « Mensonge et vérité au sens extra-moral », le seul texte de cette époque que Nietzsche n'a, par la suite, jamais renié. Il n'est pas non plus question pour lui d'admettre un quelconque « instinct de conservation » qui n'est à ses yeux qu'une croyance mythologique : PF 3 [149] 229, printemps 1880; 6 [145], automne 1881, et *Par-delà bien et mal*, § 13.

5. *Cf.*, également, *Pour une généalogie de la morale* II, § 24.

il se manifeste aussi sous la forme du nationalisme, du chauvinisme, de la démocratie, du socialisme et de l'anarchisme ; dans le domaine de l'art, sous celle de l'esthétisme (l'art pour l'art, l'art comme ultime consolation tel que Schopenhauer le conçoit) ;

2) le nihilisme achevé est représenté par Nietzsche lui-même qui se présente justement comme le premier nihiliste accompli en Europe. Cette forme-là de nihilisme culmine dans la critique du christianisme et de la morale, c'est-à-dire comme une critique du « nihilisme inachevé » ;

3) le nihilisme passif qui est la transposition européenne du bouddhisme, et qui se manifeste sous la forme de la neurasthénie, donc dans les symptômes que sont le désir de rien, l'aspiration à ne rien vouloir de défini, la volonté de se fondre dans le tout ;

4) le nihilisme actif qui n'est que l'autre face du précédent et dont l'une des manifestations est le nihilisme russe, c'est-à-dire une sorte de bouddhisme actif, un même désir de se fondre dans une configuration supérieure incarnée par le courant général de l'opposition à l'ordre établi ;

5) le nihilisme radical : c'est la philosophie, celle de Nietzsche, qui met fin à la corrosion moralisatrice des valeurs. Le processus d'évaluation s'objective comme tel, sur la base de ce que Nietzsche a appelé, au tout début de *Humain, trop humain*, la « critique historique », à travers la notion de « volonté de puissance », et révèle que les valeurs ne sont rien d'autre que des configurations pulsionnelles reliées à des biens qui peuvent varier tout autant que changent ces mêmes configurations en obéissant à l'alternance qui commande les concentrations et les dispersions d'énergie ;

6) le nihilisme sous sa forme la plus extrême qui s'attaque à l'idée selon laquelle la vérité serait la valeur suprême. L'éternel retour répond à cette forme extrême en affirmant l'absence de finalité dans le devenir tout en s'affirmant être le dépassement du nihilisme au profit de l'*amor fati* qui en est la complète neutralisation.

Le nihilisme achevé fait fusionner le nihilisme radical et le nihilisme extrême dans la conversion des valeurs en annonçant à la fois sa venue et son inévitable décadence : il n'y a donc pas de valeur suprême, de vérité dernière dont on pourrait hypostasier le contenu ou le remplissement ; mais il y aura toujours à nouveau d'autres conversions dont les évaluations recevront d'autres remplissements également voués à l'usure, également victimes du « nihilisme » dont les manifestations historiques seront en apparence différentes. Pour l'heure, il s'agit d'en finir avec le « platonisme » et le « christianisme », ainsi qu'avec le « bouddhisme » qui sont autant de remplissements des évaluations européennes à cette époque de l'histoire culturelle, donc durant cette phase d'entropie pulsionnelle. Mais Nietzsche prétend aussi que la conversion qu'il annonce va de pair avec la pérennité transhistorique de ses conceptions philosophiques, car l'articulation « volonté de puissance » – éternel retour – conversion des valeurs affirme dire la « vérité » de toute l'histoire, révéler la loi interne de la réalité dans son ensemble [1].

La notion de nihilisme finit par subsumer celles de pessimisme et de décadence qui en étaient les expressions préalables ou connexes, ses quasi synonymes, puis la trinité pessimisme – nihilisme – décadence, pour déboucher sur le nihilisme achevé qui est la condition d'une nouvelle ère. Cette dernière sera postnihiliste le temps que se dévalorisent à leur tour les valeurs à travers lesquelles elle aura exprimé sa vigueur innovatrice : « Le Rédempteur, l'homme de l'avenir [...] nous délivrera [...] de la volonté de néant, du nihilisme, lui qui est le coup de cloche de midi, de la grande décision ; il affranchira de nouveau la volonté, restituera à la terre son but et à l'homme son espoir ; cet antéchrist, cet antinihiliste, ce vainqueur de Dieu et du néant – il faut qu'un jour il vienne » [2].

Pour rendre plausible cette articulation triple entre « volonté de puissance », éternel retour et conversion des valeurs, Nietzsche est obligé de distinguer deux niveaux : d'une part, celui proprement philosophique et formel d'une réflexion théorique sur les valeurs considérées en général (donc en les analysant outre les différents remplissements qu'elles peuvent admettre au cours de l'histoire des cultures où elles s'incarnent dans des biens), et sur le processus d'évaluation ; d'autre part, celui qui relève davantage de l'histoire des visions du monde où les valeurs sont chaque fois liées à des biens effectifs présents dans chaque culture, mais qui nécessairement se modifieront au cours de l'évolution. Or une telle distinction ne va pas de soi, et elle repose elle-même sur des présupposés.

Il faut qu'il y ait, d'une part, un désir perpétuel de réaliser des valeurs dans des biens, et, d'autre part, une distinction entre un registre théorique et un registre pratique puisque contemplation et action ne peuvent être confondues, pas même du point de vue de Nietzsche : en effet, le fait de se déclarer lui-même nihiliste ne l'empêche pas, sur un autre plan, celui de la contemplation, d'analyser le nihilisme comme une phase à la fois nécessaire, récurrente et transitoire au sein de toute histoire. Il faut, ensuite, que la nature des biens à l'occasion desquels se réalisent des valeurs ne soit pas sans effet sur le degré d'achèvement du désir évaluateur. Et c'est bien ce que semble suggérer le couple christianisme/bouddhisme : en effet, le boudd-

1. FP 7 [54], fin 1885 – print. 1887 : « *Imprimer* au devenir le caractère de l'être – c'est la suprême *volonté de puissance* [...] Que *tout revienne*, c'est le plus extrême *rapprochement d'un monde du devenir avec celui de l'être : sommet de la contemplation* ».

2. *Pour une généalogie de la morale*, II, § 24 *in fine*.

hisme n'offre pas le même type de réalisation que le christianisme, c'est-à-dire ne satisfait pas de la même manière le désir d'accomplissement effectif, même si bouddhisme et christianisme ont en commun d'offrir au désir de croire, à cette faiblesse de la volonté, une totalité achevée [1]. Le panthéisme proposant une fusion de toutes choses; le christianisme, l'union personnelle; par conséquent, un même mode de réalisation des valeurs, la totalité achevée, prend un nom différent et appelle des biens distincts si l'on se place sur le versant contemplatif (théorique) ou sur le versant actif (pratique). La totalité achevée n'est, bien entendu, pas le seul niveau possible ni l'unique mode de réalisation des valeurs : on peut en ajouter deux autres, logiquement déduits des mêmes présupposés : celui de la totalité inachevée et celui de la particularité achevée.

Puisque les matériaux sont inépuisables (le monde des choses) et que les personnes se renouvellent sans cesse dans l'histoire (les générations) on affaire à des réalisations comme la science, sur le versant contemplatif, ou comme l'éducation, l'éthique et la politique, sur le versant de l'action. Lorsque les matériaux sont, en revanche, finis, et les personnes, prises dans leur singularité, on débouche, d'une part sur le domaine de l'art, et d'autre part, sur celui de l'amour interpersonnel. On constate bien qu'à tous les niveaux axiologiques auxquels on parvient, le nihilisme peut surgir : soit parce qu'on ne supporte pas ou plus le caractère inépuisable des matériaux mobilisés par une totalité inachevée, c'est l'état d'esprit dans lequel se trouve Faust au début de la pièce; soit parce qu'on se lasse du caractère répétitif de l'éducation et de la mise en œuvre des formes politiques, et la totalité inachevée suscite alors un désarroi comparable à celui qu'éprouve Rieux dans *La Peste*, et que Camus subsume sous l'image de Sisyphe; soit encore du caractère frustrant de l'œuvre d'art ou de l'amour interpersonnel, précisément parce qu'on n'atteint ainsi ni une totalité ni autre chose qu'une limitation du désir : l'œuvre est achevée, n'est que celle-là [2]; l'amour, concentré dans telle relation, peut avoir la tentation d'en excéder les limites. En outre, même la totalité achevée n'est pas sans équivoque : dans le panthéisme, la fusion peut être satisfaisante, mais précisément elle exige le sacrifice de la singularité individuelle, et la consolation qu'elle apporte ne peut plus être véritablement vécue, lorsqu'ils y accèdent, par ceux qui y aspiraient; dans le théisme, l'individu éprouve la satisfaction d'être au comble de ses attentes

1. *Cf.* H. Rickert, *Le système des valeurs*, trad. et préf. J. Farges, Paris, Vrin, 2007, p. 151.

2. F. Nietzsche, *Par-delà bien et mal*, § 296. Cette forme de mélancolie saturnienne voit dans « l'œuvre achevée le masque mortuaire de sa conception » comme l'a très justement dit Benjamin qui, mieux que personne, savait, pour l'avoir constamment éprouvé, à quel point l'achèvement s'accompagnait de déception.

amoureuses, mais la fusion mystique est exceptionnelle tout en étant caractérisée par sa fugitivité, et, d'autre part, l'interrogation demeure, taraudante, sur la réalité de la réciprocité. Dans tous les cas, le nihilisme fait fond sur la finitude et sur l'impossibilité de maîtriser le temps : or c'est précisément cela qu'ambitionne le dépassement du nihilisme auquel Nietzsche a prétendu.

Chez lui, la notion de « nihilisme » est propre à sa philosophie de l'histoire telle qu'elle s'élabore, bien après la deuxième « Considération intempestive », c'est-à-dire après la mise en place d'abord de la critique historique immédiatement identifiée à une critique « psychologique » [1], puis de la configuration centrale de la « volonté de puissance ». Elle désigne l'ensemble des symptômes révélateurs d'un affaiblissement des configurations pulsionnelles par rapport à leur économie « naturelle » qui exige l'épanchement maximal, donc à la fois la conquête, la domination, la subordination de ce qui est incapable de résister suffisamment, et l'inévitable décadence qui succèdera à cette phase ascendante. Ces configurations se signalent par un ensemble variable de valeurs culturelles qu'on peut donc interpréter en fonction de cette conception d'arrière-plan adossée à une théorie « atomiste » mais non substantialiste de l'énergie que Nietzsche a élaborée dès 1873 sans jamais l'avoir reniée [2]. Il devient ainsi le prophète – plus antinomiste que nihiliste – de ce qu'il croit avoir pu déduire du « texte effrayant » de la nature en annonçant une possible réconciliation de l'être et du devenir à travers la conversion des valeurs qu'il proclame dans une mise en scène imitant à dessein la symbolique révolutionnaire française des « temps nouveaux » [3]. Cette conversion n'est pas la fin de l'histoire ; du moins annonce-t-elle un avenir de « salut » où le « surhumain », fût-ce pour un temps, mettra de toute façon un terme au « nihilisme européen ».

Marc de LAUNAY

1. F. Nietzsche, *Humain, trop humain*, I, § 35.
2. FP 26 [11] et 26 [12], printemps 1873 ; *Par-delà bien et mal*, § 12.
3. *Cf.* la « Loi contre le christianisme » qui conclut *L'Antéchrist*.

AUX ORIGINES DU NIHILISME ITALIEN : FOSCOLO ET LEOPARDI LECTEURS DE *WERTHER*

Les spécialistes de la culture italienne du tournant des Lumières ont été souvent frappés par le pessimisme radical, voire par le « nihilisme » des deux plus grands poètes italiens du début du XIXe siècle, Ugo Foscolo (1778-1827) et Giacomo Leopardi (1798-1837). Ces deux auteurs tranchent très nettement non seulement avec la culture catholique la plus conservatrice, mais aussi avec les philosophies de l'histoire et les théories du progrès qui dominent le panorama intellectuel italien à l'époque du *Risorgimento*. Aussi paraît-il naturel de s'interroger sur l'origine de leurs idées et sur le contexte culturel où celles-ci ont pu surgir.

Si nous voulions déployer ces questions dans toute leur complexité, nous serions probablement amenés à regarder les idées de Foscolo et Leopardi comme une synthèse originale de plusieurs influences à première vue contradictoires : Lucrèce et le matérialisme du XVIIIe siècle; le courant sensualiste des Lumières, avec son insistance sur l'« inquiétude », sur la *uneasiness* lockienne en tant que moteur principal de l'action humaine; la critique de la raison chez Rousseau, ainsi que la nouvelle conception de l'imagination qui point dans certaines de ses pages; le pessimisme chrétien de Pétrarque et Pascal, mais sans la « consolation » de la foi chrétienne; les Idées de Platon, mais réinscrites dans un contexte matérialiste, où elles sont conçues (selon un paradigme presque kantien) comme des idéaux de notre imagination, non comme une réalité en soi.

Une telle recherche étant trop vaste pour être abordée ici, j'ai choisi de me concentrer sur une source littéraire, *Les douleurs du jeune Werther* de Goethe, dont l'impact sur nos deux auteurs est connu depuis longtemps, mais dont la dimension proprement philosophique n'a jamais été étudiée.

Une réflexion sur la manière dont Foscolo et Leopardi se sont approprié ce roman permettra, je l'espère, de mieux cerner les traits spécifiques et la généalogie de ce qu'on pourrait appeler la « voie italienne au nihilisme ».

Précisons d'emblée que ni Goethe ni Foscolo ni Leopardi n'utilisent le terme de « nihilisme ». En Italie il sera introduit, au sujet de Leopardi, par Francesco De Sanctis, mais seulement en 1885 [1]. En Allemagne il fut placé au cœur du débat philosophique par Jacobi, qui dans sa célèbre *Lettre à Fichte* de 1799 [2] développa et porta à leurs ultimes conséquences les thèses qu'il avait avancées une première fois en 1785, dans ses *Lettres sur la doctrine de Spinoza* [3]. Dans ces textes, Jacobi adresse au rationalisme moderne un double reproche : en premier lieu, il l'accuse de vouloir déduire le réel d'axiomes conçus a priori par la raison, rendant ainsi l'être dépendant d'elle, ou plus exactement du sujet humain qui en est le dépositaire. Malgré ses origines métaphysiques, le rationalisme moderne conduit ainsi à une forme de phénoménisme ou de solipsisme radical, perd tout contact avec le monde extérieur, et dégénère de ce fait en « chimérisme » et en « nihilisme », comme le dit Jacobi à propos de Fichte. En deuxième lieu, Jacobi reproche au rationalisme – comme il apparaît très clairement chez Spinoza – de ramener les rapports entre les êtres à des relations logiques nécessaires comme celles qui subsistent entre une proposition et ses conséquences, et de conduire par là au fatalisme et au déterminisme. Le temps et la liberté sont dès lors niés, les intentions du sujet ne peuvent plus être admises en tant que causes déterminantes de ses actes, bref, la distinction entre le bien et le mal est supprimée (comme l'avait déjà soutenu Spinoza) et la vie humaine perd de ce fait toute signification éthique. Jacobi indique par là très clairement que ce qu'il appelle nihilisme sape les fondements de la religion et de la morale. On s'aperçoit ainsi que la célèbre formule de Nietzsche – « Que signifie le nihilisme ? Que les valeurs suprêmes se dévalorisent » [4] – est déjà contenue *in nuce* dans la définition jacobienne de ce concept.

Jacobi élabore sa critique de Spinoza et de l'idéalisme de Fichte plusieurs années après sa rencontre, en juillet 1774, avec Goethe, qui venait d'achever le *Werther*. Il paraît cependant probable que ce roman soit en partie à l'ori-

1. Francesco De Sanctis, *Studio su Giacomo Leopardi* (1885), in *Leopardi*, Torino, Einaudi, 1960, p. 286.

2. Friedrich H. Jacobi, *Lettre sur le nihilisme et autres textes*, présentation, traduction et notes par Ives Radrizzani, Paris, Flammarion, 2009.

3. F. H. Jacobi, *Lettres à Moses Mendelssohn sur la doctrine de Spinoza*, in *Œuvres philosophiques*, trad., introd. et notes de J.-J. Anstett, Paris, Aubier Montaigne, 1946, p. 75-209.

4. F. Nietzsche, *Œuvres philosophiques complètes*, XIII, Paris, Gallimard, 1976, p. 27-28, § 9 [35].

gine de sa polémique contre le rationalisme. Werther y loue en effet les élans du cœur et l'imagination créatrice, constamment opposés au légalisme étriqué, utilitaire et rationaliste d'une humanité moderne, qui croit dominer le monde et prétend en sonder les mystères, alors qu'elle se limite à peindre avec des couleurs bariolées les murs de la prison où elle s'est enfermée [1]. Les analogies entre la thèse de Werther selon qui la vie, pour la plupart des hommes, n'est qu'un « rêve », et la polémique de Jacobi contre le « chimérisme » et le « nihilisme » sont frappantes – elle mériteraient d'être examinées minutieusement, ce que nous ne pouvons pas faire dans ce contexte. Werther et Jacobi mènent, en ce sens, le même combat.

On peut toutefois relever qu'au cours des différentes rédactions de ses deux romans, *Allwill* et *Woldemar*, Jacobi passe d'un éloge initial à une critique de plus en plus sévère du cœur et du génie individuels, qui se soustraient aux lois communes. Implicitement, il prend ainsi ses distances vis-à-vis d'un subjectivisme comme celui de Werther. Ce dernier est certes fort différent de celui qui découle du rationalisme de Spinoza et de Fichte, mais il tend aussi à asservir la réalité à la tyrannie du Moi. On remarquera en outre que le rationalisme est qualifié de nihiliste par Jacobi parce qu'en substituant à la réalité une construction subjective, il devient lui-même imaginaire, et finit par se supprimer lui-même ; de manière semblable, seule la mort permet à Werther de satisfaire, sur le plan symbolique, ses désirs dissimulés de toute-puissance. Il paraît donc légitime de voir en lui le représentant d'un Moi hypertrophique et autodestructeur, typiquement moderne, auquel Goethe avait en partie adhéré dans sa saison « géniale », mais dont il commence à se dissocier lorsqu'il écrit son roman.

Dans les pages qui suivent nous tenterons, dans un premier temps, de vérifier la double hypothèse que nous venons d'avancer au sujet du *Werther*. Nous essayerons par la suite de voir dans quelle mesure une problématique semblable apparaît dans les pages de Foscolo et Leopardi qui sont le plus directement marquées par l'influence du *Werther*. Nous découvrirons alors que le « nihilisme » qu'on peut attribuer à certains de leurs personnages est assez différent de celui de Werther, tout en découlant de lui. Qui plus est, Foscolo et Leopardi ne le condamnent pas, ils semblent au contraire se l'approprier et le revendiquer. À travers l'anti-nihilisme de Jacobi et de Goethe naît ainsi, par mutation génétique, le nihilisme de Foscolo et Leopardi.

1. Goethe, *Die Leiden des jungen Werthers / Les souffrances du jeune Werther*, Paris, Gallimard, 1990 (désormais cité *Werther*), p. 52-55.

NATURE ET MORT DANS « WERTHER »

Le premier des motifs potentiellement nihilistes de *Werther* apparaît dans la lettre du 18 août. Au départ, le protagoniste rappelle le visage bienveillant, solaire, que la nature lui a présenté dans les premiers mois de son séjour à Wahlheim, et en décrit les divers éléments : la vallée contemplée du haut du rocher, la rivière qui coule entre les roseaux, le chant des oiseaux – bref, toute une vie qu'il voyait « germer et sourdre autour de lui », et dont il lui semblait entrevoir, au sein d'un paysage plus abrupt, le principe créateur :

> J'étais environné d'énormes montagnes [*ungeheure Berge*] ; des précipices [*Abgründe*] étaient devant moi, et des rivières impétueuses s'y plongeaient ; des fleuves coulaient sous mes pieds, les forêts et les monts résonnaient, et toutes les forces impénétrables [*alle die unergründlichen Kräfte*] qui créent, je les voyais, dans les profondeurs de la terre [*in den Tiefen der Erde*] agir et réagir, et je voyais fourmiller sur terre et sous le ciel les innombrables races des êtres vivants.

Contemplant ce spectacle, Werther avait cru découvrir la vie intérieure, ardente et sacrée qui anime la nature et dont lui-même se sentait pénétré. Il nous apparaît ainsi très proche du panthéisme que Goethe revendique à plusieurs reprises dans son œuvre. On remarquera, cependant, que ces « forces opérant dans les profondeurs de la terre », sont aussi, inévitablement, des puissances destructrices, engloutissant les générations qui se succèdent pour que d'autres puissent surgir à leur place. Il n'est donc guère étonnant que la vision béatifique d'une nature majestueuse et féconde puisse faire place à une tout autre image, celle que nous voyons justement surgir dans le dernier paragraphe de la lettre, où Werther décrit son état présent, en contradiction avec son bonheur passé :

> Devant mon âme s'est levé comme un rideau, et le spectacle de la vie infinie s'est métamorphosé devant moi en l'abîme du tombeau éternellement ouvert [*in den Abgrund des ewig offenen Grabes*]. Peut-on dire, « Cela est » quand tout passe ? quand tout, avec la vitesse d'un éclair, roule et passe ? [...] La plus innocente promenade coûte la vie à mille pauvres vermisseaux ; un seul de tes pas détruit le pénible ouvrage des fourmis, et foule un petit monde dans un tombeau ignominieux. Ah ! ce ne sont pas vos grandes et rares catastrophes, ces inondations qui emportent vos villages, ces tremblements de terre qui engloutissent vos villes, qui me touchent : ce qui me mine le cœur, c'est cette force dévorante qui est cachée dans toute la nature, qui ne produit rien qui ne détruise ce qui l'environne et ne se détruise soi-même.

> C'est ainsi que j'erre plein de tourments. Ciel, terre, forces actives qui m'environnent, je ne vois rien dans tout cela qu'un monstre toujours dévorant et toujours ruminant. (p. 175)

Les traits nihilistes d'une vision aussi dysphorique de la nature et de l'homme sont incontestables. Soulignons toutefois que Werther ne la présente pas comme une vérité ultime, dont il aurait eu brusquement la révélation, mais comme un point de vue subjectif, ce que lui, Werther, ressent à un moment précis de sa vie, tout en continuant à penser que la nature est divine. Or, il a perdu le secret de cette vie divine – « avec laquelle il créait des mondes autour de lui » – le jour où son imagination s'est tarie. (p. 273, 3 nov.)

Un deuxième thème « nihiliste » de *Werther* est constitué par le scepticisme radical auquel nous avons déjà fait brièvement allusion, à savoir l'affirmation que la vie humaine est un « songe », que nos facultés sont enfermées dans des bornes étroites, que les hommes sont comme des enfants promenant leur poupée, ou comme des prisonniers couvrant les murs de leur cachot de riantes perspectives (p. 53-55, 22 mai). Les accents platoniciens de ces affirmations sont évidents et ils semblent suggérer que ce qui est inconsistant pour Werther n'est pas l'être en tant que tel, mais la perception qu'en a l'homme en raison de sa finitude. La suite du roman renforce cette hypothèse. Dans sa dernière lettre à Lotte, Werther décrit la mort comme une énigme effrayante, mais aussi comme le mur qu'il faut abattre si l'on veut percer le secret de l'être. Dans la même lettre, il arrive à la conclusion qu'en embrassant Charlotte sur ses lèvres, il a pris possession d'une « vie brûlante », il a savouré « des délices célestes » que rien ne pourra plus détruire. Près de la tombe, il connaît enfin la réponse aux questions que la jeune femme lui avait posées au sujet de l'immortalité, il n'est plus claquemuré dans un rêve, il parvient enfin à la vraie vie : « Je ne rêve point, je ne suis point dans le délire ! Près du tombeau, je vois plus clair. Nous serons, nous nous reverrons. Nous verrons ta mère. » (p. 368-369)

La conviction affichée par Werther d'avoir enfin atteint la vérité, reconduit à un troisième motif « nihiliste », celui du génie. Il fait son apparition dès les premières pages du roman, lorsque Werther demande pourquoi il arrive si rarement que « le torrent du génie soulève ses flots et vienne bouleverser nos âmes saisies d'étonnement », et répond avec sarcasme que sur les deux rives du fleuve habitent des hommes réfléchis, qui ont élevé des barrières et creusé des fossés pour empêcher que leurs jardins et leurs maisonnettes soient inondées (p. 63). Mais le génie est de nouveau comparé à un flot destructeur beaucoup plus tard, dans la lettre du 12 décembre. Werther y contemple avec une sorte de rage vengeresse la vallée inondée par la rivière, il se réjouit de voir les lieux de sa passion pour Lotte, le jardin où il l'avait souvent rencontrée, ravagés par les eaux, et investit d'un fantasme de toute-puissance la tentation qu'il éprouve de mettre fin à ses souffrances en se jetant dans le gouffre [*Abgrund*]. Se mêler aux éléments, devenir vent ou tempête, tel est alors son désir : « Ô mon ami ! combien volontiers j'aurais donné mon existence d'homme, pour, avec l'ouragan, déchirer les nuées, soulever les flots ! Serait-il possible que ces délices ne devinssent jamais le partage de celui qui languit aujourd'hui dans sa prison ? » (p. 315)

Dans l'immédiat, pourtant, Werther reste accroché à la vie. C'est seulement deux semaines plus tard que les baisers de Lotte pourront satisfaire son désir d'infini. L'immortalité est ainsi atteinte, mais c'est une immortalité conquise de haute lutte, par la violence, la transgression et la mort. Le divin coïncide ici avec la puissance d'un sujet génial, mais loin de fonder l'ordre du monde, il semble plutôt l'ébranler.

Matière et illusion chez Foscolo

Sous quelle forme les trois thèmes que nous venons d'évoquer sont-ils repris par Foscolo et Leopardi ? Pour répondre à cette question, nous interrogerons dans un premier temps le roman épistolaire de Foscolo, *Dernières lettres de Jacopo Ortis* [1], qui s'inspire largement du roman de Goethe et où, notamment, une longue séquence de plusieurs lettres, s'étendant du 13 au 15 mai présente de nombreux points de contact avec la lettre du 18 août dans *Werther*. Au début Jacopo se trouve, comme Werther, sur le sommet d'une montagne, et évoque avec émoi une nature qui le comble : « Toutes les étoiles scintillaient, et pendant que je saluais une à une les constellations, je ne sais quoi de divin pénétrait mon âme, et mon cœur s'élançait comme s'il aspirait à une région infiniment plus élevée que la terre. » (*Ortis*, p. 87) À côté de cette image euphorique, une autre, plus sombre et inquiétante, fait cependant son apparition. Jacopo plonge son regard, comme Werther,

1. Une première édition du roman, parue en 1798, et qui pose des problèmes d'attribution assez complexes, a été suivie par deux autres (1802 et 1816). Pour des raisons d'ordre pratique, je suis celle de 1816, qui ne présente pas de changements majeurs par rapport à *Ortis* 1802, et qui a l'avantage d'être la source à laquelle se rapporte la traduction française de Julien Luchaire (U. Foscolo, *Les dernières lettres de Jacopo Ortis*, Toulouse, Ombres, 1994 (1906), désormais cité *Ortis*) que j'ai ici utilisée, tout en la corrigeant à chaque fois que cela m'a paru nécessaire. Les citations en italien renvoient à l'*Edizione nazionale delle Opere di Ugo Foscolo*, vol. IV, Firenze, Le Monnier, 1955.

dans les précipices, mais au lieu d'y entrevoir les forces créatrices qui régénèrent la nature, il est effrayé par le spectacle qui s'offre à ses yeux : les flancs de la montagne « sont fendus de ravins inféconds » [*burroni infecondi*] et « leur fond obscur et terrible semble l'ouverture d'un gouffre » [*la bocca di una voragine*] qui pourrait à tout moment l'avaler. Peu après, se retrouvant près du cimetière, Jacopo a l'impression de voir sa propre tombe grande ouverte devant lui [*mi vedeva spalancata la sepoltura*] et en tire d'amères conclusions sur le sort des hommes : « Reposez en paix, pauvres reliques. La matière est retournée à la matière. Rien ne diminue, rien ne croît, rien ne se perd ici-bas. Tout se transforme et se reproduit... Oh ! destinée humaine ! le moins malheureux est celui qui a le moins peur de toi ! » (p. 87-88) Quelques pages plus loin, Jacopo reprendra également l'image wertherienne du monstre dévorant : « Dans l'épaisse obscurité qui recouvre ce monde mélancolique et taciturne, je vois l'image de la Destruction dévorant tout ce qui est. » (p. 99-100)

À côté de ce premier motif d'origine wertherienne, nous rencontrons aussi chez Foscolo l'autre thème évoqué plus haut, le thème du « songe » et du caractère imaginaire du réel : « La vie humaine ? Un songe ! Un songe trompeur auquel pourtant nous attachons grand prix. [...] Tout mon bonheur réside dans la vaine apparence des choses qui m'entourent ; et si je cherche quelque chose de réel, ou bien je recommence à me leurrer, ou j'erre stupéfait et épouvanté dans le néant. » (p. 49 ; 19 janvier). Werther se plaignait, dans la seconde partie du roman, que le spectacle délicieux de la nature ait perdu pour lui tout son charme, qu'il soit devenu froid et inanimé (*Werther*, p. 273). De la même manière, Jacopo se plaint que son imagination étiolée ne lui permette plus de voir les immenses beautés qu'il admirait autrefois : « Où est la nature ? Où est son immense beauté ? Où est l'enchaînement pittoresque des collines que je contemplais de la plaine, m'élevant par l'imagination jusque dans les régions des cieux ? elles me semblent des roches nues, et je ne vois que des précipices. » (*Ortis*, p. 104 ; 2 juin)

Mais il y a plus. Werther avait affirmé, le 18 juillet, que le monde n'est rien pour nous sans l'amour :

> Wilhelm, qu'est-ce que le monde pour notre cœur sans l'amour ? Ce qu'est une lanterne magique sans lumière : mais à peine y introduisez-vous le flambeau qu'aussitôt les images les plus variées se peignent sur la muraille blanche ; et lors même que tout cela ne serait que fantômes qui passent, encore ces fantômes font-ils notre bonheur quand nous nous tenons là, et que, tels des gamins ébahis, nous nous extasions sur ces apparitions merveilleuses. (*Werther*, p. 135)

Une métamorphose pareille se produit dans *Ortis*. Peu après avoir médité sur la mort devant le cimetière, Jacopo rencontre Teresa, sa bien-aimée, et en la serrant enfin dans ses bras il découvre le bonheur d'être aimé ; du même coup, la nature cesse d'être un gouffre effrayant et retrouve soudain son éclat :

> Depuis ce baiser, je suis un être divin, mes idées sont plus élevées, plus riantes, mon aspect est plus gai, mon cœur plus compatissant. [...] Amour, les beaux-arts sont bien tes fils [...] et c'est par toi que ressuscite le plaisir, fécondateur de tous les êtres, sans lequel le monde ne serait plus que chaos et mort. Si tu disparaissais, la terre deviendrait inhospitalière, les animaux ennemis entre eux, le soleil un feu malfaisant, et le monde un désespoir, une terreur, une destruction sans bornes. Mais maintenant que mon âme resplendit d'un rayon de toi, j'oublie mes malheurs. (Ortis, p. 93)

Le parallélisme entre les deux textes est flagrant. Entre Werther et Jacopo, il y a toutefois une différence importante, qui nous permet de mieux cerner les glissements que Foscolo a fait subir aux notions empruntées à son modèle. Chez Goethe, les thèmes du rêve et de la nature destructrice s'inscrivent, on l'a vu, dans un contexte néoplatonicien qui explique l'insatisfaction humaine tout en donnant au désir de l'infini une visée réelle. Werther se demande si l'amour n'est qu'une image bariolée projetée sur un mur, mais il semble entrevoir une vérité plus lumineuse, qui pourrait se cacher derrière ces images et ce mur. De son côté, Jacopo s'adresse de temps à autre à la divinité et à la nature, mais sa position est différente : pour lui la réalité, dans sa vérité, est matérielle, la vie humaine est malheureuse parce qu'elle poursuit inlassablement un bonheur impossible, et parce qu'elle cherche un repos que seule la mort peut lui procurer. Quant aux idéaux forgés par notre imagination, le passage qui clôt la lettre du 15 mai, après l'éloge enflammé de l'amour, le dit explicitement : ce ne sont que des illusions, mais des illusions nécessaires, si nous ne voulons pas sombrer dans le désespoir :

> Illusions ! s'exclame le philosophe. Mais tout n'est-il illusion ? Tout ! Heureux les Anciens [...] qui répandaient la splendeur de la divinité sur les imperfections humaines, et qui trouvaient le beau et le vrai en caressant les créatures de leur imagination. Illusions ! Mais en attendant, sans ces illusions, je ne connaîtrais de la vie que la douleur, prou, ce qui m'épouvante plus encore, que l'indolence glacée et l'ennui. (p. 94)

Le pessimisme de cette conclusion est en partie contredit par le constat que les illusions font aussi partie de notre existence, que la nature compense avec elles les souffrances qu'elle nous a causées, et qu'en ce sens elle pourrait être moins hostile à l'homme qu'il ne semble. Dans la nature il y a peut-être une sorte de providence « résiduelle », à laquelle Foscolo fait parfois allusion en recourant aux notions de « *discordia concors* » et d'« harmonie dissonante ». Mais cela équivaut à redécouvrir que l'être est duel – qu'il est à la fois bienveillant et hostile – comme les deux visages de la nature que Werther a mis en scène le 18 août, et que Foscolo évoque de nouveau vers la fin du roman :

> Alors, brille, nature, brille, et soulage les soucis des mortels. Pour moi, tu ne brilleras plus. J'ai déjà ressenti toute ta beauté, et je t'ai adorée, et je me suis nourri de ta joie ; et tant que je te voyais belle et bienfaisante, tu me disais d'une voix divine : Vis… Mais ensuite, dans mon désespoir, je t'ai vue avec des mains ruisselantes de sang ; le parfum de tes fleurs fut pour moi imprégné de poison, tes fruits pleins d'amertume ; tu m'apparus dévorant tes enfants, te servant de ta beauté et de tes dons pour les entraîner au malheur. […] Ah ! maintenant je te regarde et je soupire ; mais je t'aime encore, pour le souvenir de la douceur passée, pour la certitude que je n'aurai plus à te craindre, et parce que je vais te perdre… (p. 198)

Hostilité de la nature, illusions consolatrices, dualité de l'être – tels sont les grands thèmes philosophiques développés par Foscolo à travers une relecture personnelle de *Werther*.

Nature et infini chez Leopardi

Jusqu'en 1824, l'œuvre de Leopardi, et surtout son « journal de bord », le *Zibaldone*, peuvent être lus comme une apologie de la nature. Parfois présentée, surtout au début, comme créée par Dieu, elle devient assez tôt un sujet autonome, aux traits anthropomorphes très poussés : douce et bienveillante, elle prend soin de l'univers et fait tout ce qui est en son pouvoir pour rendre les hommes heureux. L'homme est malgré cela malheureux parce qu'il choisit la raison et la science. Croyant à sa propre « perfectibilité », il quitte sa condition naturelle et entame ainsi un processus irréversible de déchéance morale et physique.

On devine facilement le rôle qu'a pu jouer Rousseau dans l'élaboration de cette philosophie. Mais celle-ci a été aussi marquée par la lecture de certains passages de *Werther*. Dans la lettre du 9 mai Werther raconte le pèlerinage qu'il a fait dans sa petite ville natale, et il en est amené à comparer le bonheur qu'il éprouvait dans son enfance avec son malheur présent. Une lecture attentive montre néanmoins que ce bonheur n'était pas dû aux joies et aux plaisirs, « aux amours enfantines » qui auraient pu alors combler son âme. Werther évoque au contraire « l'inquiétude » et « les larmes » qu'il avait versées dans son ancienne école. Son bonheur tenait plutôt à son état d'« heureuse ignorance », à ses rêves sur le « monde inconnu » qu'il lui semblait entrevoir au loin et où il désirait s'élancer pour y combler les désirs ardents de son cœur. Enfant, il pouvait rester assis des heures entières devant une chaîne de montagnes, son âme se perdait dans ces vallées qui semblaient lui sourire dans le lointain, enveloppées dans leur voile de vapeur (*Werther*, p. 235). Parfois il s'arrêtait aussi à regarder l'eau de la rivière, il en suivait le cours et imaginait les régions merveilleuses qu'elle allait traverser. Son état était comparable à celui d'Ulysse lorsqu'il parle de « la mer immesurable et de la terre infinie ». Aujourd'hui, ajoute Werther, chaque écolier sait que la terre est ronde. Mais pour les anciens l'univers était à la fois renfermé dans des bornes étroites, et plein de mystère : ils étaient de ce fait plus heureux que nous, et leur vie était plus poétique.

Pour se rendre compte de l'impact de cette lettre sur Leopardi, il suffit de relire l'idylle *Le ricordanze* [*Les Souvenirs*], que le poète écrivit en 1829, quelques mois après son retour à la résidence familiale de Recanati, qu'il avait quittée en 1825. Tous les éléments de la lettre de Werther se retrouvent dans ces vers : l'adolescent assis sur l'herbe qui admire ébahi les objets les plus éloignés; l'espoir de goûter un jour, au-delà de ces montagnes, les merveilles des mondes inconnus (« *die unbekannte Welt* » chez Werther, « arcani mondi » chez Leopardi); le contraste entre ces rêves d'antan et la vie présente, où aucun de ses désirs ne s'est réalisé : « [...] Que de vastes pensées, / que de doux songes m'apportaient / la mer lointaine et les montagnes bleues / que je revois d'ici, que j'espérais alors / franchir un jour, mondes cachés, arcanes / de félicités que ma vie se forgeait. / J'ignorais mon destin, j'ignorais que souvent / contre la mort je voudrais échanger / ma nue, mon amère existence[1] ».

Selon Leopardi, l'immense, le vague et le lointain sont éminemment poétiques. Dans ses poèmes il décrit souvent des expériences comparables à celle que nous venons d'évoquer. Son style, comme l'a montré Luigi Blasucci[2], s'efforce, par des techniques subtiles et variées, de suggérer à notre esprit l'idée de l'infini et des plaisirs qu'elle suscite. Selon Leopardi, certaines locutions sont poétiques parce qu'elles induisent en nous la sensation

1. Giacomo Leopardi, *Canti*, Paris, Gallimard, 1982, p. 95-96. Par la suite, j'utiliserai aussi, dans certains passages, la traduction de Michel Orcel, Leopardi, *Chants / Canti*, Paris, Flammarion, 2005.

2. L. Blasucci, *Leopardi e i segnali dell'infinito*, Bologna, Il Mulino, 1985.

purement imaginaire de l'infini. Il examine notamment l'adjectif italien « *vago* » (du latin *vagum*), signifiant à la fois « gracieux » et « vague » et communiquant avec les verbes « *vagare* » (errer) et « *vagheggiare* », qui veut dire à la fois « désirer », « contempler », « rêver de », « soupirer après ». Selon Leopardi, la poésie moderne ne parvient plus, à cause du progrès de la science et de la raison, à faire vibrer en nous la corde du vague et de l'indéterminé.

Mais Leopardi ne se limite pas à s'approprier ces intuitions wertheriennes. Dans le *Zibaldone*, il s'efforce également de les fonder par ce qu'il appelle sa « théorie du plaisir » [1]. À cause de l'écart entre le plaisir infini qu'il désire et le plaisir fini que nous procure forcément toute réalité, l'homme ressent constamment, et de la manière la plus douloureuse, « le néant de toutes choses ». Mais l'homme dispose aussi d'une faculté, l'imagination, qui est capable « de se représenter des plaisirs qui n'existent pas et de se les représenter infinis. ». Leopardi voit là un indice de la « miséricorde » de la nature qui ne pouvant procurer à l'homme des plaisirs réels infinis, a voulu remédier à cette carence par les illusions. Ajoutons que, selon lui, la nature n'a pas voulu que l'homme reconnaisse l'imagination comme « une puissance trompeuse ». Elle a plutôt souhaité qu'il prenne ses rêves pour des réalités. D'où le bonheur naïf des anciens, alors que les modernes, soumis à la contrainte de la réflexion, ne peuvent plus tirer un vrai bonheur de leurs fantaisies, parce qu'ils savent que ce ne sont que des illusions.

Bref, l'homme a perdu son bonheur primitif. Son seul espoir serait qu'il puisse se rapprocher de l'état de nature dont il s'est éloigné. Dans cette perspective, un autre passage de *Werther* a pu marquer Leopardi. Dans la lettre du 21 juin, Werther s'interroge sur l'inquiétude qui pousse les hommes à chercher ailleurs le bonheur qu'ils pourraient trouver tout près d'eux. Notre âme se perd dans un espace « immense et mystérieux », « nous volons » vers lui, mais quand nous y parvenons, quand « là-bas » devient « ici », nous découvrons que rien n'est changé, et nous nous retrouvons avec « nos étroites limites ». « Ainsi le plus inquiet vagabond – conclut Werther – soupire à la fin après sa patrie, et trouve dans sa cabane, auprès de sa femme, dans le cercle de ses enfants, [...] les délices qu'il cherchait vainement dans le vaste monde » (*Werther*, p. 103).

Ce retour au pays n'est pas une voie que Werther peut emprunter, étant lui-même un déraciné, sans patrie et sans famille, amoureux d'une femme

1. G. Leopardi, *Zibaldone* (désormais cité *Zib*), Paris, Allia, 2004, p. 138-142 [165-172 selon la pagination du manuscrit autographe de Leopardi, à laquelle nous renverrons par la suite].

qui appartient déjà à un autre. De même, le retour aux origines est interdit à l'humanité selon Leopardi. Ce dernier, à la différence de Rousseau, ne croit pas qu'il soit possible de régénérer l'homme par un nouveau pacte social. Jusqu'en 1822, il semble encore nourrir quelques espoirs de ressusciter son énergie primitive. Peu après, il abandonne cet espoir, mais il y revient en partie, sous une autre forme, dans les années Trente, dans le cadre de ce qu'on a l'habitude d'appeler, dans le sillage de Walter Binni, « la protestation de Leopardi » et sa « nouvelle poétique »[1].

Un autre passage de *Werther* peut nous aider à comprendre non seulement le sens de cette tentative de retourner à la nature, mais aussi la transition de Leopardi vers sa deuxième philosophie, à savoir vers le stade où sa pensée devient nihiliste au sens fort du terme, et où l'on voit aussi réapparaître le thème de la subjectivité géniale évoqué plus haut. Mais une courte digression est ici nécessaire. Malgré ses affirmations répétées du bonheur des anciens, Leopardi savait en réalité ceux-ci conscients de la détresse qui est inhérente à la condition humaine et il n'a pas manqué d'enregistrer leur désespoir. Les anciens avaient toutefois la chance, selon lui, de pouvoir personnifier la cause de leur malheur, de pouvoir l'attribuer aux dieux ou au destin, et de pouvoir les maudire (*Zib.* 503-507). Les modernes, en revanche, ne peuvent diriger leur haine que contre eux-mêmes. Un bel exemple de l'attitude ancienne est représenté par Sapho, que Leopardi a mis en scène dans son *Dernier chant de Sapho*[2]. Refusée par Phaon à cause de sa laideur, Sapho se trouve, au début du poème, au sommet du rocher de Leucade. Le ciel est serein et la nuit paisible, éclairée par « le chaste rayon de la lune couchante ». Sapho admire « le beau manteau » du ciel, la terre humide, « ces doux semblants » qu'elle chérissait autrefois et qu'elle abhorre désormais. Elle se plaint que les dieux ne lui aient donné aucune part de cette immense beauté. Mais si elle déteste, à présent, les paysages les plus sereins, qu'est-ce qu'elle aime ? « Le flot poudreux des vents par les champs frémissants », « le pesant char de Zeus qui déchire en tonnant l'air ténébreux ». Et qu'est ce qu'elle désire ? « Nager dans la tempête », « voir la fuite vaste des troupeaux effarés », « entendre gronder l'onde » et « la rage victorieuse » du « torrent profond ». Elle épanche ainsi sa rage contre la nature qui l'a privée des beautés prodiguées avec tant de largesse aux autres créatures.

Cette scène présente des ressemblances frappantes avec un passage du *Werther* que j'ai cité plus haut. La situation de Sapho est identique à celle

1. W. Binni, *La nuova poetica leopardiana*, Firenze, Sansoni, 1947 e *La protesta di Leopardi*, Firenze, Sansoni, 1973.

2. G. Leopardi, *Canti*, *op. cit.*, p. 59-61.

du personnage de Goethe dans la lettre du 12 décembre : comme lui, elle est au sommet d'un rocher et sur le point de se jeter dans le gouffre. La seule différence tient au fait que la nature autour d'elle est paisible, tandis que dans *Werther* les éléments sont déchaînés et la vallée inondée. Mais cette différence n'est qu'apparente : la colère de Sapho, qui se replace par l'imagination dans le même cadre naturel où se trouve Werther, correspond exactement à la « rage intérieure » [*ein inneres unbekanntes Toben*] qui tourmente ce dernier et qui le pousse à sortir de chez lui au milieu de la nuit pour aller contempler la tempête du haut d'un roc (p. 315). Elle aussi, comme Werther, désire nager dans la tempête [1]. Nous découvrons ainsi que le vrai modèle pour la révolte qualifiée d'« ancienne » par Leopardi est le plus moderne des héros modernes !

Un deuxième point mérite d'être souligné. La révolte de Sapho contre la nature représente l'attitude que Leopardi continue à refuser, par des arguments de plus en plus alambiqués, tout au long de l'année 1823. Puis, en mai 1824, il la reprend tout d'un coup à son compte, en écrivant le *Dialogue de la nature et de l'Islandais* [2]. Le protagoniste de ce dialogue cherche la région de la terre (le « Paradis terrestre »), que la nature avait peut-être destinée aux hommes pour qu'ils soient heureux. Mais sa quête est vaine : où qu'il aille, il s'expose à des catastrophes, à des intempéries et à mille autres tourments. Un jour, toutefois, il rencontre la Nature, « femme démesurée, assise à terre, le coude et le buste appuyés à une montagne ». Interrogée sur le pourquoi de cette vie si malheureuse de l'univers, celle-ci lui répond : « Manifestement, tu ne t'es pas aperçu que la vie de cet univers n'est qu'un perpétuel circuit de production et de destruction, unies de telle sorte que chacune sert continuellement à l'autre, et à la conservation du monde qui se décomposerait de la même façon si l'une ou l'autre des deux s'arrêtait. » (p. 209)

Leopardi écrit quelques jours plus tard dans le *Zibaldone* que la nature est pleine de contradictions et que la seule manière d'expliquer « l'horrible mystère des choses » consiste à admettre que les fondements mêmes de la raison (le principe de non-contradiction) sont trompeurs (*Zib.* 4099). Cette remarque constitue peut-être une dernière tentative d'acquitter la Nature des reproches qu'elle semble mériter. Et Leopardi hésitera en effet encore deux ans (jusqu'au 22 avril 1826) avant de parvenir à la conclusion qui

1. « Alors par les ressauts et les vallées profondes/ nous aimons à nager dans la tempête » (v. 14-15). Cf. *Werther*, p. 315 : « J'aurais donné mon existence d'homme pour, avec l'ouragan, déchirer les nuées, soulever les flots ! ».

2. G. Leopardi, *Œuvres*, Paris, Éditions Mondiales, 1964, p. 203-210.

semble désormais s'imposer : « Tout est mal. [...] L'ordre, la condition des choses, les lois, la marche naturelle de l'univers ne sont rien que mal et ne tendent à rien d'autre qu'au mal. Il n'est d'autre bien que le non-être » (*Zib.* 4174). Leopardi cite peu après un vers célèbre du poème de Lisbonne de Voltaire (« des malheurs de chaque être un bonheur général »), puis développe l'un de ses apologues les plus célèbres :

> Entrez dans un jardin peuplé de plantes, d'herbes et de fleurs. Riant, tel que vous l'aimeriez. Dans la plus douce saison de l'année. Vous ne pourrez poser vos yeux nulle part sans y découvrir quelque tourment. [...] Ici, un rameau est rompu par le vent ou par son propre poids ; là, une brise légère déchire une fleur et emporte un lambeau. [...] Pendant ce temps, vous massacrez les herbes sous vos pas, vous les écrasez. [...] Chaque jardin est pareil à un vaste hôpital [...] et si ces êtres [...] sentaient, il est certain que pour eux le non-être serait de loin préférable à l'être. (Zib. 4176-4177)

Nous voilà ainsi revenus à la case de départ, à la lettre du 18 août de Werther, aux deux visages de la nature, à la métamorphose de la mère bienfaisante en monstre maléfique. Leopardi se permet alors, à l'instar de Sapho, de maudire les Dieux. Dans l'ébauche intitulée *À Ahriman* il écrit : « Roi du réel, auteur du monde, secrète / malveillance [...] mille fois de ma lèvre ton nom sera maudit[1] ». Dans *À soi-même* il répète : « [...] Méprise désormais / Toi-même, la nature, le méchant / pouvoir caché qui commande au mal commun, / Et l'infinie vanité du Tout » (p. 201). Parallèlement, dans *Le genêt* (v. 111-125), il fait l'éloge de celui qui, répétant le geste d'Épicure chez Lucrèce, ose lever ses yeux mortels contre le destin et accuser de nos souffrances la nature, mère marâtre.

Dans sa dernière philosophie Leopardi proteste orgueilleusement contre les forces auxquelles nous sommes soumis et qui menacent de nous écraser à tout instant. Il s'agit là d'une posture qui présuppose l'affirmation géniale de Werther, mais aussi celle du héros byronien tel qu'on le voit se profiler dans *The Lament of Tasso* et dans *Manfred*. On ajoutera que cette dernière philosophie de Leopardi se présente par moments comme l'exhortation à former « une chaîne humaine », un pacte unissant tous les hommes contre les puissances ennemies de la nature, selon la formule que nous retrouvons dans *Le genêt* (v. 130-157). Rien d'étonnant, par suite, à ce qu'un certain humanisme issu de la Résistance et s'inspirant du marxisme ait pu se reconnaître dans ce dernier Leopardi entre les années 1940 et 1960. On relèvera enfin l'analogie entre cette affirmation du Moi qui se révolte contre

1. G. Leopardi, *Chants/Canti*, *op. cit.*, p. 285-287.

l'ordre naturel et la conception kantienne du sublime. Selon Kant, comme on le sait, « le sublime n'est contenu en aucune chose de la nature, mais seulement en notre esprit, dans la mesure où nous pouvons devenir conscients d'être supérieurs à la nature en nous, et, ce faisant, à la nature en dehors de nous » [1]. L'indice le plus frappant de cette affinité entre Kant et Leopardi au sujet du sublime est fourni par un passage extraordinaire des *Pensées* où Leopardi définit l'ennui comme le plus sublime des sentiments humaines :

> Ne se trouver satisfait par aucune chose terrestre ni, pour ainsi dire, par la terre entière ; [...] imaginer le nombre infini des mondes et sentir notre esprit et nos désirs plus vastes encore qu'un tel univers ; toujours accuser les choses d'insuffisance et de nullité, et souffrir du manque et du vide, et donc de l'ennui, cela m'apparaît comme la première marque de grandeur et de noblesse que puisse porter l'humanité.

La pensée de Leopardi atteint ici son apogée. On peut toutefois se demander si le Leopardi qui nous touche le plus profondément aujourd'hui, est bien celui qui célèbre ainsi le désespoir et la grandeur du sujet, ou celui qui en reconnaît la fragilité. Car il ne faut pas oublier que Leopardi est matérialiste. À la différence de Werther, mais aussi de Kant, de Byron et des romantiques, il n'y a jamais chez lui une exaltation, gnostique ou idéaliste, de l'esprit, une affirmation de sa souveraineté ou de son indépendance par rapport au monde. C'est la conscience de la fragilité de notre condition qui le pousse à invoquer le « genêt » et ses « molles forêts » dans son dernier grand poème. C'est encore cette fragilité qu'il évoque dans un passage des *Petites œuvres morales*, dont le protagoniste se demande si l'homme peut se soustraire au pouvoir de la fortune :

> La raison de l'homme n'est-elle pas constamment soumise à mille accidents ? [...] Enfin, c'est une grande stupidité que d'avouer que notre corps est soumis à ce qui ne dépend pas de nous, et de persister à nier que l'âme – qui dépend presque entièrement du corps – soit nécessairement assujettie à quoi que ce soit d'autre que nous-mêmes. Il concluait que l'homme, en sa totalité, toujours et indubitablement, est au pouvoir de la fortune.

En conclusion, on peut dire que Jacobi critique le nihilisme comme un ennemi de la vérité et de la vie, comme une force destructrice née du désir moderne de maîtriser le réel par la raison, la technique et la science. Mais avec Foscolo et Leopardi un revirement se produit : dans leur œuvre, le néant n'est plus seulement un symptôme de notre condition moderne, il se

1. Kant, *Critique de la faculté de juger*, Paris, Vrin, 1993, p. 146 [§ 28].

manifeste comme une vérité ontologique ultime, comme un manque de fondement essentiel dont les hommes ont trop souvent détourné le regard.

Foscolo et Leopardi nous montrent cependant que, face au néant, plusieurs attitudes sont possibles. Elles ont en commun l'effort pour le surmonter, l'exorciser ou du moins réduire son impact. Parmi ces attitudes, il y a l'illusion, qui occulte aux regards le non-sens, ou qui, tout en l'admettant, repère dans la réalité des ressources anti-nihilistes, et s'en sert pour faire reculer le néant ; il y a également la protestation orgueilleuse, faite au nom d'un idéal de perfection et de beauté qu'on défend et qu'on oppose au réel tout en sachant qu'il est irréalisable ; il y a enfin l'attitude ironique et ambiguë de ceux qui avouent avoir partie liée avec une réalité qui est pourtant en même temps reconnue comme hostile et incommensurable à l'humain. Ces différentes stratégies seront développées et approfondies par les plus grands penseurs des deux derniers siècles, mais il est significatif qu'on les trouve déjà amorcées chez deux auteurs italiens du début du XIXe siècle.

Enzo Neppi

L'EXPÉRIENCE NIHILISTE DU CHRISTIANISME

Une secrète tristesse accompagnant l'espérance
Saint Augustin, *Confessions, X, 4, 5-6*

Le recours au religieux

L'opération qui consiste à lier la compréhension du nihilisme à l'événement de la mort de Dieu peut s'établir, sans s'y réduire, dans le cadre d'une question portant sur le devenir de la religion, en fait celui des grandes religions instituées et singulièrement du christianisme, dans les sociétés occidentales. Le nihilisme se manifesterait alors, entre autres, dans la baisse tendancielle de la croyance ou de la pratique religieuse, ou du moins dans des phénomènes de déstructuration à la fois de l'institution religieuse et des modes de croyance, dans le retrait des religions de la sphère publique, la perte de leur influence sur les structures sociales et sur la culture en général, finalement dans la destruction, toujours en cours, des valeurs chrétiennes [1] : en somme, il se confondrait partiellement avec le phénomène de la sécularisation elle-même. Si, dans ce contexte, le terme de « nihilisme » n'est pas explicitement mobilisé, c'est qu'il confère à l'interprétation de la sécularisation et de la modernité en général (ou de la « post-modernité ») une connotation évaluative, voire strictement critique : le nihilisme n'est pas simplement, ou pas du tout, une catégorie interprétative de l'histoire de la modernité, c'est un jugement (négatif) sur sa consistance spirituelle d'une modernité qui

1. *Cf.* E. Jünger, *Passage de la ligne*, trad. fr. H. Plard, Paris, Bourgois, 1997.

aurait perdu tout repère normatif ou souffrirait d'un tarissement des ressources de sens et se verrait livrée sans remède au déchaînement de la technique. Le nihilisme, c'est la manière de considérer la modernité sécularisée comme un temps de détresse et le temps de détresse comme celui de la fuite des dieux. La coïncidence entre les maux de la modernité – pour ne pas dire la modernité comme mal –, et le déclin historique de la religion ou des religions accède, sous le terme commun de nihilisme, au rang de paradigme interprétatif, quand bien même il paraîtrait à la fois impossible et désastreux de ressusciter le Dieu moral et métaphysique.

L'intérêt (relatif) de cette vulgate tient à plusieurs choses : tant à la conception sous-jacente très fonctionnaliste de la religion (efficace en termes de normativité ou de structuration sociale, voire en termes freudiens de compensation aux sacrifices exigés par la société et la culture) qu'à ses accroches lointainement philosophiques, tant à ce qu'il exprime de crainte sociale que de révolte. La destruction des prétentions à la validité théorique des contenus de la religion a laissé pendante, et brûlante, la question de sa capacité normative non seulement sociale mais morale – autrement dit sa validité pratique (au sens kantien). La mort « sociologique », si l'on peut dire, du Dieu moral aura à son tour consommé cette validité. La caractéristique du nihilisme, de ce point de vue, est ainsi conçue comme démoralisation, au sens littéral, l'assèchement des ressources de la conscience normative.

Mais un point de vue théologique sur le nihilisme n'évoque pas seulement l'expression d'un besoin de religion en temps de détresse et ne prétend pas seulement offrir les perspectives consolantes de la religion au désespoir nihiliste. Ou plutôt ne peut-il le faire que dans la mesure où il pense le nihilisme lui-même (et non pas simplement l'incroyance) ou se pense lui-même dans le nihilisme ? La religion non seulement manifesterait par là qu'elle a des ressources propres pour comprendre la signification du nihilisme, mais elle pourrait bien contribuer simultanément à en éclairer les linéaments spécifiquement religieux : autrement dit, elle ne fournit pas seulement une perspective interprétative, elle se dévoile elle-même comme opérateur central dans le nihilisme : « La religion des temps modernes » est, comme on sait, pour le Hegel de *Foi et savoir*, la religion qui aura pensé jusqu'au bout le fait que « Dieu même est mort ». La compréhension du nihilisme dans la perspective théologique n'est donc pas seulement la manière dont la religion peut penser ce qui lui arrive dans la modernité et cette compréhension ne se résume pas non plus à analyser la modernité comme un simple défaut de religion : elle peut elle-même penser le nihilisme comme son produit et, d'une certaine manière, comme l'un de ses éléments essentiels.

Le point de vue théologique, et plus spécifiquement chrétien ici, consiste alors à assumer jusqu'au bout la mort de Dieu, non pas seulement la mort du Dieu métaphysique ou du Dieu moral, mais la religion dans le retrait/défaut de Dieu, tout en maintenant ses propres perspectives eschatologiques – manière d'inscrire le nihilisme *dans* le récit d'une histoire du salut. En conjuguant spécifiquement la mort de Dieu et la promesse, il penserait à la fois le nihilisme et son dépassement.

Le recours à ce point de vue peut bien ainsi consister à user de catégories religieuses pour penser la modernité, ou plutôt la post-modernité « nihiliste », dans un horizon eschatologique, voire apocalyptique : après avoir vécu la fin de l'histoire, nous vivons désormais la fin des temps. Mais il consiste aussi, plus simplement, à mobiliser la dynamique propre de la pensée eschatologique. Le religieux, là encore, ne fournirait pas seulement un modèle interprétatif mais un remède. Si ce qui caractérise le nihilisme, en effet, est le désespoir, la fin de toute promesse, la religion continuerait quant à elle à dire que « seul un Dieu peut encore nous sauver ». Certainement, à l'ère de la sécularisation, le dit-elle autrement. Mais en définitive, ce qui importe, c'est qu'elle le *dise :* ce qui nous sauve ou nous sauverait, c'est l'idée même de salut. Nous voudrions ici à la fois comprendre *comment* le christianisme prétend le dire et quel est l'effet d'une telle parole.

Dans *L'avenir d'une illusion*, Freud tâchait de répondre à l'inquiétude que pouvait susciter l'effet social de la destruction des normes religieuses, mais surtout celle du mécanisme de compensation qu'offrait la religion aux sacrifices pulsionnels exigés par la culture [1]. De ce point de vue, la subsistance surprenante, voire la reviviscence de la croyance religieuse dans une ère pourtant ultra sécularisée pourrait bien tenir au besoin de promesse et vérifierait la capacité unique de la religion à offrir non pas seulement une compensation mais à redonner un sens à l'histoire, un sens construit sur le vecteur de l'espérance. À dire vrai, nous ne sommes surpris de ce « retour » ou de cette permanence que pour autant que nous avions considéré, ou que nous continuons toujours à considérer, le déclin de la religion sous la forme d'une nécessité à la fois logique et historique, c'est-à-dire pour autant que nous accordons encore foi à une philosophie de l'histoire qui a elle-même des fondements théologiques. Mais notre intérêt ici porte plutôt, une fois encore, sur ce qui est demandé à la religion et plus spécifiquement au christianisme : devant une raison laïque et sécularisée incapable de susciter l'espérance, destructrice même, et de la pire des façons, de ses propres

1. S. Freud, *L'avenir d'une illusion*, trad. fr. M. Bonaparte, Paris, P.U.F., 1973.

promesses, on fait valoir la capacité du religieux à reconstituer une perspective eschatologique. Il est difficile d'attribuer un tel phénomène au simple aveuglement, à une régression historique de la raison sécularisée ou à un enfantin, mais irrépressible ou incurable besoin de consolation. Ce besoin peut d'ailleurs être philosophiquement pris au sérieux – ou du moins examiné. Peu importe d'ailleurs la manière dont on en juge; peu importe même de considérer que, en la matière et pour reprendre les mots de Freud, « la religion ne tient pas ses promesses » [1]. Mais ce qui importe, ce n'est pas non plus seulement de comprendre la signification que revêt l'expression d'un *besoin* toujours pressant, à la fois individuel et collectif, de religion [2], un besoin qui produit une articulation, assez peu paradoxale en vérité, entre la mort de Dieu et l'idée que seul un Dieu peut encore nous sauver (mais lequel ?). Ce qui importe, c'est davantage, sans aucun doute, dans cette perspective, la *promesse* elle-même, c'est-à-dire l'acte de promettre et même l'acte de langage lui-même : elle ne tient peut-être pas ses promesses, mais elle promet. L'intérêt consisterait à voir comment et jusqu'où cette promesse est efficace (et pas seulement linguistiquement performative) : le dépassement du nihilisme ne se situe pas dans *ce que* promet la promesse religieuse, mais dans la promesse elle-même. Car qu'est-ce que ce besoin exprime ? Quelle est exactement la signification de cette « conscience de ce qui manque », pour reprendre les termes de Habermas ? Qu'est-ce qui manque ? Du temps, ou plutôt une certaine qualité du temps.

Car sans doute l'un des points d'articulation entre les différentes perspectives également théologiques ou religieuses que l'on a évoquées – l'interprétation de la modernité, la compréhension de l'essence religieuse du nihilisme et le remède religieux à la modernité nihiliste –, se situe-t-il dans la manière d'interpréter l'histoire, celle de la modernité occidentale, celle de sécularisation, mais peut-être plus encore de construire le temps et plus encore *l'avenir*. Non pas tant, donc, au sens d'une contribution spécifiquement religieuse aux considérations sur l'avenir de la société et de la culture occidentale ; non pas tant, même, au sens d'un « optimisme » religieux, qu'au sens, plus littéral, d'une contribution à la restructuration du temps, dans une relance du temps par la promesse. Manière d'interpréter le besoin de religion comme la nécessité de réattribuer une direction au temps et à l'histoire en lui restituant une *fin*, quand le nihilisme est, selon le mot de Nietzsche, l'effacement de tout horizon. Il reste à définir cependant quel

1. S. Freud, « Malaise dans la civilisation », in *Anthropologie de la guerre*, trad. fr. M. Crépon et M. de Launay, Paris, Fayard, 2010.

2. *Cf.* M. Gauchet, *Le désenchantement du monde*, Paris, Gallimard, 1985.

type d'horizon est censé ouvrir une perspective messianique, la nature de cet avenir que, selon le mot de J. Derrida, la promesse messianique aurait plutôt tendance à percer qu'à instaurer. L'espérance liée à la promesse en effet n'est pas l'attente d'un événement inscrit à l'horizon de l'histoire ; elle ne restitue pas, à proprement parler, un horizon ou, pour le dire, elle ne confond pas cet horizon avec l'avenir : « Le surgissement de l'événement doit trouer tout horizon d'attente » [1]. Le point de vue de l'espérance ici ne se fait pas *prophétique*, mais bien messianique. Et si l'objet de l'espérance peut surgir, selon le mot de Paul, « comme un voleur dans la nuit », c'est précisément que l'on ne connaît ni le jour ni l'heure et plus précisément que la question de savoir quel sera le jour et quelle sera l'heure n'a aucun sens (religieux). Qu'est-ce qu'un temps qui invalide ce genre de questions ?

À première vue, l'espérance fournit à la fois une structure concurrente de la temporalité et un contenu spirituel à l'histoire, quand au contraire le nihilisme aurait contribué à détruire à la fois la signification de l'histoire et l'idée même d'un avenir. Une manière donc aussi d'inclure le nihilisme lui-même dans l'histoire sans que cette inclusion ne désintègre toute attribution de sens à l'histoire, et donc une manière de le dépasser : si le nihilisme est la manière de vider de son sens et de son contenu toute idée d'une histoire du salut, le recours à la religion serait au contraire la réinstitution, ou la réinscription dans l'histoire, du temps de l'espérance. Cette inscription, pour autant, ne recompose pas un concept traditionnel d'histoire, mais bien plutôt une temporalité concurrente, en sorte que deux plans peuvent se superposer : celui d'une histoire qui s'achève dans le nihilisme et celui du temps de l'espérance. Notre objet est ici d'approcher la consistance de ce temps de l'espérance chrétienne qui double le temps du nihilisme. L'espérance ne projette pas, en effet, le terme de la fin des temps, mais insère un autre temps dans le temps. Il faut comprendre ainsi comment ce temps *n'est pas* celui de l'eschatologie que la modernité a liquidé dans la sécularisation : dans son commentaire de l'*Épître aux Romains*, G. Agamben souligne en ce sens que l'erreur commune à Blumenberg et à Löwith tient à confondre le messianisme (chrétien, paulinien) avec l'eschatologie [2]. Que peut signifier alors ce temps messianique ? Quelle lumière projette-t-il sur le nihilisme lui-même ?

1. J. Derrida, « Foi et savoir », *in* J. Derrida, G. Vattimo (dir.), *La religion*, Paris, Le Seuil-Laterza, 1996, p. 15. J. Derrida parle ici du messianique ou de « la messianicité sans messianisme ».

2. G. Agamben, *Le temps qui reste*, trad. fr. J. Revel, Paris, Rivages, 2000, p. 112.

Réinscription de la promesse du Royaume à l'usage de la raison pratique

Le remède au nihilisme, ce serait donc l'espérance, en ce que le désespoir, inhérent au nihilisme, et singulièrement le désespoir moral, procède performativement à la liquidation de tout sens – le nihilisme consistant moins dans la fin de la croyance en *Dieu* que dans la fin de la foi en *l'avenir* : la mort de Dieu, c'est d'abord et avant tout la destruction de la promesse du Royaume. Or cette espérance constitue le contenu spécifique de la religion, ou plutôt de la tradition judéo-chrétienne que liquiderait l'ère du nihilisme. Aussi bien – et c'est notablement une tâche qui incomberait à la philosophie – faudrait-il réalimenter une raison à la fois affaiblie dans sa dimension pratique et déchaînée dans sa dimension instrumentale aux sources de la promesse religieuse. En un sens, c'était déjà là, comme on sait, la préoccupation centrale de Kant dans *La religion dans les limites de la simple raison*. La contribution spécifiquement religieuse à la raison pratique, c'est l'espérance (rationnelle) par laquelle on peut concevoir un « rétablissement en sa force de la disposition primitive au bien »[1]. Une promesse de rétablissement, mais plus encore une promesse qui, adjointe à la loi morale, active la raison pratique.

Ce que cette espérance rationnelle, ce qu'il m'est permis d'espérer et qu'énonce seule la religion dans les limites de la simple raison, n'est pas seulement ou pas du tout un antidote au *pessimisme* qui guetterait la raison pure pratique, par définition incapable par elle-même postuler une coïncidence entre la vertu et le bonheur, mais au *désespoir* qui risque de paralyser et d'invertir la volonté bonne. Sans elle, l'homme est livré, au sens strict, à la *démoralisation*. Le désespoir est immoral, en faisant obstacle à l'accomplissement du devoir et, inversement, l'espoir nous rend moral et, pour autant que la moralité est elle-même le salut, on peut bien dire que l'idée de salut fait notre salut. *La religion dans les limites de la simple raison* permet d'inclure un supplément à la raison pratique, l'horizon du souverain bien, l'espérance religieuse purifiée au crible de la raison dynamisant (mais non conditionnant) la volonté bonne[2]. Ce supplément indispensable, c'est la

1. *Cf.* Kant, *La religion dans les limites de la simple raison*, trad. fr. A. Gibelin, Paris, Vrin, 1983, p. 86-93.

2. Pour la réinscription du motif de la philosophie kantienne de la religion dans la « postmodernité », voir le commentaire de J. Habermas, dans son livre, *Entre naturalisme et religion. Les défis de la démocratie*, trad. fr. C. Bouchindhomme et A. Dupeyrix, Paris, Gallimard, 2008, p. 18-33.

promesse, promesse de la loi morale mais non contenue dans la loi morale, supplément donc. Affaiblie cette promesse, détruite l'idée (religieuse) de Royaume ou l'idée (philosophique) de Règne des fins, la raison pratique, perdant la *foi*, s'affaiblit elle-même. La promesse du Royaume et l'espérance, intégrée (sécularisée) par la philosophie à la raison (morale et politique) occidentale, ont eu la vie longue, si l'on peut dire, mais cette vie est terminée : nihilisme.

Désespoir et démoralisation, d'un côté, déchaînement de la technique, de l'autre, dans « une modernisation qui tend à sortir de ses rails » : J. Habermas est, là comme ailleurs, l'héritier de Kant, lorsqu'il invoque alors la nécessité d'accueillir les contenus de la religion, traduits dans l'espace de la raison publique communicationnelle, dans le souci de « mobiliser la raison moderne contre le défaitisme qu'elle couve *en son sein* »[1]. Et c'est en héritier de *La Religion dans les limites de la simple raison*, qu'il réactive la tâche de la philosophie comme intégration des contenus religieux à la raison pratique dans le but de contrecarrer un défaitisme inhérent à la pensée post-moderne. « Pour une conscience normative en voie d'épuisement, ces contenus peuvent jouer comme une force régénératrice »[2]. Non pas *les* contenus, à dire vrai, mais *le* contenu : l'espérance du Royaume. Laquelle, traduite (c'est la tâche de la philosophie), ne réintroduit pas seulement du sens et de la valeur dans l'arasement de toutes les valeurs, mais un potentiel réformateur, voire révolutionnaire dans la raison pratique et politique. L'effet de *projection* est ici essentiel pour une raison conçue dans le cadre d'une éthique de la discussion : la promesse du Royaume, traduite et inscrite dans le jeu de la conscience normative, relance la discussion, dans tous les sens du terme, et la rend productrice. Elle a une vertu pratique, à la fois au sens de la raison pratique et au sens pragmatique : l'espérance n'est pas de l'ordre du souhait – espérer le Royaume, c'est le faire advenir, en ce sens que la projection, par l'espérance, de l'image du Royaume comme fin de l'histoire, est le moteur même de l'histoire qui y mène en réimpulsant la discussion éthique. L'idée de fin exerce une (at)traction qui sort la raison pratique et la conscience politique des eaux stagnantes du nihilisme dans lesquelles elles coulent, du mouvement déchaîné de l'ère de la technique, qui est à la fois course à l'abîme et tournoiement sur place.

Aussi bien, faut-il le remarquer, est-ce en ce sens que la sécularisation elle-même peut jouer *contre* le nihilisme : au sens où elle est bien l'opération

1. *Ibid.*, p. 145.
2. *Ibid.*, p. 51.

de traduction-intégration du contenu religieux. Faire passer dans l'espace public de la raison les « potentiels sémantiques » contenus dans les assertions religieuses (qui de toute manière continuent de se faire entendre dans leur idiome propre) permet d'introduire dans cet espace non seulement des propositions solides valant pour l'ensemble de la société, mais aussi et peut-être surtout une « force particulière » dynamisant ou re-dynamisant la puissance à la fois critique et constructive de la raison. La sécularisation comme traduction (de l'idiome religieux à la langue universelle) procéderait ainsi à l'introduction, si l'on peut dire, d'un « principe espérance ».

À dire vrai, on ne voit pas réellement ce qui change ici non seulement dans l'interprétation du mouvement même de la sécularisation tel que l'a connu la modernité occidentale. Or le nihilisme est la liquidation de la sécularisation elle-même : ces traductions ont déjà été faites et elles ont fait faillite ou sont dévaluées. La « post-modernité », si ce terme a un sens, a consommé les idées religieuses sécularisées et la raison post-moderne pourrait bien être une machine à dissoudre et non pas à traduire. À quelle condition donc, la réintégration d'un principe espérance pourrait-elle être autre chose qu'un vœu pieux, si l'on peut dire ? Comment, *dans* le nihilisme, qui n'en a pas seulement terminé avec l'existence de Dieu mais bien aussi avec la perspective du Royaume promis, pourrait-on rétablir ce temps, structuré par l'espérance ? À moins que l'ouverture messianique soit autre chose qu'une reconstruction de l'histoire.

Nihilisme et histoire du salut

Pourtant la réintégration de l'espérance dans le jeu d'une raison censément en voie d'épuisement devrait avoir évidemment pour effet de rétablir ou d'établir à nouveaux frais « post-modernes » la consistance de l'histoire : elle consiste à dire qu'une histoire du salut est encore ou de nouveau viable. Mais la reconstruction d'une histoire du salut, comme remède à la modernité, a-t-elle justement encore un sens ? À la condition peut-être, et le paradoxe paraît radical, de concevoir le nihilisme lui-même comme l'élément décisif de cette histoire. C'est, comme on sait, le sens de l'interprétation livrée par G. Vattimo, dans laquelle le nihilisme est conçu comme l'ouverture de l'ère de l'Esprit, c'est-à-dire comme ère de la charité dans l'exténuation de l'histoire de l'Être, dans la destruction de l'idée de Vérité. Le croisement de l'inspiration heideggérienne et de la référence à Joachim de Flore est en lui même significatif[1], une théologie de l'histoire, à l'heure de l'effondrement des philosophies de l'histoire qui en étaient pourtant inspirées, permettant d'intégrer le nihilisme sans dissoudre toute signification et offrant une configuration religieuse du nihilisme. L'opération est périlleuse, d'articuler la pensée du nihilisme avec ce qui peut bien représenter l'origine intellectuelle et religieuse de l'eschatologie occidentale moderne (c'est-à-dire sous la forme des philosophies de l'histoire)[2]. Elle tâche d'articuler en réalité trois concepts d'histoire dont on se demande s'ils sont bien compatibles : celui qui relève des philosophies de l'histoire, celui d'une histoire de la métaphysique comme histoire de l'Être et le concept théologique d'une histoire du salut.

Peut-être l'originalité ici, s'il y en a une, tient-elle non pas au fait de penser, dans une inspiration hégélienne, la logique interne d'auto-dissolution de la religion dans le christianisme, de penser le christianisme comme l'opérateur de la sécularisation et la sécularisation comme vérité et accomplissement du christianisme, mais de penser inversement l'essence du christianisme et de reconstruire l'idée d'une histoire du salut *à partir du* (concept de) nihilisme et dans le nihilisme. C'est une chose différente, pour le dire rapidement, de penser la sécularisation (et les liens entre sécularisation et christianisme) à partir de Hegel et de ses successeurs, et de les penser à partir de Nietzsche et de Heidegger, *et non à partir de Hegel*. De sorte que si, en définitive, le christianisme est bien conçu comme la religion de la sortie de la religion et la modernité (ou plutôt la post-modernité) comme la réalisation du christianisme, c'est bien à partir du nihilisme comme tel, ou plutôt à partir de ce que Vattimo retient de Nietzsche et de Heidegger : le perspectivisme supposé de l'un et l'idée d'une histoire de l'Être, chez l'autre (à quoi il faudrait ajouter le néo-pragmatisme de Rorty), qui se joignent dans l'idée d'une « ontologie faible » pour laquelle il n'y a plus que le jeu des interprétations. Aussi bien la sécularisation se confond-elle elle-même avec cette histoire de l'affaiblissement de l'Être[3].

Le prix de cette identification entre nihilisme, royaume joachimite de l'Esprit et ère « post-moderne » de l'interprétation en est évidemment la conception de « la religion après la religion » ou d'un christianisme « post-religieux », c'est-à-dire essentiellement une religion ayant renoncé à toute

1. G. Vattimo, *Après la chrétienté. Pour un christianisme non religieux*, trad. fr. F. La Brasca, Paris, Calmann-Lévy, 2004, p. 65; p. 91-107.

2. *Cf.* J. Taubes, *Eschatologie occidentale*, trad. fr. R. Lellouche, Paris, Éditions de l'éclat, 2009, p. 105-121.

3. G. Vattimo, *Après la chrétienté*, *op. cit.*, p. 42.

prétention à la Vérité. Mais l'opération mérite de s'y arrêter un instant. Car intégrer le nihilisme à l'histoire du salut signifie simultanément de reconnaître l'essence chrétienne du nihilisme et le nihilisme comme libération du message chrétien, c'est-à-dire comme effectuation en chemin de sa promesse. Si Nietzsche a effectivement compris le christianisme en faisant de lui la religion nihiliste, ce n'est pas en y décelant la volonté de mourir : c'est en ce qu'il a pensé le nihilisme lui-même comme l'aboutissement d'une histoire de « l'affaiblissement de l'Être », repérée par Heidegger et dont, selon Vattimo, le christianisme est l'origine[1]. Ce que le christianisme a promis, c'est, dans la destruction de la Vérité comme idée et valeur suprêmes, l'ouverture de l'ère de l'interprétation ; autrement dit, l'ouverture de l'ère de la charité succédant à l'ère de la Vérité. En un mot : ce qu'il a promis et ce qu'il *réalise*, c'est le nihilisme lui-même.

Le nihilisme n'entre donc pas à titre de stade sur le chemin du salut : il en est l'achèvement indéfini (car le jeu de l'interprétation est infinie) ; c'est, pourrait-on dire dans les termes du néo-pragmatisme dont s'inspire Vattimo, la réalisation du Royaume de la conversation. À dire vrai, cette réalisation est toujours en chemin, « l'histoire du salut est encore en cours »[2], en sorte que la promesse demeure et qu'elle ouvre toujours l'avenir : la communauté universelle d'interprétation, que le christianisme a esquissé dans son origine, est à la fois présente et à venir. Non seulement, donc, elle ouvre l'avenir, mais, surtout, *elle l'empêche définitivement de se refermer*. Mais l'intérêt ici, pour nous, tient surtout au fait que l'espérance religieuse en voie de réalisation n'est pas ici comprise comme un dépassement du nihilisme et moins encore comme son antidote, comme la réinstitution d'un horizon eschatologique *contre* l'effacement nihiliste de l'horizon ; elle n'est pas comprise comme un impossible « passage de la ligne », mais bien comme son achèvement radical, sa complétion : le nihilisme est bien la fin de l'histoire, une fin indépassable, une fin sans fin, qui est en même temps une libération indéfinie. Conçu dans son essence chrétienne – et comme réalisation du christianisme – *il est l'avenir lui-même*, quand il était compris jusque là comme destruction de l'avenir. La mort de Dieu ne rend pas seulement possible et explique le regain de vitalité de la religion[3] ; ce n'est pas seulement que « c'est justement parce que l'existence d'un Dieu-fondement ultime, c'est-à-dire la structure métaphysique absolue du réel, ne peut plus être soutenue, que, précisément, il est à nouveau possible de croire en Dieu »[4].

1. G. Vattimo, *Après la chrétienté*, *op. cit.*, p. 37-42.
2. *Ibid.*, p. 49.
3. *Ibid.*, p. 29.
4. *Ibid.*, p. 15.

Il faut aussi voir dans quel milieu se fait se regain et qui le rend possible. Or ce milieu est celui du pluralisme des interprétations que Vattimo identifie au nihilisme lui-même. Le christianisme est ainsi à la fois sujet et objet de l'histoire : sa vitalité et sa « transfiguration » simultanée sont elles-mêmes rendues possibles par l'efficacité de son propre message. En sorte que la Babel nihiliste de la prolifération des interprétations est à la fois l'effet et la réalisation du message chrétien.

Retournée comme un gant, l'idée de nihilisme, religieusement et même théologiquement (re)configurée, se confond avec la promesse elle-même. Et cette identification permet de réinterpréter le trait dominant du nihilisme, celui-là même qui nous mettait au *désespoir* : non pas l'évidement catastrophique du sens, mais sa prolifération – et, il faudrait dire, non pas fin de la croyance, mais multiplication des croyances. Nihilisme, ère de la charité et ère de l'interprétation, indéfiniment productrice de sens multipliés et libérés, sont en effet une seule et même chose. En sorte que le désespoir contre lequel la réinstitution religieuse du sens était appelée doit lui-même être réinterprété : le désespoir ne signale en réalité que l'attachement, à la fois désastreux et impuissant, par ailleurs condamné à l'extinction dans une histoire du salut, au règne « totalitaire » de la Vérité, le refus crispé de la pluralité des interprétations – en un mot, le refus du christianisme lui-même, c'est-à-dire la surdité à sa promesse. Le refus du nihilisme à venir et comme avenir. Les symptômes morbides de la « post-modernité » seraient donc en réalité le signe que nous ne sommes pas encore (suffisamment) chrétiens. En un sens, c'est bien toujours à une réinscription des contenus religieux dans l'espace sécularisé qu'il faut procéder, mais ces contenus sont, si l'on peut dire, la sécularisation elle-même comme accomplissement de la promesse – ultime version d'une interprétation du christianisme comme religion de la sortie de la religion –, cette réinscription n'ayant pas pour effet d'endiguer le nihilisme mais de l'accélérer au contraire.

Refaire de l'histoire ou refaire du temps ?

Le propos n'est pas ici de discuter de la manière dont Vattimo comprend ou trahit Heidegger en mettant l'idée d'une histoire de la métaphysique par laquelle se conçoit philosophiquement le nihilisme au service d'une interprétation « théologique » (étant entendu que le théologique ici est l'inverse de ce que conçoit la théologie ordinaire). Il consiste plutôt à observer les effets qu'on en attend. La difficile articulation entre la manière d'assumer entièrement le nihilisme et la nécessité de se garantir du désespoir montre en tout cas que, d'une manière ou d'une autre, le recours au point de vue théologique dans la conception du nihilisme continue d'être invoqué dans sa capacité à reconstruire une histoire du salut sur le vecteur de l'espérance. L'interprétation même du nihilisme qui semble constituer, en retour, le point de tension de cette reconstruction : il est l'expérience cruciale par laquelle la solidité de cette reconstruction est éprouvée. Car une tension se joue pourtant entre des effets qu'on pourrait soupçonner d'être contraires dans la perspective religieuse et c'est sur cette tension que nous voudrions insister, une tension propre au temps religieux de l'espérance, dans la mesure où un tel temps structure et déstructure à la fois le temps historique. Cette tension, ou même cette concurrence, ne recouvre peut-être pas simplement la tension entre un aménagement du temps historique qui alimente les théologies de l'histoire depuis Saint Augustin, et une apocalyptique qui au contraire le contracte infiniment. Ce n'est pas seulement que le report du terme (qui neutralise les calculs apocalyptiques), de la fin, distend ce qu'il avait pourtant contribué à tendre ou à retendre, en sorte que cette indétermination rendrait l'histoire indéfinie au risque d'y dissoudre toute signification. C'est que la supposition du terme lui-même, énoncé dans et par l'espérance, provoque paradoxalement une annulation : concevoir le temps *par* l'espérance, c'est simultanément le relancer et le défaire. Tension que l'on pourrait peut-être résumer par un paradoxe apparent en disant que c'est l'espérance religieuse qui est elle-même nihiliste.

C'est ce qu'il s'agit d'évaluer ici, en reprenant l'examen de l'idée de fin, car l'espérance ne peut même être le principe par lequel on envisage simplement une amélioration indéfinie (optimisme) que si elle projette d'une manière ou d'une autre un tel horizon absolu. Cette idée de fin, suscitée par la promesse et tenue par l'espérance, paraît seule susceptible de contrebalancer la dissolution nihiliste du mouvement de l'histoire. Pour user d'un autre registre, elle est indispensable pour réinstaurer une structure dramatique, au sens strict, dans le temps : dans le nihilisme, l'histoire n'est plus une histoire, si l'on peut dire, au sens d'une intrigue ou d'un récit. Or il faut un dénouement pour que la totalité du temps puisse s'organiser en drame et acquière par là de la signification ; et quand bien même cette volonté de construire dramatiquement l'histoire ne s'appuierait sur aucun fondement connaissable et fiable, on pourrait du moins en faire un usage pratique[1]. On voit bien par là, soit dit en passant, qu'on n'oppose pas optimisme et

1. *Cf.* Kant, « *La fin de toute chose* », *in* Kant, *Œuvres philosophiques*, III, trad. fr. H. Wismann, « Bibliothèque de la Pléiade », Paris, Gallimard, 1986, p. 314.

pessimisme, en faisant jouer la promesse religieuse contre le nihilisme, puisque le pessimisme lui-même est inscrit dans un tel récit – le dés-espoir nihiliste n'est pas un pessimisme.

Notre question porte, en quelque sorte, sur l'effet d'une telle opération, c'est-à-dire sur la capacité de la promesse, dans les conditions dans lesquelles elle est énoncée dans le christianisme, à relancer un temps qui s'immobilise dans le nihilisme. De quel ordre cette opération est-elle ? Ce qui est ici en question est bien un changement de point de vue, quelque chose comme une conversion du regard qui embrasserait toutes les choses et les considérerait à partir d'un autre *situs*, celui, justement, de la fin – changement de *situs* dont il pourrait être demandé à la philosophie elle-même de le pratiquer. Achevant les *Minima Moralia*, Adorno a ce mot fameux : « La seule philosophie dont on puisse encore assumer la responsabilité face à la désespérance, serait la tentative de considérer toutes les choses telles qu'elles se présenteraient du point de vue de la rédemption »[1]. Ce changement de point de vue ne consiste pas dans une « interprétation » différente de la situation, qui considérerait les faits comme des signes et inverserait le sens de ces signes. Comme le dit G. Agamben, « le sujet messianique ne contemple pas le monde comme s'il était sauvé »[2]. Ce qui importe, c'est l'effet de ce point de vue sur la construction du temps. Or ce point de vue est lui-même profondément modifié par la conception chrétienne. Et si l'on appelle point de vue théologique ce nouveau *situs*, on remarquera qu'ici il ne relève pas à proprement parler du prophétique : il n'est pas une voix ni même un ton apocalyptique *annonçant* à la fois la catastrophe et le salut. Mais dans le cas du messianisme chrétien, pour autant que ce terme ait un sens, ceci prend un sens encore différent : Paul n'annonce pas le Messie à venir, dit G. Agamben, il annonce à partir de la venue du Messie, raison pour laquelle il n'est pas un Prophète mais un Apôtre[3], raison pour laquelle aussi l'espérance est la foi. En sorte que la nature de l'espérance elle-même doit être réinterprétée. S'il n'est pas un simple retournement des valeurs attribuées aux choses du monde, c'est-à-dire au monde lui-même, le point de vue de l'espérance n'est pas non plus la conception de la fin sous la forme d'un avenir plus ou moins lointain. S'il est apocalyptique, c'est au sens où, comme le dit Taubes, « la fin est projetée au centre »[4]. L'opération consiste à inscrire la fin au cœur

1. Th. Adorno, *Minima Moralia*, trad. fr. E. Kaufholz et J.-R. Ladmiral, Paris, Payot, 1980, § 153, p. 230.

2. G. Agamben, *Le temps qui reste*, *op. cit.*, p. 48.

3. *Ibid.*, p. 109.

4. J. Taubes, *Eschatologie occidentale*, *op. cit.*, p. 100.

même du présent et elle a notablement pour effet de construire un nouveau concept d'histoire, qui permet singulièrement de recomprendre le nihilisme lui-même. On ne prophétise pas la fin – et même si l'on peut dire, le début de la fin – mais on pense toute chose à partir de la fin. Car prophétiser la fin, c'est ainsi faire donner au nihilisme un statut d'intermédiaire[1], c'est s'inscrire dans une structure temporelle habituelle, alors même que le nihilisme la vide en effaçant la fin (l'avenir n'a plus d'avenir, pour reprendre un mot de J. Derrida dans *L'écriture et la différence*) et il se pourrait que la philosophie de Nietzsche, justement par son ton prophétique s'embarrasse dans cette difficulté, où l'on voit à la fois un nihilisme sans fin et l'annonce d'une philosophie de l'avenir, point de tension qui fait que Nietzsche se conçoit lui-même comme le dernier nihiliste *et* ce penseur de l'avenir. Tandis qu'envisager toute chose à partir de la fin, ce qui revient à inscrire cette fin dans le temps présent, introduit un coin dans cette structure et la fait craquer. Pour le dire autrement, il y a deux pensées de l'avenir – si la pensée de l'avenir est ce qui doit à la fois intégrer le nihilisme et nous en « guérir » –, l'une opérant sur le continuum d'une structure « classique » du temps et de l'histoire qui pourtant, justement, tend à se dissoudre, l'autre, en insérant dans le présent la fin (il faudrait dire : le temps de la fin), le faisant voler en éclat. Mais, précisément, la question est bien de savoir s'il peut y avoir encore, avec la perspective chrétienne, quelque chose comme un concept d'histoire.

À dire vrai, on progresserait davantage dans cette pensée en considérant que s'oppose ici une manière de construire de *l'histoire* et une manière de construire du *temps*. La difficulté de la position de Vattimo, par exemple, tient au fait qu'elle cherche à conserver une structuration historique du temps (l'histoire du salut, dans son acception la plus classique, c'est-à-dire celle qui a prévalu jusque dans les philosophies de l'histoire dont le nihilisme s'est débarrassé) tout en s'installant dans une pensée du nihilisme radical qui la conteste. Cette difficulté est très clairement apparente lorsque Vattimo soutient d'une part la conception de la post-modernité comme fin des méta-récits et d'autre part rétablit l'un des plus originels de ces méta-récits avec l'idée d'une histoire du salut pensée à partir de Joachim de Flore. Certes, ce dernier récit, c'est-à-dire en fait, pour lui, le récit chrétien, est un récit parmi d'autres (une interprétation dans le jeu infini des interprétations), mais il a valeur globale et, mieux ou pire c'est selon, se voit en quelque sorte

1. *Cf.* K. Löwith, *Nietzsche. Philosophie de l'Éternel retour du même*, trad. fr. A.-S. Astrup, Paris, Hachette Littératures, 1998.

accéder à un rang paradigmatique dans la mesure où il est le récit qui permet de comprendre le nihilisme comme ouverture du règne de la charité.

On peut se demander alors s'il ne faut pas opposer non pas deux récits, qui chacun à sa manière comprend le nihilisme, mais deux types de récits. Deux types qui correspondent à ces qualités du temps différentes. En un mot, l'espérance ne (re)construit pas de l'histoire, mais restructure le temps, de sorte que l'on peut dire inversement que la construction de l'histoire, fût-elle celle d'une histoire du salut, opère une dissolution progressive de l'espérance, dissolution dont l'idée même de *progrès* est une étape essentielle et dont le nihilisme est évidemment la fin.

Certes, comme on le faisait remarquer plus haut, il pourrait bien s'agir, dans cette différence d'une opposition *interne* au religieux et plus précisément au religieux chrétien, ou du moins une tension, quelle que soit la manière dont on pense pouvoir la résoudre. Or, là où le paradoxe se redouble, c'est que par-delà même cette tension ou cette opposition – par exemple entre une théologie de l'histoire et une apocalyptique – on peut soupçonner que, *dans un cas comme dans l'autre*, on aboutit bel et bien à une dissolution du temps que le religieux était censé reconstruire. Et en ce sens, on pourrait bien concevoir que le christianisme, et même plus globalement le religieux pour autant qu'il soit porteur d'une telle conception du temps, est effectivement le pourvoyeur du nihilisme lui-même. Cette remarque ne concerne pas simplement ce que l'on pourrait appeler un nihilisme religieux dont on peut voir bien des marques dans certaines résurgences ultra-violentes de la religion ; elle concerne plus généralement le point de vue théologique lui-même.

Le christianisme représente une position singulière en la matière, précisément dans la mesure où il postule ce que l'on pourrait appeler une double fin (incarnation et parousie), double fin qui épuise le temps. De ce point de vue le nihilisme religieux, le nihilisme comme effet du religieux, doit être lui-même autrement compris : non pas comme déclin *dans* le temps, mais comme déclin du temps lui-même. La dissolution même de l'idée de progrès le laisse voir : il ne s'agit pas de considérer que ce qui était conçu, dans l'espérance, comme progrès est désormais interprété comme décadence (progrès inversé) ; il s'agit de concevoir le temps comme radicalement désorienté. Mais la destruction du temps linéaire par le messianisme ne produit pas, comme chez Benjamin, un concept d'histoire recomposé par les éclats du temps messianique : il ne permet aucune reconstruction de l'histoire. On s'étonnera cependant de voir attribuer au christianisme cette désorientation, puisque, au contraire, comme on l'a dit, il (ré)institue un temps orienté (promesse, espérance et fin), et on l'attribuera au contraire au mouvement d'une sécularisation-destruction propre à la post-modernité : car un nihilisme « conséquent », si l'on peut dire, n'envisage même pas que le monde court à sa perte, puisque cette interprétation reste en réalité d'inspiration religieuse. Le paradoxe du christianisme tient au fait que le point de vue de la fin, inséré dans le présent, est historiquement réalisé ; ou, pour le dire autrement, ce n'est plus un point de vue, mais un événement, un événement qui absorbe et épuise le temps. Et *de* Paul *à* Saint Augustin (et non plus l'un en opposition à l'autre) cet épuisement potentiel du temps se transmet. Dans ce jeu, l'espérance elle-même joue un rôle paradoxal, paradoxe qui fait que l'idée de la venue du Royaume n'est pas ce qui endigue ou dépasse le nihilisme mais le précipite, non pas parce qu'il vient, prochainement, très prochainement (eschatologie), mais parce qu'il est le pendant d'un événement qui a déjà eu lieu, parce qu'il est le même événement dédoublé.

Le temps de la fin : de Saint Augustin à Paul

Quel effet produit l'introduction dans le temps du temps de la fin ? L'interprétation traditionnelle veut que les conceptions modernes de l'histoire et les philosophies de l'histoire procèdent de la sécularisation progressive des théologies de l'histoire initiée par Saint Augustin. On sait que le repérage de cette filiation a été magistralement opéré par K. Löwith. Et plus généralement, c'est bien la perspective eschatologique qui, bien que progressivement estompée, aura nourri ces conceptions. Pour Löwith en particulier, la rupture essentielle qu'opère Augustin dans la *Cité de Dieu* par rapport à la conception païenne tient au fait que « le paganisme est sans espérance » [1] (puisqu'il ne disposerait que d'un temps cyclique). Le nihilisme, comme effacement de l'horizon, comme « destruction de tous les buts », pourra ainsi être conçu comme l'extinction définitive de ce temps religieux, raison pour laquelle d'ailleurs, le dépassement du nihilisme ne peut pas se concevoir sur le trajet linéaire d'une telle histoire, mais au contraire dans l'acte de « casser l'histoire en deux » et d'instaurer une nouvelle conception du temps : celle de l'Éternel Retour.

Hannah Arendt nous met cependant en garde contre une interprétation trop hâtive, en soulignant l'hétérogénéité de la conception augustinienne

1. K. Löwith, *Histoire et salut*, trad. fr. M.-C. Challiol-Gillet, S. Hurstel, J.-F. Kervégan, Paris, Gallimard, 2002, p. 204.

par rapport à la modernité. Cette hétérogénéité est précisément due à l'effet sur la temporalité historique que produit l'événement de l'Incarnation. Si la conception augustinienne élaborée dans la *Cité de Dieu* n'est ni antique ni moderne, c'est que cet événement est le *seul* a avoir consistance et que par son absoluité il rend insignifiant tout autre événement (notablement la chute de Rome, qui n'est *rien* au regard de l'événement) : il vide l'histoire préalablement et ce vide demeure quand bien même le rapport entre cité terrestre et cité de Dieu à la fois comme terme et comme en-dehors de l'histoire anime le mouvement historique. C'est ce qui fait d'ailleurs que, selon K. Löwith, la pensée augustinienne « n'est pas une philosophie de l'histoire, mais une interprétation dogmatique du rôle du christianisme dans le devenir du monde » [1]. Mais sous le cours insignifiant de l'histoire mondaine, où les événements sont rendus insignifiants et vidés de toute nouveauté, court l'histoire secrète de la foi, une histoire cette fois réellement orientée par l'espérance.

En vidant de son absoluité cet événement qui avait lui-même vidé de toute signification l'histoire profane, c'est-à-dire aussi en se débarrassant des restes des théologies de l'histoire qui notamment avec Joachim de Flore avait tâché d'intégrer la perspective de la fin à la réalité mondaine, la modernité exhibe ce qui différencie radicalement sa conception de la perspective augustinienne et chrétienne, celle d'une « double infinité du passé et du futur [qui] élimine toutes les notions de commencement et de fin » [2]. De sorte que « nous vivons dans un processus qui ne connaît ni commencement ni fin et qui, par conséquent, ne nous permet pas de nourrir des espérances eschatologiques » [3]. Elle ne restitue pas pour autant sa nouveauté ou sa consistance aux événements de l'histoire qu'avaient annulée la conception augustinienne. Le nihilisme en est bien, classiquement, l'achèvement.

Mais la réanimation contre lui de ces espérances eschatologiques ne peut donc pas signifier de relancer ce qui dans la conception nihiliste s'immobilise dans cette double infinité; elle ne reconstruit pas une linéarité orientée, pas plus qu'elle ne redonne artificiellement consistance et ordre au chaos indifférencié des événements, dans la mesure où, comme on vient de le signaler, la véritable perspective eschatologique, dans sa pureté, aurait plutôt tendance à en accentuer l'insignifiance. Elle ne peut le faire en réalité qu'en tant que la perspective eschatologique traditionnelle à la religion biblique est elle-même renversée; elle le fait parce qu'elle ne pense pas

1. *Ibid.*, p. 207.
2. H. Arendt, *La crise de la culture*, trad. fr. P. Lévy Paris, Gallimard, 1989, p. 92.
3. *Ibid.*

exactement la fin des temps comme achèvement de l'histoire, mais plutôt le temps de l'histoire comme *temps de la fin* (à partir de l'événement absolu de l'Incarnation), en quoi peut-être alors elle peut penser radicalement le nihilisme lui-même. Car le temps du nihilisme pourrait bien, de ce point de vue, correspondre exactement à cette expérience du temps de la fin. Autrement dit, le nihilisme est bien, en cela, d'essence chrétienne, en tant qu'il est perception du temps comme temps de la fin.

C'est bien la structure particulière de l'espérance chrétienne (ce qui est la structure même de la foi, car la foi *est* l'espérance), ses conditions mêmes, qui le manifeste ou, si l'on veut, la particularité du « messianisme chrétien » auquel les théologies de l'histoire ont évidemment continué d'être elles-mêmes redevables. On ne pourra mieux exhiber cette structure qu'en passant justement du plan de l'histoire à celui du temps. Ce passage d'ailleurs permet de comprendre ce qui se joue dans la conception augustinienne elle-même, car elle est évidemment motivée, ainsi qu'on la comprend traditionnellement, par le retard de la parousie. Le *katechon* paulinien, qui retient la fin des temps, est précisément ce qui ouvre la possibilité de l'histoire. En sorte que si l'événement de l'Incarnation annule l'histoire mondaine, le temps de l'attente permet de relancer cette histoire (comme histoire structurée par les rapports de la cité terrestre avec la cité de Dieu), et plus précisément, on le sait, comme histoire de l'Église. Il s'agit bien d'aménager le temps, aménagement dû aux déceptions des attentes apocalyptiques et qui, si l'on en croit l'interprétation audacieuse de Taubes, aurait en réalité commencé du vivant même de Jésus[1].

Or, en même temps, l'espérance chrétienne non seulement ne peut rendre à l'histoire sa consistance mondaine, mais elle l'affaiblit. Pour autant qu'elle demeure vivace, elle place le sujet dans un temps dont la caractéristique principale est qu'il est en train de finir. Dire chrétiennement que la fin des temps est proche signifie en réalité qu'elle a déjà commencé, c'est-à-dire que le temps a commencé à finir. C'est là le sens de l'interprétation de Paul par Agamben. La distorsion ou la dilatation du temps, par rapport à l'urgence apocalyptique, aménagée par la théologie, reste de toute manière travaillée par l'effet dissolvant introduit par la conception chrétienne du messianisme. Et plus généralement encore l'histoire elle-même, animée originellement, scandée et structurée bibliquement par l'Alliance, messianiquement orientée, est désormais étranglée par le double terme Incarnation-Parousie : si le temps est contracté (c'est « le jour est proche » de l'urgence paulinienne), il est aussi moribond.

1. J. Taubes, *Eschatologie occidentale*, *op. cit.*, p. 58-72.

Le messianisme chrétien a cette particularité en effet qu'il identifie au présent ce qui va arriver avec ce qui est déjà arrivé, modifiant profondément l'économie d'une histoire du salut en modifiant (voire en retournant) la structure de l'espérance. Elle modalise sous la forme du futur ce qui est advenu. La scansion particulière qu'introduit dans l'histoire l'événement christique tient ainsi non pas au fait qu'un tournant se produit dans l'histoire du monde, non pas qu'il casse l'histoire en deux, mais au fait que le début est en même temps la fin, de sorte que le temps qui reste (qui sépare de la parousie) est le temps, d'une certaine manière, nécessaire pour combler le retard du temps chronologique sur l'événement de la fin qui a déjà eu lieu. Les temps sont accomplis, mais pas encore achevés. L'espérance, de ce point de vue, n'est pas attente de ce qui va se passer, puisque, d'une certaine manière, cela s'est déjà passé. Elle n'est que l'inscription, dans l'horizon d'un futur, de la *foi*, c'est-à-dire de la reconnaissance de l'événement qui a eu lieu. C'est pourquoi elle n'espère pas quelque chose de plus qui surviendrait dans le temps (à sa fin) : la promesse a été accomplie. Un futur ou un avenir construit à partir de cette foi n'a donc pas du tout le même sens (la même direction) que l'espoir du monde meilleur à l'horizon indéfini du progrès.

Si toute l'économie de la rédemption est la contestation de l'éternité conçue comme avenir lointain, si le point de vue théologique, celui de l'espérance, *actualise* cette éternité, il s'agit alors de savoir comment l'on se tient dans ce temps mis en rapport avec l'éternité, dans ce temps en quelque sorte décomposé par la présence en son sein de l'éternité. Ce rapport peut s'exprimer dans la formule paulinienne « Le jour est proche ». Mais la structure particulière de l'espérance chrétienne tient au fait que cette proximité, qui nous en sépare *autant* qu'elle nous en rapproche, n'est compréhensible qu'à la lumière d'un événement qui non seulement a déjà eu lieu mais aussi qui a consommé le temps. L'erreur du calcul apocalyptique tient ainsi au fait qu'on ne perçoit pas que ce temps est qualitativement et radicalement modifié : on ne perçoit pas que le temps a changé ou plutôt que, depuis l'événement de l'Incarnation, il est en train de finir, que « le temps qui reste » n'est jamais que le retard pris par le temps chronologique sur l'événement – c'est ce qui reste du temps quand le temps est accompli. Dire que l'on ne sait « ni le jour ni l'heure » ne signifie donc pas qu'il manque un calcul ou une (pré)science quelconque : c'est dire que nous nous situons dans un autre temps. L'espérance, la proximité du jour proche, est l'expérience même de ce temps de la fin, dans lequel et pour lequel il n'y a pas *d'histoire* à proprement parler (dramatiquement structurée), mais seulement la *tribulation*. Autrement dit, le nihilisme engendré par l'espérance ne tient pas simplement au fait, inhérent à la perspective de l'eschatologie prophétique, que « par la croyance que la fin du monde est proche, la prophétie dévalue la vie et les occupations de ce monde » [1].

On voit combien nous sommes loin, ici, d'une perspective qui restituerait simplement de l'avenir à un temps désorienté dans le nihilisme, notamment parce que cette perspective *n'est pas* eschatologique. Et l'attente de la parousie n'est pas l'attente d'un événement à venir. La perspective chrétienne, en réalité, n'ordonne pas le temps historique par l'horizon de la fin des temps, mais elle ne défait pas non plus, comme on l'a fait remarquer, la continuité historique et la notion même de progrès à la manière dont Walter Benjamin imagine théologiquement son concept d'histoire, à partir du point de vue de la rédemption. La signification du messianique, comme désarticulation de la continuité historique change ici de sens et d'effet. Ce qui est caractéristique de cette perspective, ce n'est pas la plénitude fulgurante de l'instant présent qui à chaque fois interrompt la continuité du temps, mais au contraire son *affaiblissement*. Mais ainsi, par le fait qu'elle implique cet affaiblissement, elle ne correspond pas non plus à l'interprétation classique qu'en fait la philosophie, que ce soit les philosophies de l'histoire ou les philosophies de la religion issues de Kant, qui la comprennent et la font jouer par l'idée de la venue du Royaume. En un mot, on se trompe en imaginant qu'une telle perspective, qui est pourtant bien, authentiquement, celle de l'espérance, peut redonner d'une manière ou d'une autre une consistance au temps.

Car le temps paulinien dans lequel vit le christianisme n'est pas la fin des temps ; le point de vue à partir duquel il s'énonce, se vit et se construit, ne se situe pas « au dernier jour », là où se situe l'apocalyptique : il est à la fois temps de l'espérance et temps qui finit (depuis l'Incarnation). Dans son commentaire de Paul, orienté par la distinction entre l'eschatologique et le messianique, Agamben caractérise le temps messianique paulinien comme, non pas fin du temps (propre à l'eschatologie), mais temps de la fin [2]. L'effet de l'événement christique est une contraction du temps, où le temps se met à finir. Son originalité, dès lors, tient au fait qu'il se situe *entre* le temps et sa fin [3] : c'est là qu'il y a du temps de reste, si l'on peut dire, dans une coupure de la coupure, dans une division de la division entre le temps infini et l'infini de l'éternité. L'aujourd'hui ou le maintenant paulinien est ce temps qui dure dans le fait même de finir. La première représentation que l'on peut s'en faire (selon le commentaire d'Agamben) est celle du temps intermédiaire

1. J. Taubes, *Eschatologie occidentale*, *op. cit.*, p. 25.
2. G. Agamben, *Le temps qui reste*, *op. cit.*, p. 110.
3. *Ibid.*, p. 111.

qui sur la ligne du temps sépare la résurrection du Christ – moment où le temps se met à finir – et la fin du temps, moment de la parousie où le temps passe dans l'éternité. Ce temps est « une portion du temps profane qui subit une contraction qui le transforme entièrement »[1]. Mais la représentation la plus adéquate est celle qui insiste sur la division de la division qui laisse voir deux côtés internes à la division (et non de chaque côté extérieur à la division) : à l'intérieur de la division, il y a le temps profane qui commence à finir et de l'autre l'éternité qui commence à commencer, si l'on peut dire. Mais l'erreur, selon Agamben, serait de considérer que ce temps est un temps « supplémentaire », ajournant ainsi, ne serait-ce que d'une portion infime, la fin dans le temps chronologique[2]. Autrement dit, l'erreur serait de traduire le différemment du temps de la parousie par rapport au temps chronologique dans le temps chronologique lui-même. Si nous commettons cette erreur, nous risquons très exactement le désespoir : l'ajournement se fait *sine die*, le temps ne peut pas finir. Contre cette erreur, la parousie indique que « la présence messianique est à côté d'elle-même parce que, sans jamais coïncider avec un instant chronologique et sans s'ajouter à lui, elle parvient pourtant à le saisir et à l'amener de l'intérieur à son achèvement »[3]. Autrement dit, le temps paulinien est le temps qu'il faut pour achever la représentation du temps, lequel ne peut être immanent au temps chronologique lui-même.

L'espérance nihiliste

On pourrait dire alors que l'espérance (chrétienne) n'enraye pas le nihilisme mais le porte au contraire à l'achèvement, car le temps du messianisme chrétien est un temps *faussé*. C'est à cette lumière qu'il faut repenser l'urgence paulinienne (le jour est proche). L'interprétation d'Agamben a peut-être ici le mérite de montrer la singularité de la conception paulinienne par rapport à l'urgence qui caractérise traditionnellement les conceptions eschatologiques ou plutôt apocalyptiques, car elle correspond à un temps de battement, lequel, quoi qu'en porte-à-faux avec le temps chronologique, a tout de même une durée, car la foi et l'espérance ne projettent pas le sujet directement dans l'éternité, mais dans une durée faussée par le fait que le temps a commencé à finir. Ni apocalyptique ni historique, cette urgence n'est

1. *Ibid.*, p. 112.
2. *Ibid.*, p. 123-124.
3. *Ibid.*, p. 125.

rien d'autre que l'épreuve de ce que l'heure n'est pas encore venue bien que le temps soit fini. De ce fait l'impatience messianique habituelle est entièrement convertie par ce retard de la fin des temps sur le temps déjà fini, retard qui caractérise le temps en train de finir, le temps qui reste. Comme le dit Heidegger, « Paul est pressé, parce que la fin du temps est arrivée ». Or ce n'est pas exactement lui qui est en retard, c'est l'achèvement du temps : l'urgence caractéristique du temps paulinien n'est en réalité que la contrepartie fébrile, pourrait-on dire, de ce retard. D'une certaine manière, le temps relancé est un temps immédiatement essoufflé puisqu'il n'a comme seule consistance que celle du temps qui finit. L'urgence n'est pas celle de qui doit à la hâte arranger toutes ses affaires avant d'être emporté, de qui a à peine le temps de se préparer, car dans ce cas, c'est l'écoulement du temps, qui le précipite, alors qu'ici le temps *est en train* de cesser justement de s'écouler.

Or qu'est-ce qui est alors vécu, dans ce temps ? Réponse de Paul, dans l'*Épître aux Romains :* « Elle passe, la figure de ce monde ». Ce temps faussé n'est pas autre chose que l'opération (et non le résultat de cette opération) par laquelle le monde s'annule, c'est le temps de la défiguration du monde. Cette défiguration ne signifie pas la destruction des choses monde, mais bien la fin de la figure qui fait un (le) monde – ce que sans doute nous éprouvons plus que tout par temps de nihilisme, car, encore une fois, le nihilisme n'est pas l'apocalypse – et le temps qui reste est le temps de l'effacement (et non pas le temps du monde effacé).

Il y a ainsi des signes du caractère nihiliste du temps religieux de l'espérance, notamment celui donné par Paul sur lequel revient Agamben, dans la première *Épître aux Corinthiens :* le *ôs mè*, le « comme non » qui frappe toute situation mondaine à partir de cette contraction du temps, et sur lequel Heidegger avait insisté lui-même dans ses cours sur la *Phénoménologie de la vie religieuse.* « La venue du Messie signifie que toutes les choses (...) sont prises dans le *comme non* », dit Agamben[1]. S'y rapportant à son tour, G. Vattimo y voit quant à lui l'indication que le christianisme n'impose pas dogmatiquement de modèle de vie spécifique qui l'arracherait à l'histoire. Mais quelle histoire peut encore avoir consistance dans ce temps qui finit ? On peut bien dire qu'il en est fait usage par la vocation messianique, il n'en reste pas moins que ce qui semble désormais s'étendre dans ce temps contracté soit une zone d'indifférence. « Le temps s'est contracté : le reste est que ceux qui ont des femmes soient comme n'en ayant pas et ceux qui pleurent soient comme non-pleurant ». Le « comme non » n'est pas un néant

1. G. Agamben, *Le temps qui reste, op. cit.*, p. 74.

mais un opérateur à la fois d'indifférenciation et d'activation par désactivation. Il ne s'agit pas exactement d'annuler ou d'annihiler, mais de faire de cette annulation la puissance même de la vocation. La négation du « comme non » est la condition de l'être messianique. C'est en ce sens que Agamben peut ajouter un peu plus loin, de manière révélatrice : « Ce qui n'est pas est plus fort que ce qui est »[1]. Plus encore, comme il le fait remarquer, ce « comme non » affecte intégralement le sujet lui-même ; il est emporté dans la caducité de toute chose, adhérent toujours à ce qui est révoqué, perdu, mais toujours là, avec ce qui est perdu. Mais ce qui lui est interdit, c'est paradoxalement le point de vue de la rédemption lui-même : il n'y a plus de « point de vue à partir duquel nous pourrions regarder le monde comme si la rédemption avait eu lieu »[2]. Celui qui peut voir le monde comme sauvé n'est plus là. Et de ce fait, il n'offre pas comme alternative au monde sans Dieu du nihilisme un monde où Dieu est là : il est le temps paradoxal où le fait qu'il soit là fait radicalement du monde un monde vide de Dieu.

Il est certes possible de considérer que l'expérience chrétienne est effectivement l'expérience fondamentale du nihilisme, et de ce fait l'expérience fondamentale « tout court » si l'on peut dire, pour autant que le nihilisme constitue la mise à nu du temps. Si l'expérience paulienne est l'expérience de la temporalité authentique, comme Heidegger le suggère dans ses cours sur la *Phénoménologie de la vie religieuse*, on peut dire en effet que l'expérience d'un temps faussé est peut-être moins un déraillement par rapport à l'expérience « habituelle » du temps que son origine même. Le caractère extraordinaire de ce temps de la fin qui est celui du temps messianique, n'est peut-être extraordinaire que parce qu'il dévoile quelque chose qui se tient toujours caché au fond du temps. Ce qui nous apparaît ici, à nous « modernes », comme un temps faussé, est le moment où ce fond remonte à la surface. Il est la couche fondamentale où le temps se montre comme ce qui finit.

Cette expérience, évidemment ne peut et ne doit être considérée comme un absolu anthropologique ; elle doit être au contraire elle-même parfaitement historicisée. Dans cette perspective même, le nihilisme est l'expérience chrétienne du temps, la manière dont l'Occident, par son virage chrétien, a vécu primitivement le temps, avant d'en recouvrir l'expérience. Mais il est sûr en tout cas que nous ne cessons de penser chrétiennement lorsque nous pensons le nihilisme comme temps de la dissolution en cours du temps. On

1. *Ibid.*, p. 75.
2. *Ibid.*, p. 74.

peut dire que Kant, de ce point de vue, a dénaturé l'espérance chrétienne en construisant l'idée, favorisant moralement l'accomplissement du devoir, du Royaume des fins : c'est que l'Incarnation, à partir de laquelle seule peut se comprendre le messianisme chrétien, n'a dans sa philosophie de la religion pas d'autre signification que de fournir l'image modèle d'une volonté absolument bonne. Il se tient alors dans une perspective eschatologique (traduite par la raison) mais non dans le messianique.

Mais alors le recours à une telle expérience et à une telle espérance, par temps de nihilisme, n'a peut-être pas l'effet qu'on en escomptait. Peut-être faudrait-il désespérer franchement.

Vincent DELECROIX

NIHILISME ET PENSÉE DE L'EXISTENCE

Nihilisme et pensée de l'existence : c'est autour de cette conjonction que s'enroulera le fil de l'exposé. On n'y traitera cependant pas de la pensée de l'existence en général. On se limitera au cas de Kierkegaard, dont on essaiera de montrer qu'il est exemplaire du lien privilégié qui unit la réflexion sur l'existence à la question du nihilisme.

Comment situer Kierkegaard par rapport au nihilisme ? De manière étonnante, la question appelle, semble-t-il, deux réponses contradictoires.

D'un côté, rien ne paraît plus opposé au nihilisme que l'image du dernier Kierkegaard, défenseur intransigeant de la foi contre tous les relativismes de l'époque, intransigeance qui se radicalise au fil des années, au point de prendre quasiment la forme d'un intégrisme. Or on connaît d'autre part l'image, en vogue au temps de l'existentialisme, d'un Kierkegaard dissimulant tant bien que mal ses penchants nihilistes. Secrètement scandalisé, il serait d'autant plus obsédé par la quête de la foi qu'elle lui ferait intérieurement défaut. Image accréditée en un sens par Kierkegaard lui-même, lorsqu'il avoue n'avoir pas la foi ou n'être pas chrétien. Alors qu'il pointe tout au long de *Crainte et Tremblement* la sublime figure du chevalier de la foi, il ne se confond jamais avec elle. Ne cessant de marquer l'écart qui le sépare de son inaccessible modèle, il affirme : « Je n'ai nullement la foi » [1], à quoi fait écho son mot dans le Journal : « Si j'avais eu la foi, je serais resté auprès de Régine » [2]. De même, toute sa polémique avec la chrétienté est menée depuis le retrait d'une position socratique (ironique, humoristique), où il reconnaît ne pas incarner personnellement l'idéal chrétien qu'il met en avant dans ses écrits.

1. *Œuvres complètes* (désormais cité OC), Paris, Éditions de l'Orante, V, p. 126.
2. IV A, p. 107.

Faut-il identifier Kierkegaard avec le pseudonyme Climacus, n'assumant son être-chrétien que sur le mode de la dénégation ou de la rétractation ? Est-il au contraire plutôt Anti-Climacus, se proclamant chrétien dans un énoncé résolument affirmatif, thétique, direct ? Que toute sa pensée s'inscrive en réalité dans l'antagonisme du couple Climacus/Anti-Climacus n'est pas insignifiant. On peut notamment y voir l'annonce d'une conjoncture essentielle à notre monde contemporain : l'émergence d'un intégrisme aux revendications d'autant plus exacerbées qu'il se constitue sur fond d'une crise radicale des valeurs. Ainsi peut-on supposer que la violence ou véhémence du dernier Kierkegaard ne reflète pas seulement un débat avec l'époque mais aussi un conflit avec son propre questionnement de la tradition, comme si sa « crispation identitaire », son exigence de plus en plus pressante de retour à un christianisme « pur et dur », n'était que l'envers de ses doutes, de la menace nihiliste qu'il ressent en son for intérieur. Et de fait, par delà le doublet Climacus/Anti-Climacus, on peut suivre à travers toute son œuvre, un schème récurrent où, projection de son débat intime, deux figures s'opposent comme l'immédiateté et la réflexion, la première, appelée à une sorte d'accomplissement direct, et la seconde indéfiniment en suspens, dont l'enfermement indéfini dans la réflexion n'est pas sans évoquer, à la manière du mauvais infini hégélien, quelque dérive moderniste ou nihiliste.

On ne va pas ici analyser ce dédoublement de figures[1], mais seulement en souligner la pertinence pour la question du rapport de Kierkegaard au nihilisme. On sait que le concept de nihilisme émerge historiquement avec le débat entre Jacobi le fidéiste et ses adversaires – parmi lesquels principalement Fichte, mais aussi Lessing –, dont il dénonce le dangereux subjectivisme. Or il se trouve que dans ce débat, Kierkegaard s'identifie à la fois – et paradoxalement – avec les deux partis. Avec Jacobi appelant au saut de la foi, mais aussi avec Lessing hésitant à sauter, préférant à la vérité (qu'il laisse à Dieu) l'effort infini du sujet en quête de vérité[2]. D'où l'équivoque de sa pensée qui ne cesse de se montrer sous un double visage. Tantôt elle se présente comme une pensée de l'immédiateté, du saut, de la transcendance, tantôt au contraire comme une pensée où le transcendant, visé depuis un mouvement qui l'approche sans jamais l'atteindre, se trouve comme déconstruit dans le suspens d'une réflexion infinie. Ainsi pour lui la foi fait elle-même l'objet de deux définitions antinomiques. Si elle surgit, d'un côté,

1. *Cf.* D. Brezis, *Temps et présence, Essai sur la conceptualité kierkegaardienne*, Paris, Vrin, 1991, chap VII.

2. OC X, p. 95-101.

comme un *salto mortale* hétérogène à toute réflexion, elle semble, d'un autre côté, se dissoudre tout entière dans la réflexion, n'être que le constant tourment où l'on se demande si l'on a la foi :

Croire, c'est précisément ce suspens dialectique qui, bien que sans cesse en crainte et tremblement, ne désespère jamais, la foi, c'est précisément ce souci infini de soi qui tient éveillé à tout risquer, ce souci intérieur de savoir si on a vraiment la foi[1].

À une pareille équivoque renvoie toute la pensée kierkegaardienne de l'existence. Tantôt elle paraît se situer aux antipodes du nihilisme. Selon le Danois, l'achèvement du procès spéculatif est un leurre. Dans l'attente d'une conclusion sans cesse reportée, il est voué au mauvais infini d'un interminable suspens, suspens avec lequel l'existant ne rompt qu'en choisissant de s'assumer proprement. Mais l'existence se laisse aussi déterminer d'un point de vue inverse, qui n'est pas sans résonances nihilistes. Exister, c'est n'en avoir jamais fini, être en proie au mauvais infini d'un temps qui n'en finit pas. D'où le remarquable renversement de l'argument opposé à Hegel. Son tort n'est plus de se perdre dans le mauvais infini. Il est au contraire de prétendre s'y soustraire, d'occulter, dans la « perspective raccourcie » du Système, l'épreuve d'un mauvais infini qui se confond avec l'épreuve même de l'existence.

Non moins flagrante est cette équivoque dans le primat que Kierkegaard attribue au sujet comme présence à soi ou appropriation de la vérité en laquelle il est proprement soi. D'un côté, nul ne privilégie plus que lui la présence en personne, l'engagement direct du sujet, agissant ou parlant en son nom propre. Mais en même temps, nul n'accentue plus que lui ce qui se dérobe à la présence, le jeu de masques de la communication indirecte, socratique ou pseudonymique. Kierkegaard cède-t-il, dans une sorte de liberté post-moderne, au jeu vertigineux d'une vérité ou d'une subjectivité plurielle, ou bien son intention est-elle au contraire, dans un geste fondamentalement anti-nihiliste, de réhabiliter l'unicité du sujet, la singularité de l'Individu – désigné comme l'Unique, *Enkelte* – dans son face-à-face avec l'Absolu ? Si tel est clairement son dessein, il est clair aussi qu'il cherche à ressaisir la foi au plus près de ce qui la nie, et par conséquent au plus près de la menace nihiliste.

Un parallèle est ici révélateur avec la démarche de Heidegger. Alors que le projet heideggérien conduit au rejet de la modernité dénoncée comme nihilisme, il demeure en un sens indiscernable de ce qu'il dénonce. Parce

1. IX A, p. 32.

que l'Être n'est rien, rien qui s'offre à la manière d'un étant subsistant, la pensée de l'Être ne saurait se démarquer objectivement de son envers ou avers nihiliste. Elle ne cesse d'être comme hantée par lui, double spectral qu'elle ne laisse jamais définitivement derrière elle. Ainsi de la foi selon Kierkegaard. Si elle n'est que dans le dépassement du moment négatif du doute, du désespoir, du scandale, ce moment reste, en son *Aufhebung* ou *Uberwindung*, quelque part indépassable. Toujours menacée par lui, la foi n'existe au fond que sur le mode paradoxal de l'impossible ou de l'impensable. Rebelle à la raison, elle ne prend sens qu'au plus près de l'effondrement du sens. Aussi bien le divin reste-t-il toujours indissociable de son double démoniaque. C'est pourquoi Abraham, le héros de la foi, ne peut avoir aux yeux du général que l'apparence d'un meurtrier. Et c'est pourquoi la vraie défense du christianisme ne peut apparaître que comme une attaque, soucieuse qu'elle est de mettre en avant son côté effrayant ou révoltant plutôt que de l'occulter à l'instar de l'Église officielle. D'où la constante et troublante proximité chez Kierkegaard entre ce qui nie la foi et ce qui l'affirme, entre la reconnaissance nihiliste du non-sens et une foi qui, elle-même insensée, ne vit et ne vaut que de cette reconnaissance assumée à l'extrême.

Une telle proximité se laisse notamment observer en deux moments-clés de la biographie de K, qui sont à l'évidence marqués au sceau d'un certain nihilisme. C'est le moment initial où il se dépeint en jeune homme en proie à un spleen insurmontable, et c'est le moment final de la polémique avec l'Église, où il dénie toute valeur à la vie en ce monde. Examinons tour à tour ces deux moments.

Comme si le stade esthétique reflétait la dualité d'un caractère maniaco-dépressif, il s'incarne en deux personnages qui s'opposent comme *eros* et *thanatos* : un séducteur plein d'énergie, voué à la quête inlassable du plaisir, et un jeune homme désabusé, voire désespéré, qui n'éprouve que langueur, apathie, lassitude, ennui, dégoût de vivre. C'est bien sûr en lui que vient à jour le « nihilisme » du premier Kierkegaard. Il n'est que de citer les « Diapsalmata », le texte de *l'Alternative* où cette expérience s'atteste en une série d'aphorismes :

> Mon âme est languissante et sans forces ; j'enfonce vainement les éperons du plaisir en ses flancs ; elle n'en peut plus ; elle ne se cabre plus en un élan royal. J'ai perdu toutes mes illusions[1].

1. OC III, p. 42.

> La vie m'est un breuvage amer que je dois cependant absorber comme des gouttes, lentement, les comptant une à une[1].

> On dit : le temps passe, la vie est un torrent, etc. Je ne m'en aperçois pas : le temps reste immobile et moi aussi[2].

> Que l'ennui est cruel, cruellement ennuyeux [...] Je reste étendu, inactif ; la seule chose que je vois, c'est le vide ; la seule dont je vis, c'est le vide [...] Je ne ressens même pas les souffrances. Le vautour, lui, piquait sans cesse son bec dans le foie de Prométhée ; le poison tombait goutte à goutte sur Loke (un héros de la mythologie scandinave, châtié pour s'être révolté contre les dieux) ; malgré la monotonie, il y avait pourtant là de l'interruption [...] Je meurs de mort. Quelle chose pourrait me distraire ? [...] Le doute empoisonné de mon âme dévore tout. Mon âme est comme la mer Morte, que nul oiseau ne peut survoler ; à mi-chemin, il s'enfonce, épuisé, dans la ruine et la mort[3].

Pour quelle raison la vie prend-elle pour Kierkegaard le visage du non-sens, du vide et de la mort ? Serait-ce à cause de la malédiction familiale, entraînée par la faute secrète du père, que Sören découvre avec effroi lors du fameux Tremblement de terre ?[4] C'est ce que suggère le rapprochement de deux autres fragments des « Diapsalmata » :

> Que la vie est insignifiante et vide ! On enterre un homme, on l'accompagne au cimetière, on jette sur lui trois pelletées de terre [...] Pourquoi n'en finit-on pas une bonne fois, pourquoi ne pas rester là-bas et descendre aussi dans la tombe ; pourquoi ne pas tirer au sort à qui incombera le malheur d'être le dernier survivant qui jette les trois dernières pelletées de terre sur le dernier mort ?[5].
> Pourquoi ne suis-je pas mort petit enfant ? Alors mon père m'aurait mis dans un petit cercueil, il m'aurait pris sous le bras [...] m'aurait conduit à la tombe, et jeté un peu de terre[6].

Que le père doive survivre à Sören, est-ce ce qui scelle le non-sens de sa vie, comme privée du sens que donne l'ouverture à l'avenir ? Ce destin de mort-né, qu'indique emblématiquement le nom de Kierkegaard – en danois, cimetière –, est en effet parfaitement déchiffrable dans l'image du

1. OC III, p. 25.
2. OC III, p. 25.
3. OC, p. 37-38.
4. Sur le vaste réseau de motifs tissé autour du Tremblement de terre, je me permets de renvoyer à mon étude *Kierkegaard et les figures de la paternité*, Paris, Le Cerf, 1999.
5. OC III, p. 29.
6. OC III, p. 41.

père qui enterre le dernier rejeton de sa famille. Dans une note du Journal, Kierkegaard la reprend sous les traits d'un vieillard dont toute la famille est morte :

> Il portait son petit-fils, sa dernière consolation, dans un cercueil sous le bras, et peu de temps après, je le revis au cimetière, assis comme une croix sur une tombe de famille[1].

Or c'est la même métaphore qui vient sous sa plume dans la note sur le Tremblement de terre :

> C'est alors qu'eut lieu le grand tremblement de terre [...] c'est alors que je soupçonnai que le grand âge de mon père n'était pas une bénédiction mais une malédiction [...] c'est alors que je sentis le silence de mort s'accroître autour de moi, quand mon père m'apparut comme un malheureux qui nous survivrait tous, comme une croix sur la tombe de toutes ses espérances. Une faute devait peser sur la famille entière, un châtiment de Dieu planer sur elle; elle disparaîtrait [...] effacée comme une tentative manquée, et ce n'est qu'à de rares fois que je trouvais un soulagement dans la pensée que mon père avait le devoir de nous rasséréner par les consolations de la religion[2].

On le voit : l'option religieuse s'offre à K comme l'antithèse ou l'antidote au destin de mort auquel il se sent initialement condamné. Comme il l'observe ailleurs dans le Journal, l'unique recours contre ce destin est le retour à Dieu :

> Vaste est ma douleur, sans limites, nul ne la connaît que Dieu au ciel, et lui ne veut me consoler [...] Jeune homme [...] si tu t'es égaré, fais demi-tour, tourne-toi vers Dieu [...] Jamais tu ne sentiras ce qu'il faut qu'on souffre quand, une fois gâchés la vigueur, le courage de notre jeunesse en révolte contre lui, on doit ensuite, épuisé, affaibli, commencer une retraite par des pays détruits et des provinces ruinées, quand on n'est entouré que de l'horreur des dévastations, de villes brûlées, de décombres fumants, d'espérances déçues…[3]

Pour Kierkegaard, il y a donc un moment initial de désespoir, de ruine, de perdition – moment nihiliste identifié avec l'esthétique – et c'est à partir de lui, et contre lui, qu'il va développer toute sa pensée de l'existence, que ce soit dans le champ éthique ou religieux. Pour échapper au non-sens d'une existence de mort-vivant, l'individu doit faire un choix résolu, par quoi il

1. II A 400.
2. II A 805.
3. II A 420.

est appelé à se ressaisir et donner sens à sa vie. On a par suite une opposition apparemment simple entre le temps figé de l'expérience nihiliste – le goutte à goutte du poison ne cessant de torturer Loke – et l'instant décisif du choix, comme rupture avec un temps qui « ne passe pas ». Or il est remarquable que, derrière cette opposition, l'expérience nihiliste ne manque pas de parasiter l'authentique choix existentiel. On peut le vérifier avec l'image du poison destiné à Loke, équivalent au breuvage amer, à la coupe d'amertume qu'est pour l'homme la difficile épreuve d'exister. A première vue l'acte de foi permet de vider cette coupe instantanément. Vider d'un coup la « profonde mélancolie de l'existence » pour retrouver au même instant la pleine jouissance du fini, c'est la prodigieuse virtuosité que Kierkegaard admire chez le chevalier de la foi [1]. Mais c'est aussi, d'une certaine manière, la fausse virtuosité qu'il dénonce chez le penseur spéculatif ou le prédicateur religieux. Usant d'une perspective raccourcie, ils se meuvent l'un et l'autre dans un médium illusoire. Ce qui se vit en réalité comme épreuve infinie du temps ou temps infini de l'épreuve, ils le réduisent à la souffrance d'un instant [2]. « Concentrant toute l'amertume de la vie en un seul calice » – référence directe à la Passion du Christ -, ils laissent « un individu le vider en un seul moment » [3].

Idéal merveilleux du héros de la foi qui, à l'instant même où il vide (*tömme*) sa mélancolie, retrouve la joie du fini; idéalité fallacieuse du discours spéculatif ou du sermon dominical qui prétend épuiser (*udtömme*) en un instant l'épreuve en réalité inépuisable du négatif : une clé pour expliquer cette équivoque est la fondamentale ambivalence du rapport de Kierkegaard à la figure paternelle. Instructif est à cet égard un passage du récit quasi-autobiographique de *Coupable? Non coupable?* Désireux de légitimer un projet de mariage que sa nature mélancolique semble vouer à l'échec, Kierkegaard invoque l'exemple de son père. S'il parvient comme lui à dissimuler sa mélancolie, il devrait être comme lui en droit de se marier :

> Je me suis entraîné pendant de si nombreuses années et je n'ai jusqu'ici jamais manqué mon coup. Mon père était pourtant marié et il était l'homme le plus mélancolique que j'aie connu. Durant toute la journée il était joyeux et calme, il profitait d'une heure nocturne pour vider (...) la coupe d'amertume et il était à nouveau guéri. Je n'ai pas besoin d'un temps aussi long. Il me suffit d'un instant (...) pour que tout soit en ordre. De l'amertume de la

1. OC V, p. 133.
2. OC XI, p. 51 et 136.
3. OC IV, p. 120-122.

> mélancolie, on distille une joie de vivre qui ne saurait assurément remplir d'amertume la vie d'aucun individu [1].

Pourquoi Kierkegaard finit-il par rejeter ce modèle paternel ? Pourquoi ne saurait-il se suffire d'un instant pour épuiser l'épreuve du négatif. C'est qu'au fond il ne s'agit pas d'un instant quelconque mais que derrière lui se profile l'instant dramatique du Tremblement de terre. S'il est vrai que le père a, dans une heure nocturne, vidé sa coupe d'amertume, il n'est pas vrai qu'il ait alors réussi sa manœuvre. Selon l'expression du texte, il a plutôt « manqué son coup », en laissant soupçonner à Sören son profond tourment. Ce que le texte suggère va par suite à l'encontre de son sens manifeste. Loin que le modèle paternel témoigne d'une parfaite maîtrise du négatif, il trahit au contraire sa défaillance dans l'exercice de cette maîtrise. Idéalement, le père a l'exceptionnelle virtuosité du héros de la foi. Opérant simultanément le double geste du renoncement infini et du retour au fini, il est comme le danseur à la technique infaillible qui, au moment même de sauter, se retrouve dans la position qu'il devait occuper. Mais dans le Tremblement de terre s'effondre précisément cette image idéale du père. Pendant un instant lui fait défaut la parfaite maîtrise que lui prête Kierkegaard. Pendant un instant il vacille ou chancelle (*vakle*), ce qui suffit à l'écarter de la pure synchronie dans laquelle évolue le chevalier de la foi :

> Les chevaliers de l'infini sont des danseurs qui ne manquent pas d'élévation [...] Mais à chaque fois qu'ils retombent, ils ne peuvent aussitôt prendre une position, ils vacillent un instant, ce qui montre qu'ils sont malgré tout étrangers au monde [2].

D'où le sens crucial pour Kierkegaard de la défaillance à épuiser instantanément l'épreuve du négatif. Dans la faille ouverte par cette instantanéité manquée, s'inscrit le temps même de l'existence comme irréductible entre-temps – suspens, délai, retard – avant l'instant indéfiniment différé du retour au positif. Mais du même coup s'efface la frontière évoquée plus haut entre l'authentique épreuve de l'existence et l'expérience nihiliste d'un temps qui ne passe pas. Ce qui vaut en particulier pour l'épreuve de la Passion. Selon Kierkegaard, la Passion est aussi un « entre-temps » qui n'en finit pas. Ce n'est que dans l'après-coup d'une représentation idéalisée que le Christ vide son calice en une heure. En réalité son épreuve ne cesse guère, ou mieux, il n'est de vrai rapport à lui que dans l'épreuve de cette incessance. Ainsi, selon le *Post-Scriptum*, la vraie expérience religieuse est celle où l'homme, comme

1. OC IX, p. 183.
2. OC V, p. 133-134.

déjà mort, voit le temps s'immobiliser, aucun passe-temps – aucun sommeil, aucune distraction – ne venant interrompre son rapport exténuant à l'Absolu [1]. Temps qui ne passe pas, comme dans l'expérience inverse mais singulièrement proche du désespoir, effrayant état que Kierkegaard compare à l'agonie du mourant, qui se débat avec la mort sans pouvoir mourir :

> Le désespoir est la maladie à la mort, ce supplice contradictoire [...] éternellement mourir, mourir sans pourtant mourir, mourir la mort. Car mourir veut dire que tout est fini, mais mourir la mort signifie vivre sa mort et la vivre un seul instant, c'est la vivre éternellement [2].

Dans le redoublement emprunté à l'hébreu « mourir la mort », on reconnaît une expression déjà rencontrée. C'est la formule « je meurs la mort », dont use le jeune Kierkegaard pour dire le vide de son existence, comparable au poison tombant goutte à goutte sur Loke. Qui plus est, le spleen de sa jeunesse s'inspire manifestement des souffrances de Werther. Or Goethe nomme la mélancolie dont souffre son héros *Krankheit zum Tode*, maladie à la mort, nom que Kierkegaard reprend justement pour désigner son essai sur le désespoir. Il est vrai qu'il réfère ce titre à la parole de l'évangéliste Jean (11, 4) : « Cette maladie n'est pas à la mort », par quoi il appelle expressément à un dépassement du désespoir dans la foi. Mais, comme on vient de le voir, l'insistance avec laquelle il décrit en même temps l'authentique tourment existentiel comme indépassable ou interminable donne à penser que celui-ci n'est pas hétérogène à son expérience nihiliste des débuts, mais que l'un et l'autre puisent en réalité à une matrice commune.

Je voudrais à présent examiner le second moment du parcours de Kierkegaard, qui laisse poindre ses tendances nihilistes. On sait qu'en écho au pessimisme métaphysique de Schopenhauer, il professe, dans les dernières années, un rejet radical du monde, et avant tout de la sexualité. Selon lui, la sexualité reflète essentiellement l'égoïsme du vivant, son désir égoïste de jouissance, et c'est l'objectif primordial du christianisme, d'exiger de l'homme qu'il y renonce. La propagation de la vie ne faisant que perpétuer le péché originel, il faut y mettre un arrêt – vision négative de l'Être, de la persévérance dans l'Être, qui, assimilée au Mal, n'est pas sans connotation nihiliste. On pourrait rétorquer qu'un tel renoncement au monde, loin d'être dicté par un sentiment nihiliste, est au contraire requis au nom de l'Absolu. Ce serait cependant ignorer que la foi en Dieu n'est ici nullement assurée, mais bien plutôt menacée par un Tremblement de terre, où Dieu lui-même

1. OC XI, p. 172-174.
2. OC XVI, p. 176.

apparaît comme le Mal. Tremblement de terre qui, pour Kierkegaard, reproduit au fond celui vécu avec le père. Ce rapprochement peut de prime abord surprendre. Dans la mesure où le Tremblement de terre lève le voile sur une faute secrète, il ne semble pas a priori pouvoir être rapporté au divin. Il le peut néanmoins si, en lui, l'accent n'est plus mis sur le dévoilement d'une faute mais plutôt sur un renversement par lequel ce qui est en apparence bienfait ou bénédiction se révèle soudain malheur ou malédiction. Tout se passe comme si l'intimité avec Dieu était dans la chrétienté synonyme de bonheur, prospérité, bénédiction terrestre. Or, de cette vision idéale ou idyllique, Kierkegaard est seul à percer le caractère illusoire. Seul il aperçoit que la proximité avec le divin, loin d'être source de bienfaits, entraîne malheur, persécution, souffrance en ce monde. De là le drame vécu par lui lorsque s'effondre la représentation directe qu'il a au départ de son rapport à Dieu. À se heurter à une réalité tout autre, il voit, dit-il, ses concepts « ébranlés en un bouleversement plus terrible qu'un tremblement de terre »[1].

En résulte son grief majeur à l'égard de la chrétienté. Minorant le risque du scandale inséparable de la foi, la chrétienté est en vérité coupable de censurer l'épreuve du Tremblement de terre, de la fuir dans l'illusion d'un rapport idyllique au Père. D'où le rôle primordial du scénario qu'il désigne comme la tragédie de son enfance : une idylle patriarcale cachant une réalité que nul ne soupçonne jusqu'à l'effrayante mise à jour du secret qui « explique tout »[2]. Un tel scénario se répète de fait avec les divers représentants paternels : le père terrestre, le prédicateur officiel, notamment en la personne de l'évêque Mynster, et Dieu. Il y a l'apparente idylle familiale qui occulte le malheur de Sören dans son rapport au père. Il y a la « mythologie idyllique » de la chrétienté qui recouvre le malheur de l'homme dans le rapport à Dieu. Il y a enfin l'existence « idyllique » du prédicateur qui dissimule le martyre du chrétien dont il exploite cyniquement le sacrifice[3]. À ce parallèle fait écho la double critique que le dernier Kierkegaard développe à l'encontre de la paternité et de la chrétienté. Que le père présente le don de la vie comme un « bienfait inappréciable » pour lequel l'enfant « ne saurait jamais assez le remercier » ou que le pasteur prêche le christianisme comme un « bien inappréciable » pour lequel l'homme ne saurait « suffisamment

1. OC XIII, p. 322.
2. IV A, p. 144.
3. XI 1 A, p. 100, OC XIX, p. 176-177.

remercier Dieu », l'un et l'autre ont le tort de vanter un prétendu bienfait en feignant d'ignorer qu'il se vit en réalité comme un pur tourment[1].

On voit dès lors comment convergent dans la polémique finale les critiques que Kierkegaard adresse aux divers représentants paternels. Que ce soit avec le père terrestre, Mynster ou Dieu, il finit par trahir le terrible secret qu'il s'efforçait jusque là de taire, par révéler au grand jour le scandale d'un Père dont l'apparent bienfait n'apporte au fond que souffrance. S'agissant du divin, sa dénonciation reste certes indirecte mais n'en est pas moins violente. À insister sur l'excessive rigueur de l'idéal, il ne s'en fait pas seulement le fidèle porte-parole, il marque aussi la responsabilité de Dieu dans son malheur. Tout se passe comme si, porteur d'une exigence inhumaine ou surhumaine, le christianisme vouait l'homme à un conflit mortel avec le divin. Pour qui doit renoncer au monde, Dieu apparaît moins comme un bienfaiteur que comme l'incarnation même du mal :

> Du point de vue humain, Dieu est le pire ennemi de l'homme, ton ennemi mortel; il veut que tu meurs, meurs à toi-même; il hait précisément les choses où tu as naturellement ta vie et auxquelles tu t'attaches de tout ton désir de vivre[2].

> Si l'homme persiste dans sa manière de voir purement humaine, l'absolu, c'est alors le diable [...] Comme on le dit dans la philosophie française contemporaine : Dieu est le mal, autrement dit, la cause de tous les malheurs de l'homme[3].

La radicalité de cet énoncé ne doit pas en masquer les limites. Si, à force de paradoxes, le questionnement de Kierkegaard sur la foi semble parfois le conduire au seuil d'un certain nihilisme, il ne le conduit jamais du côté de l'athéisme. Constamment occupé, ou plutôt obsédé, par la question de savoir si Dieu est amour, il ne met jamais en doute son existence. Dieu étant pleinement identifié à sa fonction paternelle, son existence ne saurait faire problème. Le seul problème, angoissant s'il en fût, est d'obtenir, malgré les apparences contraires, l'assurance qu'il est un père aimant :

> Beaucoup laissent dans le vague la pensée de savoir si Dieu est vraiment amour [...] Il vaudrait mieux qu'ils enflamment en eux l'amour à la seule mais effrayante pensée dont se nourrit le paganisme : celui qui tient en sa main le destin de tout chose [...] est un être ambigu; son amour n'est pas une étreinte paternelle mais un piège destiné à te prendre; sa nature cachée

1. XI 1 A 219, OC XIX, p. 188.
2. OC XIX, p. 175.
3. XI 1 A 516. Il semble que Kierkegaard fasse ici référence à Proudhon.

> n'est pas éternelle clarté mais dissimulation ; au plus profond de son être, il n'est pas amour mais inconcevable perfidie [1].

S'il est exclu que Kierkegaard nie l'existence de Dieu, est-on en droit de parler à son sujet de nihilisme ? Pour audacieuse que soit sa pensée, elle reste certes profondément enracinée dans l'univers traditionnel du christianisme. Mais en même temps nul doute qu'elle nourrit en son sein un motif nihiliste, inscrit précisément dans la métaphore du Tremblement de terre. On peut en effet qualifier d'abyssal son effroi à découvrir la secrète défaillance du père. Que soudain se dérobe ce qui offrait l'apparente fermeté d'un fond ou d'un fondement, et c'est comme si s'ouvrait un abîme, dans le radical ébranlement de toute assurance. L'aveu est explicite à propos du père :

> Où chercher appui alors que je savais ou soupçonnais que le seul homme que j'admirai pour sa puissance et sa force chancelait [2].

De même pour la défaillance que Kierkegaard met à jour en la figure admirée de l'évêque Mynster. Alors que l'évêque « donne l'impression d'être un homme de caractère, un homme de principes qui tient ferme quand tout chancelle, un homme qui ne se dérobe pas quand tous se dérobent », il s'avère être « faible, épris de jouissance et grand seulement comme déclamateur » [3].

Ce parallèle pourrait n'être qu'anecdotique. S'il est pour nous incontournable, c'est qu'il commande aussi étroitement la polémique de Kierkegaard avec Hegel, autre figure paternelle indigne de la confiance placée en elle. Entre la figure hégélienne et le scène du Tremblement de terre, le rapprochement est immédiat. Héros du savoir, Hegel est unanimement admiré pour s'être assuré à travers le Système d'une position inébranlable. Seul Kierkegaard en vient à soupçonner que le héros acclamé de tous est en réalité défaillant :

> Un homme possède l'explication de la vie d'un héros qui rend compte de cette vie d'une triste manière ; et cependant toute une génération se repose sur ce héros avec une assurance absolue sans soupçonner quoi que ce soit [4].

1. OC XIII, p. 264.
2. IV A, p. 107.
3. OC XIX, p. 8.
4. OC V, p. 194.

> Incroyable toute la confusion que la philosophie hégélienne a apporté dans la vie personnelle, triste conséquence de ce qu'un philosophe est un héros et au fond personnellement un philistin [1].

Soupçon de la secrète défaillance de Hegel, d'une faille, fêlure, fissure menaçant de ruiner tout l'édifice spéculatif : on connaît le texte du *Post-Scriptum* qui propose cette métaphore architectonique. Mettre à nu une faille au fondement du Système, c'est, comme pour celui qui habite une mansarde dans un immense édifice, « soupçonner qu'il doit y avoir quelque part un défaut (*Feil*) dans les fondations » ou encore « découvrir avec effroi que les murs de fondation chancellent (*vakler*) » [2].

Que découvre plus précisément Kierkegaard ? Il s'aperçoit que le penseur spéculatif succombe en vérité au doute qu'il prétendait surmonter. S'il donne par ses assurances une impression de fermeté, celle-ci est trompeuse : « À y regarder de plus près, on voit que ce dont il s'assure le plus fermement demeure à l'intérieur du doute et donc en suspens » [3]. Si le Système paraît s'achever sur une conclusion qui élimine le doute, celle-ci s'avère à la fin manquante, ce qui a pour effet de rendre douteuse la totalité du procès spéculatif.

Père, Mynster, Hegel : à tous Kierkegaard reproche, on le voit, la même inconséquence, prêcher aux autres une vérité à laquelle eux-mêmes se dérobent, qu'ils n'assument pas eux-mêmes intérieurement :

> À quoi sert-il que d'autres acceptent ton témoignage, alors que tu ne le possède pas en toi-même ? A quoi sert-il que tu puisses les assurer de ce que tu n'as toi-même pas admis, que tu puisses les affermir là où tu as toi-même chancelé (*vaklede*) ? [4].

Que ce procès fait à la figure paternelle ait partie liée avec le nihilisme, on en a un indice supplémentaire dans le rapprochement avec Nietzsche, et notamment dans le strict parallèle qu'on peut établir entre les figures de Mynster et de Wagner. Tout se joue, ici et là, autour de ce qui se dessine chez Kierkegaard comme la scène du Tremblement de terre. Alors qu'une figure est l'objet d'une reconnaissance unanime, un seul individu – qui compte initialement parmi ses plus fervents admirateurs – vient, soupçonnant sa défaillance, à se retourner contre elle. Retournement progressif qui se poursuit, ici et là, jusqu'à une crise finale, entraînant non seulement la

1. VII A, p. 153.
2. OC X, p. 61, V B 24.
3. OC XVIII, p. 239.
4. OC I, p. 149.

violente dénonciation du personnage au départ idéalisé, mais aussi une violente contestation de l'ordre établi, qui culmine chez les deux penseurs avec une attaque frontale contre l'Église.

Il est d'ailleurs symptomatique que, chez Nietzsche, cette scène engage directement la question du nihilisme. Si elle vise en priorité Wagner, elle s'étend à d'autres figures dont Nietzsche révèle, derrière l'admiration qui les entoure, la nature secrètement défaillante ou décadente. Ainsi du philosophe négateur de la vie, qu'incarne en premier lieu Socrate :

> De tout temps les plus grands sages ont porté le même jugement sur la vie : elle n'a aucune valeur [...] ces sages, il faudrait les voir de près ! Peut-être n'étaient-ils plus fermes sur leurs jambes, peut-être étaient-ils vacillants (*wackelig*), décadents ?[1]

Ce texte est remarquable tant par la proximité que par la distance qu'il laisse entrevoir entre Kierkegaard et Nietzsche. Pour Nietzsche, Socrate vacille et ce vacillement est signe d'un nihilisme interprété comme défaillance ou décadence. Or Kierkegaard attache aussi à Socrate un vacillement « nihiliste », sauf que pour lui un tel constat n'a rien de dévalorisant, étant au contraire ce qui fait de Socrate un héros de la pensée, l'institue en paradigme même du penseur existentiel.

Cette vision de Socrate, c'est celle que Kierkegaard propose dans sa *Thèse sur l'ironie*. Point de départ de toute son parcours philosophique, ce travail reprend, en la déplaçant sensiblement, la perspective de Hegel dans le tome II de son *Histoire de la Philosophie*. Avec la dissolution de la Cité antique – la *Sittlichkeit* –, tout ce qui paraît ferme ou fermement établi perd sa consistance, est rendu vacillant ou chancelant (dans les mots de Hegel, cités par Kierkegaard : *geräth in Schwanken, wird wankend*, ou en danois, *vaklende*[2]). S'ensuit un ébranlement de toute assise substantielle – un tremblement de terre – qui oppose fondamentalement Socrate aux sophistes. Travaillant à l'émergence de l'individu en son infinie liberté subjective, Socrate veut révéler cet ébranlement dans toute sa radicalité. Intéressés au contraire à le dissimuler, les sophistes s'efforcent de rendre à nouveau ferme ce qui a chancelé, de restaurer une nouvelle positivité à la place des liens substantiels détruits. Telle est du moins l'analyse de Kierkegaard, qui sur ce point se démarque nettement de Hegel. En effet, pour Hegel, c'est le rôle des sophistes que de « tout ébranler », alors qu'avec Socrate s'esquisse déjà, au moins abstraitement, le retour à la nouvelle positivité, celle qui se concrétisera

1. *Le Crépuscule des idoles, Œuvres complètes* VIII, Paris, Gallimard, 1974, p. 69.
2. OC II, p. 186-187, p. 211.

dans l'Idée platonicienne. Kierkegaard au contraire ne veut voir en Socrate que l'infinie négativité de l'ironie. Alors qu'en s'immisçant au sein des familles, il rompt le lien naturel ou substantiel qui unit l'enfant à ses parents, il ne cherche pas à réparer ce qu'il détruit par son intervention. Alors qu'il s'attaque à l'autorité parentale, il n'entend pas se substituer à elle, accéder, par delà son activité négatrice, à quelque nouvelle « position paternelle ». C'est ce qui le distingue essentiellement des sophistes. À l'inverse d'eux, il refuse de rétablir une apparence positive, là où un tremblement de terre a comme ouvert un abîme infini de négativité.

Mais par là le personnage de Socrate est clairement soustrait à son interprétation hégélienne. Que Socrate s'emploie, non à affermir mais à « rendre chancelant », que son ironie, loin d'être subordonnée à un *télos* positif, n'ait d'autre objectif qu'elle-même, Hegel, d'une certaine manière, le reconnaît [1]. Il semble pourtant l'oublier, lorsque, soucieux d'ériger Socrate en père de l'Idée, il lui attribue un fond de positivité qui lui fait en réalité radicalement défaut [2].

À vrai dire, la divergence entre Kierkegaard et Hegel est ici moins facile à saisir qu'il n'y paraît. Pour Kierkegaard aussi, Socrate travaille souterrainement au service de l'Idée. Tout l'objet de son ironie est d'œuvrer à l'émergence de l'idéalité en menant le monde de la *Sittlichkeit* à sa perte. Ainsi ne cesse-t-il de se tenir dans un entre-deux, d'occuper une position charnière entre l'ordre ancien dont il annonce la fin et la nouveauté d'un principe idéal que seul Platon introduit dans sa plénitude. Mais justement là se profile l'écart que Kierkegaard marque par rapport à Hegel. Pour lui, revenir à la figure du vrai Socrate, c'est remonter en deçà de l'opération spéculative qui l'ordonne à un *télos* supérieur. Ce n'est que dans l'après-coup d'une telle opération – représentation idéalisante de Platon ou *Aufhebung* hégélienne – que la négativité de l'ironie se trouve mise au service de l'Idée. En elle-même, elle reste infiniment négative, infiniment en arrêt ou en suspens en deçà du retour au positif, arrêt ou suspens interminable qui dessine la figure même de l'exister humain.

Or ce Socrate infiniment négateur présente, sous la plume de Kierkegaard, d'indéniables traits nihilistes. Dans la mesure où il conduit le monde ancien à sa ruine, toute la réalité a pour lui perdu sa valeur [3], crise radicale qui se retrouve bien sûr dans l'effondrement des valeurs diagnostiqué par Nietzsche. Kierkegaard mentionne notamment la fuite des dieux et la disparition de

1. OC II, p. 205, 211.
2. OC II, p. 187.
3. OC II, p. 239, p. 244.

l'enchantement que le monde ancien exerçait sur les consciences [1], écho au « désenchantement du monde » constaté par Schiller, dont on connaît le rôle majeur dans le développement du sentiment nihiliste chez les romantiques allemands.

De surcroît, les maître-mots pour décrire l'ironie socratique sont le néant, le vide, le rien. Niant tout ce qui subsiste, elle s'offre comme un jeu infiniment léger avec le rien [2]. D'où sa ressemblance avec l'ironie romantique, reflétant comme elle la liberté d'un sujet dégagé de tout ancrage substantiel. Et, de fait, Kierkegaard consacre une large part de sa Thèse au courant de pensée qui, avec Fichte, Schlegel, Solger, Tieck, exalte la liberté infinie du sujet, courant dont on sait, par l'attaque de Jacobi contre l'idéalisme de Fichte, qu'il est le lieu de naissance avéré du nihilisme. De son côté, Kierkegaard ignore l'usage du terme nihilisme, et cependant il s'en approche, précisément dans le portrait qu'il fait du Socrate ironiste. Dès lors que Socrate évite tout engagement au sein du réel, il reste dans une pure abstraction, par quoi il ne cesse, dit Kierkegaard, de se tenir au *Nulpunktet*, au point zéro, point de nullité ou de nihilité. Or Kierkegaard reprend aussi ce trait à son propre compte. Dans *Coupable ? Non coupable ?*, il reconnaît vouloir « maintenir toute son existence sur le seuil critique du point zéro, entre être quelque chose et n'être rien », ajoutant qu'« il faut pas mal de dialectique pour concevoir l'existence du point zéro et pour la soutenir » [3].

À côté du concept d'ironie, il est un autre concept qui pointe chez Kierkegaard vers le néant ou le rien. C'est, on le sait, le concept d'angoisse, une angoisse qui ne naît pas du rapport à quelque objet mais au néant, « apparition de la liberté à elle-même dans le néant du possible » [4]. On sait aussi l'impact de cette formule sur l'analyse heideggérienne de l'angoisse. Selon Heidegger, l'angoisse est ouverture à l'abyssalité de l'Être. Elle suppose que, derrière son apparente fermeté, le monde subsistant puisse vaciller (*schwanken*) en totalité dans le non-être [5]. Est-ce à dire que résonne en elle le drame kierkegaardien du Tremblement de terre – effondrement de l'image idéale d'un père qui, alors qu'il paraît d'une inébranlable fermeté, vient soudain à vaciller ou à chanceler (*vaklen*) ?

Plutôt que d'entrer ici dans des considérations psychologiques, notons qu'un rapprochement crucial se laisse opérer sur ce point entre Kierkegaard,

1. OC II, p. 156, p. 184.
2. OC II, p. 244.
3. OC IX, p. 253.
4. OC VII, p. 177.
5. *Introduction à la Métaphysique*, Paris, Gallimard, 1990 (trad. G. Kahn), p. 39-41.

Hegel et Heidegger. On a vu que Kierkegaard citait Hegel à propos de l'ébranlement radical qui, suscité entre autres par Socrate, mène à la dissolution du monde ancien. Selon Hegel, tout ce qui est ferme (*Feste*) vacille/est mis en branle (*geräth in Schwanken*) et perd son assise (*verliert seinen Halt*). Or ces mots sont exactement ceux de Heidegger dans *l'Introduction à la Métaphysique* pour décrire l'expérience abyssale de l'Être. Questionné radicalement, l'étant en totalité oscille entre être et néant. Dans ce mouvement il vacille/est mis en branle (*ins Schwanken gerät*), au point que la question perd tout sol ferme (*verliert jeden festen Boden*) [1]. Qui plus est, dès lors que le questionnant n'est autre que le *Dasein*, il se trouve lui-même dans un état de flottement ou de suspens, *Schweben*, terme équivalent au *Svaeven*, par lequel Kierkegaard dépeint l'infini suspens qui est le lot du Socrate ironiste.

On le voit : l'interrogation sur le nihilisme de Kierkegaard est inséparable d'un problème plus général, celui de son rapport à la quête métaphysique d'une origine, d'un sol originaire où la vérité puisse se fonder. Son projet est-il de répéter le geste métaphysique avec plus de radicalité, en désignant l'existence comme sol originaire de toute expérience humaine ? Ne chercherait-il pas plutôt, dans une singulière proximité avec le nihilisme, à se démarquer du geste fondateur de la métaphysique en dénonçant le désir de fondement dans la pure présence d'une origine ? Sans doute sa pensée pointe-t-elle avec insistance vers un fond de présence originaire. Ordonnée au thème de la contemporanéité, elle se place indéniablement sous le signe d'un retour à la chose même. Qu'il s'intéresse à Socrate ou au Christ, Kierkegaard a d'abord en vue d'exhumer leur vrai visage, derrière les représentations idéalisées mais par là même falsifiées dont il ont après coup été l'objet. Ce dessein aurait-il quelque lien avec la visée phénoménologique d'une présence originaire ? Plus qu'à la démarche husserlienne, il fait, du moins dans sa forme, songer à l'entreprise du dernier Heidegger. Remonter l'histoire de la spéculation ou de la chrétienté jusqu'à sa source purement existentielle, rejoindre la pure intensité de l'existence socratique ou christique en la dégageant de tout ce qui l'a, par de successifs déplacements de sens, métamorphosée en doctrine : c'est, dans un geste qui annonce curieusement l'interprétation heideggérienne de la métaphysique, ce que tente Kierkegaard lorsqu'il met en avant la notion de contemporanéité. S'il se bornait d'ailleurs à ce simple geste, le rapprochement avec Heidegger n'aurait qu'un intérêt limité. Ce qui le rend particulièrement significatif – notamment pour la

1. *Ibid*, p. 39.

question du nihilisme –, c'est que, comme plus tard Heidegger, Kierkegaard accomplit un geste qui est en réalité équivoque, voire contradictoire. Alors qu'il semble vouloir reconnaître dans la contemporanéité un fond de présence originaire, il suggère que ce fond se dérobe, dérobement inscrit comme une duplicité au cœur même de la présence.

À cette équivoque reconduit toute son analyse du Socrate ironiste. À critiquer la représentation idéalisée que la pensée spéculative (de Platon à Hegel) donne de Socrate après coup, il cherche à dépouiller sa figure de ce qui ne lui appartient pas originairement. Il cherche donc à l'atteindre en ce qui lui est le plus propre, mais ce qui le définit le plus proprement, c'est qu'il ne s'offre jamais en propre, dans l'immédiateté d'une présence pleine. Ainsi, pour Kierkegaard, Socrate n'est-il vraiment présent que dans l'absence, dans le vide ou le rien auquel aboutit le travail infiniment négatif de l'ironie. Socrate s'offre en revanche dans une présence pleine pour ceux qui, à l'instar de Platon ou de Hegel, lui assignent la positivité de l'Idée. Mais pour cela il faut qu'ils s'aveuglent à ce qui en lui contredit le désir de la présence même. Il faut qu'en comblant par une plénitude fictive – projetée après coup par l'imagination – le vide constitutif de son identité, ils recréent sous la forme d'une présence pleine ce qui se soustrait en vérité à la présence :

> Le rien mystérieux qui était le trait le plus singulier de la vie de Socrate, c'est ce que Platon cherchait à remplir en lui attribuant la plénitude de l'Idée [1].

Comme on l'a laissé entendre, une semblable équivoque est au cœur de la contemporanéité avec le Christ. Dans la mesure où Kierkegaard s'applique à dégager celle-ci de la fausse image qu'en donne après coup l'Église, il la considère bien dans sa réalité originelle. Mais dans la mesure où cette réalité ne satisfait en rien le désir d'une présence idéale, la foi ne saurait trouver en elle l'assurance d'un fondement. En d'autres termes, la foi ne saurait se fonder sur la présence originaire du Christ. Parce que cette présence est éminemment paradoxale, elle est comme un fond qui se dérobe. Elle renferme une duplicité qui interdit au contemporain de trouver en elle le moindre appui, qui le laisse indéfiniment en suspens entre foi et scandale. Ce n'est qu'après coup – avec l'intervention de la chrétienté qui occulte ce suspens – que la présence du Christ s'offre comme directement fondatrice de la foi. Ce n'est qu'après coup que le sans-fond de l'origine se fait rapport rassurant à un fondement.

Par là Kierkegaard ne s'attaque pas seulement à l'image fallacieuse que le prédicateur officiel propose de la contemporanéité avec le Christ. Il met

1. OC II, p. 140.

aussi en cause le principe de rétroactivité qui commande la dialectique hégélienne. Selon ce principe, l'origine ne se constitue en fondement qu'après coup, lorsqu'elle ressurgit comme résultat au terme de la totalité circulaire du processus. D'où la dangereuse illusion que Kierkegaard dénonce dans la clôture du Système. En appeler à la réappropriation finale du sens sans voir que jusque là le sens se dérobe ou se diffère dans un interminable suspens, c'est oublier que l'existence se déploie tout entière dans l'horizon de ce suspens. Fonder la vérité du christianisme sur le résultat final – résultat recueilli par la dernière génération au terme de dix-huit siècles de chrétienté – sans voir que cette vérité échappe aux contemporains, c'est oublier que la foi prend justement son essor là où le fond se dérobe, sur l'abîme ouvert par le terrible ébranlement que provoque le paradoxe inouï de l'Incarnation :

> La dernière génération est éloignée de l'ébranlement mais elle s'appuie en revanche sur les conséquences, sur la preuve par vraisemblance qu'apporte l'issue finale [...] Mais si ce fait est entré dans le monde comme le paradoxe absolu, tous les faits postérieurs n'y changeront rien, restant de toute éternité les conséquences d'un paradoxe, donc en dernier ressort aussi invraisemblable que lui [...] Si toutes les générations voulaient confier à la dernière tout l'apport glorieux des conséquences, celles-ci ne seraient-elles pas alors une méprise ? Ou Venise n'est-elle pas bâtie sur la mer, même si, à force d'y tant bâtir, il y avait à la fin une génération qui ne s'en apercevrait pas ? et ne serait-ce pas alors une triste méprise si cette dernière génération se trompait jusqu'à laisser pourrir les pilotis et la ville s'engloutir ? Mais des conséquences bâties sur un paradoxe ne sont-elles pas, humainement parlant, construites sur l'abîme ? et leur contenu doit-il être reçu comme un bien immobilier, alors que tout est ici en suspens (*svaevende* : flottant) ? [1].

Parce que l'origine est absence originaire de fond, le plus dangereux n'est pas le danger manifeste – l'ouverture sur l'abîme – mais bien plutôt l'inapparence du danger – le repos dans la fallacieuse illusion d'un fondement. Plus dangereux que l'épreuve du « négatif » (du scandale, de l'effroi, du désespoir) est un semblant de positivité qui ne laisse même pas paraître le danger en tant que tel :

> Au plan religieux, le suprême danger est de ne pas découvrir que l'on est en danger [2].

1. OC VI, p. 88-89, p. 91-92.
2. OC IX., p. 431.

> Si, dans les temps anciens, l'effroi était que l'on puisse se scandaliser, à présent, l'effroi, c'est qu'il n'y a guère d'effroi[1].

Mais une fois encore se dessine ici un parallèle frappant avec le dernier Heidegger. Si l'ouverture à l'Être n'est pas sans danger, le plus dangereux n'est pas là. Il est bien plutôt dans l'inapparence du danger, dans le règne d'une métaphysique qui se rassure en rejetant dans l'oubli l'abyssalité de l'Être, en pensant l'Être comme fondement au lieu de le penser comme absence de fond, comme fond toujours déjà dérobé à la présence. Est-ce à dire qu'on puisse déceler, chez Kierkegaard comme chez Heidegger, la trace de quelque dérive nihiliste ? Peut-être faut-il ici plutôt dresser une typologie, où l'on aurait d'un côté les penseurs en quête de fond ou de fondement, et de l'autre, ceux qu'on pourrait nommer les penseurs de l'abyssal. D'un côté, Descartes avec le *cogito*, et de l'autre, Pascal avec les deux abîmes de l'infini et du néant. Descartes, à la recherche d'un principe ferme ou inébranlable (*Première Méditation*), et Pascal, privilégiant l'image de l'ébranlement du fond :

> Quelque terme où nous pensions nous attacher et nous affermir, il branle et nous quitte [...] nous brûlons de désir de trouver une assiette ferme [...] pour y édifier une tour qui s'élève à l'infini ; mais tout notre fondement craque et la terre s'ouvre jusqu'aux abîmes[2].

David Brezis

1. OC X., p. 200.
2. *Œuvres complètes*, « Bibliothèque de la Pléiade », Paris, Gallimard, 1954, p. 1109.

CREATIO EX NIHILO, NIHILISME ET DÉCISION : SUR UNE COMPLICATION THÉOLOGICO-POLITIQUE CHEZ HEIDEGGER ET CARL SCHMITT

Dans un texte paru en 1935 et signé sous le pseudonyme de Hugo Fiala, « Der okkasionelle Dezisionismus von Carl Schmitt », Karl Löwith écrivait ceci : « Le pathos de la décision pour la capacité nue de décision (*Entschiedenheit*) a trouvé entre les deux guerres un écho général. Il a préparé la décision en faveur de la capacité de décision (*Entschiedenheit*) de Hitler et a rendu possible le bouleversement (*Umsturz*) politique comme "révolution du nihilisme". Il ne se limitait aucunement au décisionnisme politique, mais ne recouvrait pas moins la théologie dialectique et la philosophie de l'existence résolue [de Heidegger] » [1].

L'association entre décisionnisme et nihilisme serait donc, selon Löwith, de celles qui ont préparé le terrain à la prise du pouvoir de Hitler et de son mouvement, interprété par Löwith comme « révolution du nihilisme ». Et la proposition est certainement lisible en sens inverse : l'engagement, l'égarement commun dans le national-socialisme de la part de Heidegger et de C. Schmitt aurait été favorisé par une dimension commune à leurs pensées respectives : ce « pathos de la décision » pure, échappant à toute raison, que Löwith repère chez l'un et l'autre, et qu'il rapproche également de la forme théologique du décisionnisme qu'on trouve chez un autre intellectuel éminent qui s'est lui aussi, après son apologie de la décision, « décidé » en faveur du nazisme, à savoir le théologien de la crise, Friedrich Gogarten.

1. Karl Löwith, « Der okkasionelle Dezisionismus von Carl Schmitt » (1935), repris in *Sämtliche Schriften*, Stuttgart, J. B. Metz, 1984, t. 8, p. 61.

Une objection vient immédiatement à l'esprit : le « pathos de la décision » comme tel – disons « à la *Sein und Zeit* » – laisse indéterminé, justement, le contenu de la décision qui ne peut être déterminé, chaque fois, que *par* la décision. Ne faut-il pas admettre alors que ce pathos décisionniste pouvait, aurait très bien pu, voire *a très bien pu* conduire à une « décision » politique d'une tout autre nature que celle qui fut effectivement commune à ces trois figures ? Et ne faut-il pas, par là, défaire le lien trop étroit que semble nouer Löwith entre décisionnisme et adhésion au nazisme ?

Pour élargir le cercle et ne citer que quelques exemples : en Allemagne, l'une des sources du renouveau de l'intérêt pour le thème de la décision (et pour sa figure philosophico-théologique tutélaire, Kierkegaard), dès le début du XXe siècle, a été Karl Barth, dont la lecture de l'épître aux Romains de Paul avait ébranlé le « protestantisme culturel » mais bien au-delà, toute vision cherchant à trouver Dieu dans la culture humaine et dans l'Histoire. Dans *La Théologie politique de Paul*, Jacob Taubes rapproche les orientations intellectuelles de Carl Schmitt de celles de Karl Barth en tant que « zélotes de l'absolu et de la décision pure »[1]. Or Karl Barth s'est, comme on sait, prononcé avec une très grande vigueur *contre* le nazisme et le ralliement de certains groupes chrétiens à Hitler[2]. On pourrait citer Karl Jaspers, mais aussi le théologien protestant Paul Tillich, qui a publié en 1934 l'ouvrage *Die sozialistische Entscheidung*, qui prend directement et explicitement parti contre Hitler et qui n'hésite pas à déclarer publiquement, la même année, que les seuls vrais chrétiens qu'il reste en Allemagne sont… les Juifs (il sera écarté de sa chaire universitaire, au profit du jeune Arnold Gehlen, alors très favorable au national-socialisme).

Inversement, si l'on cherche à vérifier l'hypothèse de Löwith par une contre-épreuve, les résultats sont-ils probants ? Dans son livre *Heidegger's Crisis,* Hans Sluga fait remarquer – explicitement contre l'interprétation de Löwith – qu'à trop se focaliser sur les plus hautes figures intellectuelles compromises avec le nazisme, Heidegger et Schmitt, et à vouloir absolument que leur pensée d'avant 1933 annonce inéluctablement leur décision de 1933, on méconnaît un *fait* historique qu'atteste une enquête sur le champ philosophique de l'époque : ce fait, c'est que des philosophes se sont ralliés au nazisme à partir de *tout autres* options philosophiques, d'options très

1. J. Taubes, *La Théologie politique de Paul*, trad. fr. M. Köller et D. Séglard, Paris, Seuil, « Traces écrites », 1999, p. 93 *sq*.

2. K. Barth, *Theologische Existenz heute !*, Munich, Kaiser, 1933, rééd. 1984. Voir à ce sujet J.-Cl. Monod, « Destins du paulinisme politique : K. Barth, C. Schmitt, J. Taubes », *Esprit*, février 2003, p. 113-124.

diverses, et notamment… d'options *anti*décisionnistes (et « anti-nihilistes ») [1]. C'est le cas, par exemple, de Bruno Bauch, défenseur de l'idéalisme allemand et président de la Deutsche Philosophische Gesellschaft, qui clamait en 1934 que le national-socialisme était fondé sur des vérités intemporelles et anhistoriques, celles établies par la *science* biologique, raciale. Or Bauch dénonçait ce qu'il appelait « l'existentialisme nihiliste » et relativiste de Heidegger, incapable de faire place à la notion de race. Mais on peut également citer, par exemple, Gerhard Lehmann, qui dénonce en 1943, dans *Die deutsche Philosophie der Gegenwart*, l'influence de Kierkegaard sur la philosophie « nationale », en tant que pensée « idéaliste » de la décision de l'*individu* isolé, placé en rupture avec toute substantialité « populaire »-nationale, et, bien sûr, « abstrait » de la race [2].

Pourtant, il faut sans doute rendre justice au diagnostic de Löwith en le « resserrant » et en reliant ses termes : « pathos de la décision » *et* « révolution du nihilisme ». Autrement dit : ce n'est pas « seulement » le pathos de la décision qui serait en cause, mais ce qui le relie à cette « révolution du nihilisme » dont Löwith emprunte la formule au titre de l'ouvrage de Hermann Rauschning. Celui-ci, dans *La Révolution du nihilisme*, voyait dans le nihilisme la « véritable » nature du nazisme, sous des oripeaux idéologiques hétérogènes : le nihilisme de la volonté de puissance pour elle-même [3]. Dans son témoignage autobiographique de 1940, Löwith précise cependant sa propre vision de la « révolution du nihilisme » en la distinguant de celle de Rauschning : ce qui caractériserait cette révolution, selon Löwith, ce serait justement le lien entre, d'une part, une « volonté de révolution », et, de l'autre, « la conscience du déclin et de la fin » – soit le nihilisme européen, mais tel que son destin serait en quelque sorte suspendu à la capacité à « nous vouloir nous-mêmes encore et de nouveau », selon une formule de Heidegger que cite Löwith. Mais ce vouloir ne doit se déterminer qu'à partir de soi, du pouvoir-être propre, le plus propre, dans toute l'ambiguïté de ce « propre », singulier, particulier, *eigentlich*. La révolution nationale-socialiste serait la première révolution qui ne viserait *rien d'autre* qu'une affirmation de la volonté de puissance. Ce qui est en cause, ce serait donc l'exaltation d'une décision « à partir de rien » ou à partir *du* rien, ou encore, pour citer Gogarten, une « décision *dans* le rien », dans le congé donné à

1. H. Sluga, *Heidegger's Crisis. Philosophy and Politics in nazi Germany*, Cambridge-Londres, Harvard University Press, 1995.

2. *Ibid*, p. 227.

3. H. Rauschning, *La Révolution du nihilisme*, trad. fr., Paris, Gallimard, 1939.

toute valeur éthique prétendument « anhistorique » et « universelle » et universaliste, comme à toute intervention de la *raison*.

Le « décisionnisme » ou le pathos de la décision comme valorisation (théologique, philosophique, juridico-politique) de la décision « à partir de rien » se serait trouvé logiquement « séduit » par l'incarnation d'une force de décision radicale, faisant le vide autour d'elle, une force de décision dont la radicalité tenait précisément à ce qu'elle se donnait comme décision non pas en faveur d'idéaux nouveaux ou anciens, traditionnels, chrétiens, ou d'idéaux modernes (humanisme libéral, démocratie, socialisme...), mais comme décision à partir de la seule capacité de décision, de la *volonté* du *Führer* et du peuple, mais véritablement *ex nihilo*, à partir d'un rejet ou d'une « destruction » de toutes les normes éthiques, politiques, culturelles reconnues par la culture européenne, humaniste, libérale, chrétienne, etc.

Dans cette perspective, la remarque de Löwith devient plus précise, plus aiguë, et plus difficile à réfuter.

J'aimerais pourtant non seulement discuter, « compliquer » un peu l'observation de Löwith mais d'abord élargir le champ de la réflexion. Certes, il paraît nécessaire, « inévitable » d'accorder une place centrale à l'événement nazi lorsqu'on évoque *ensemble* Heidegger et Schmitt – on sait après tout que c'est à ce moment-là que les deux hommes se sont approchés, suite notamment à la lettre de Heidegger à Schmitt du 22 août 1933 dans laquelle Heidegger écrivait à Schmitt qu'il « compt[ait] beaucoup sur [sa] collaboration décisive [*Ihre entscheindende Mitarbeit*] » pour la reconstruction de la Faculté de droit. On sait aussi que c'est, significativement, dans son cours du semestre d'hiver 1933-1934, *Das Wesen der Wahrheit* (GA t. 36/37) que Heidegger fait une place importante et lourde d'inquiétants échos à la thématique « schmittienne » de l'ami et de l'ennemi.

Mais il faut aussitôt ajouter que s'ils convergent donc dans leur décision de 1933, Heidegger et Schmitt paraissent initialement situés de façon très différente, dans les années vingt, par rapport à la question, à la « configuration » ou à la « constellation » du nihilisme allemand. Leur thématisation respective de la « décision », par exemple dans la *Théologie politique* de 1922 pour Schmitt, qui crée alors le vocable *Dezisionismus*, et dans *Être et temps* de 1927, renvoie à des arrière-plans théoriques, philosophiques et théologiques très distincts. Pour schématiser : la théologie politique de la décision, chez Schmitt, s'inspire des penseurs catholiques de la contre-révolution, au premier chef de Donoso Cortès et de Joseph de Maistre. Ses grands modèles « classiques » sont les théoriciens de la souveraineté et de l'absolutisme, Hobbes et Bodin. On a là un champ de références qui relève d'une tout autre constellation (et qui induit une tout autre interprétation) que l'analyse existentiale de l'articulation résolution-décision, où perce certainement, entre autres choses, une certaine marque kierkegaardienne commune, mais qui est explicitement démarquée de toute interprétation « théologique ». Cela ne veut pas dire qu'on ne puisse dégager, peut-être, certains traits formels communs entre ces deux approches de la décision – ne serait-ce, justement, que l'usage (d'époque) de Kierkegaard comme penseur de la décision comme « saut », contre la norme et la résorption de l'événement dans la logique d'une « Histoire » universelle, progressive, dont le sens est déjà décidé. Et en posant la question à cet échelon « formel », on pourrait se demander si le rapport entre décision et nihilisme n'est pas fourni par un *tertium quid* implicite, la thématique de la décision « à partir de rien », *ex nihilo*, absolue. Cette thématique, à son tour, nous entraîne-t-elle nécessairement vers l'archétype ou le modèle théologique de la *creatio ex nihilo ?* Il est tentant de suivre cette suggestion, mais il me semble qu'il s'agit finalement d'une fausse piste – j'y reviendrai. En revanche, cette thématique de la décision pure nous entraîne sans doute vers une certaine « théologie de la puissance », de la *potentia absoluta* et de la volonté divine *insondable*, toute-puissante, des théologies radicalement « dé-sécurisantes » qui suspendent le monde, en permanence, au « décret » divin, à la volonté de maintenir ou de détruire la création. Ces théologies récusent la prétention de la raison humaine à « cerner » la puissance et l'action divines : la théologie anti-aristotélicienne, antiscolastique de Luther, pour le jeune Heidegger, mais aussi ce qu'on a pu appeler « l'absolutisme théologique » du nominalisme d'Ockham et de Duns Scot, auquel Heidegger avait consacré sa thèse d'habilitation ; et pour Schmitt, le « théisme », qu'il oppose au « déisme » rationaliste des Lumières et du libéralisme bourgeois. (Löwith évoque aussi, à propos de Schmitt, l'occasionnalisme, en renvoyant donc à Malebranche : on a moins affaire là à la *creatio ex nihilo* qui est à l'origine du monde qu'à une « création » continuée, suspendue en permanence au vouloir divin, comme *l'ordre* juridique est toujours suspendu, chez Schmitt, à la prérogative souveraine de *suspendre* l'ordre).

L'hypothèse ou la thèse que je voudrais soutenir est double : 1) l'apologie de la décision « sans raison », abyssale, n'est certainement pas pour rien dans un certain penchant « dictatorial » chez Schmitt comme chez Heidegger à la fin des années vingt et au début des années trente ; mais 2) contrairement à une idée répandue, le thème du nihilisme et celui de la décision *ne se sont pas* conjugués « naturellement », ils sont restés relativement *disjoints*. Quand Schmitt théorise le décisionnisme, le nihilisme est très peu présent comme tel dans sa pensée, on peut même dire qu'il ne « perce » réellement que lorsque le décisionnisme est passé à l'arrière-plan ; chez Heidegger, lorsque la *décision* occupe le premier le plan, par exemple dans *Être et temps*, le nihilisme est relativement absent du paysage, ou bien il est thématisé essentiellement *négativement*, pour répondre à une *accusation* de nihilisme, présentée comme un *malentendu*. L'articulation entre décision et nihilisme ne s'opère, me semble-t-il, que vers le milieu des années 1930, pendant un laps de temps assez court où Heidegger envisage la possibilité d'une décision « contre » le nihilisme. Mais *où* se situe cette décision ? *Qui* peut la prendre ? La réponse de Heidegger à cette question est aussi évolutive que sa détermination du nihilisme et de son dépassement.

Ce serait là la question philosophique, au-delà même de la question politique : dans quelle mesure une pensée du nihilisme et *a fortiori* du nihilisme *achevé* peut-elle *encore* prendre appui sur la « décision » ? Inversement, dans quelle mesure la *décision*, même la décision *ex nihilo*, ne suppose-t-elle pas encore toujours l'idée, peut-être la croyance, le pari en la possibilité d'une *action* sensée, et historiquement *non-nulle*, dans ses effets, opérée par un « agent », un acteur, une volonté ?

La « décision à partir de rien » chez Schmitt : quel arrière-plan théologique ?

On a trop vite tendance à rabattre le thème de la décision *ex nihilo*, telle qu'elle est effectivement présente dans la *Théologie politique* de Schmitt, et peut-être dans *Sein und Zeit*, sur la thématique particulière de la *creatio ex nihilo*. Hans Blumenberg, dans la précieuse discussion de la *Théologie politique* qu'il livre dans *La Légitimité des Temps modernes*, parle ainsi beaucoup de *creatio ex nihilo*, alors que l'expression n'apparaît pas dans la première *Théologie politique*.

On trouve assurément dans la *Théologie politique* de 1922 une glorification de la décision (du souverain), en tant qu'elle échappe à toute normativité pré-instituée, à toute « généralité », et un sens à toute raison. La dernière page évoque, à propos de Joseph de Maistre, une « réduction de l'État au moment de la décision, une réduction poussée jusqu'au bout dans le sens d'une décision absolue, d'une décision pure, sans raisonnement ni discussion, ne se justifiant pas, produite donc à partir du néant »[1]. Parler de « réduction »

1. C. Schmitt, *Théologie politique*, I, trad. fr. J.-L. Schlegel, Paris, Gallimard, 1988, p. 74.

n'a pas ici de coloration critique pour Schmitt : il s'agit bien plutôt d'une concentration sur l'essentiel, d'un dégagement du « noyau de l'idée politique », écrit-il. C'est ce dégagement qui conduit les théoriciens de la contre-révolution évoqués par Schmitt (De Maistre, Cortés, Bonald) à voir que leur « ancienne » idée de la légitimité (monarchique, dynastique), devait *s'effacer* devant la nouveauté d'une situation qui, selon les termes de Schmitt, « réclame une décision » radicale, un « ou bien ou bien » plus tranché et désillusionné : la dictature ou le chaos de l'anarchisme. Hans Blumenberg fait à ce propos une remarque suggestive : il se demande si dans la situation des penseurs contre-révolutionnaires, le « point zéro », le « néant » n'était pas créé par la *tabula rasa* révolutionnaire, à partir de laquelle il faudrait « reconstruire » un ordre – *à partir de rien*, d'où le glissement vers le modèle théologique de la *creatio ex nihilo*[1]. Cependant, le modèle théologique explicite de la décision n'est pas pour Schmitt le *Fiat lux* ou la *creatio ex nihilo*, mais bien plutôt, dans les analogies constitutives de la théologie politique, la décision divine de faire exception aux lois « normales » de la nature – le *miracle*, dont l'équivalent au plan juridico-politique est « l'état d'exception ». Une opposition théologico-politique structure le propos : celle qui met en opposition le théisme des penseurs contre-révolutionnaires, ainsi que leur thématique d'une volonté divine insondable, pour nous « irrationnelle », et le « déisme » des Lumières, qui réduit Dieu à un créateur du monde qui n'intervient plus dans son cours une fois ce dernier créé – *analogon* du « roi qui règne mais ne gouverne pas » des monarchies parlementaires-libérales du XIXe siècle.

Le point de convergence « théologique » avec Heidegger est fourni par Kierkegaard (avec sans doute, dans les deux cas, l'influence de la « théologie de la crise », représentée dans la préface à la réédition de la *Théologie politique* en 1933 non par Karl Barth bien sûr, mais par Gogarten) : Kierkegaard apparaît à la fin du premier chapitre de la *Théologie politique*, comme penseur par excellence de l'exception : « Avec l'exception, la force de la vie réelle brise la carapace d'une mécanique figée dan la répétition ». Il est intéressant de noter que Kierkegaard apparaît dans un autre ouvrage de Schmitt en 1919, *Politische Romantik*, cette fois comme figure d'un dépassement ou d'un auto-dépassement du *romantisme* et de ses attitudes typiques (l'ironie, l'interprétation esthétique du monde, l'opposition du *possible* comme infini au *réel* fini et étriqué, etc.). Cette fois, c'est directement comme penseur de

1. H. Blumenberg, *La Légitimité des Temps modernes*, trad. fr. M. Sagnol et al., Paris, Gallimard, 1999, p. 102.

la *décision* que Kierkegaard est valorisé, l'homme du « ou bien ou bien ». « Dans la suspension de toute décision se trouve l'origine de l'ironie romantique », notait Kierkegaard. En revanche, « avec la perception d'un "ou bien, ou bien", il était mis fin à l'ironie romantique »[1]. Et selon Schmitt, c'est bien sûr le *christianisme* qui a permis à Kierkegaard d'échapper au romantisme.

On retrouve Kierkegaard dans *Être et temps*, dans la thématisation par Heidegger de la décision comme ouverture à une existence authentique, refusant de se couler dans la généralité passive du « on ». Heidegger conserver aussi une certaine logique kierkegaardienne de rejet de la résorption de l'événement dans le cours d'une Histoire progressive, téléologiquement orientée, dont le sens est comme « déjà » décidé, ce qui rien *l'existence* de l'individu superflue. Mais contre la triple résorption (hégélienne, si l'on veut) de l'individu dans la généralité, de l'événement singulier dans l'Histoire-progrès et du scandale de la foi dans la synthèse du Savoir, Kierkegaard prônait le « saut » vers l'événement de l'incarnation. Cette dimension théologique-chrétienne, Heidegger la récuse, dans *Sein und Zeit*, par « athéisme méthodologique » et par souci de déployer la question de l'être *comme temps*, de penser radicalement la temporalité *finie* du *Dasein*, sans échappatoire… Il n'y a pas de « sortie » du temps, sinon vers… rien. Lorsque le *Dasein* s'appréhende en totalité, comme totalité, il s'appréhende comme *fini*. L'existence résolue, l'*Entschlossenheit*, est donc la résolution d'affronter cette situation finie sans faux fuyant, en anticipant la mort comme notre – seule – « fin », *notre* possibilité absolument propre, celle qui fonde un « pouvoir-être » authentique, puisque saisi à partir de la considération franche de notre *limite* essentielle. Cette résolution apparaît comme totalement indéterminée dans son contenu ; elle n'existe que dans la *décision*, mais celle-ci n'est pas plus déterminée *a priori* : « La résolution (*Entschlossenheit*) n'"existe" que comme décision (*Entschluß*) compréhensive-se-projetant » écrivait Heidegger au § 60. « Mais, ajoutait-il, vers quoi le *Dasein*, dans la résolution, s'ouvre-t-il ? À quoi doit-il se décider ? La réponse ne peut ici ne nous être donnée *que* par la décision (*Entschluß*) même. Ce serait totalement mécomprendre le phénomène de la résolution que de s'imaginer qu'elle est simplement la re-prise de possibilités proposées et recommandées. *La décision, et elle seule, est justement le projeter et le déterminer ouvrant de ce qui est à chaque fois possibilité factice* »[2].

1. C. Schmitt, *Politische Romantik*, Berlin, Duncker & Humblot, 1919, 5e éd., 1990 ; respectivement, p. 83 et p. 97.

2. Heidegger, *Sein und Zeit*, Tübingen, Niemeyer, 1927, rééd. 1993, § 60, p. 298.

Il y a circularité de la décision, qui doit « déterminer » la résolution, mais est en même temps essentiellement « indéterminée », étant toujours décision-de, en situation, projetant la possibilité chaque fois singulière. C'est cette indétermination radicale de la résolution qui provoquait d'ailleurs l'ironie de Löwith et d'autres étudiants de Heidegger, s'il faut en croire la fameuse blague à propos de cette résolution « à vide » telle que la rapporte Löwith dans *Ma vie en Allemagne avant et après 1933* : « Je suis résolu ! mais je ne sais pas à quoi… »

Le pathos kierkegaardien de la décision demeure, mais cette décision ne saurait être le « saut » vers la foi, elle se tient au contraire résolument dans le « fini ». Il faudrait évoquer ici en détails le § 62 de *Sein und Zeit*, intitulé *das existenzielle eigentliche Ganz-sein-können des Daseins als vorlaufende Entschlossenheit*, « le pouvoir-être-un-tout existentiellement authentique du *Dasein* comme résolution devançante ». Ce paragraphe s'ouvre par la question : « Dans quelle mesure la résolution, si elle est "pensée jusqu'au bout", selon sa tendance la plus propre, conduit-elle à l'être-vers-la-mort authentique ? »[1]. Cette fois, le néant, la « néantité », la *Nichtigkeit* est placée au fondement du *Dasein*, et c'est précisément ce que la résolution doit rendre capable d'assumer sans fuite vers de pseudo « valeurs éternelles » ou « au-delà ».

« Résolu, le Dasein assume authentiquement dans son existence le fait qu'il *est* le fondement nul de sa néantité », *der nichtige Grund seiner Nichtigkeit*[2]. Le *Dasein* n'est *rien* de donné, il n'est pour rien dans son existence, il n'est, en un sens, *rien*, mais il « est » en même temps le seul « fondement », le seul « fond » du « rien » qu'il est : il ne peut faire fond que sur lui-même, du moins dans l'existence résolue qui rejette la dénégation de la finitude et s'avoue qu'elle est sans raison d'être.

Sur cette thématique, il faut noter que Löwith s'est montré assez ambivalent. D'un côté, il y voit l'un des vecteurs de communication avec le nazisme, via l'exaltation nationaliste du « sacrifice » des « camarades » dans la « résolution devançante » face à la mort. Ce qui donne aliment à son impression, c'est bien sûr la politisation *par Heidegger lui-même* de ces thèmes de la décision, du « pouvoir-être le plus propre » et de l'être-pour-la-mort en 1933, notamment dans l'appel au vote du 10 novembre 1933,

1. *Ibid.* p. 305.

2. Les deux traductions existantes sont ici inutilisables, Vezin traduisant « il est négativement l'origine de sa négative », et Martineau commettant une erreur manifeste « il est le rien nul de sa nullité » – il ne reste plus grand chose ! –, non, il faudrait dire au moins « le fondement nul de sa nullité ». *Ibid.*, p. 306.

que Löwith a cité non seulement dans *Ma vie en Allemagne avant et après 1933*[1], mais aussi dans le texte sur l'occasionnalisme politique Carl Schmitt, ce qui suggère le choc qu'ont représenté pour lui ces discours de son ancien maître. L'appel au vote, aux Allemands du 10 novembre 1933, également prononcé à Leipzig le 11 – ce vote est un plébiscite en faveur de la décision de Hitler de sortir de la SDN ! – commence ainsi : « Le peuple allemand est appelé par le *Führer* à voter – mais le *Führer* ne sollicite *rien* du peuple. Il *donne* bien plutôt au peuple la possibilité la plus directe de la *décision* libre et suprême : le peuple tout entier *veut*-il *son propre Dasein* ou ne le veut-il *pas ?* »[2]. L'expression de Löwith que nous citions en commençant sur le « bouleversement de l'existence » pourrait être une allusion directe à ce discours : « La révolution [nationale-socialiste] mène au *bouleversement complet de notre Dasein d'Allemands* »[3].

La dimension « nihiliste » – au sens courant du terme – et son articulation à la « décision pour la décision » du *Führer* était sans doute illustrée, pour Löwith, par la fin de l'appel aux étudiants du 3 novembre 1933 : « Que ni des principes doctrinaux ni des "idées" ne soient les règles de votre être. Le *Führer* lui-même et lui seul *est* la réalité allemande d'aujourd'hui et du futur, ainsi que sa loi. Apprenez toujours plus profondément à savoir que désormais chaque chose exige la décision, et chaque acte la responsabilité ». Pour paraphraser – ou parodier – Heidegger, on pourrait demander : que signifie ici décision ? Rien d'autre que la décision en faveur de la décision déjà tombée du *Führer*.

En 1935 comme en 1940, Löwith réinterprète le décisionnisme de Heidegger, y compris dans *Être et temps*, à la lumière rétrospective de cette « auto-adaptation » et de cette politisation ultérieure de la décision. Mais il faut noter qu'il en ira différemment plus tard, après la fin de la guerre, où Löwith s'agace des lectures de Heidegger qui le reconduisent toujours au nazisme. Dans un article de 1948, paru en anglais, « Heidegger's Concept of Existence », Löwith présente ainsi ce qu'il appelle alors « le prétendu "nihilisme" de *Sein und Zeit* » comme une mise en lumière sans concessions de l'existence moderne : « Je pense qu'il serait très difficile de réfuter le prétendu "nihilisme" (*the so-called nihilism*) de l'ontologie existentielle aussi bien pour des raisons théoriques que morales ; à moins que l'on ne croie que l'homme et le monde sont des créations de Dieu ou que le cosmos est

1. K. Löwith, *Ma vie en Allemagne avant et après 1933*, trad. fr., A.-S. Astrup, Paris, Hachette, 1988, p. 56.

2. Heidegger, *Écrits politiques*, trad. fr. F. Fédier, Paris, Gallimard, 1995, p. 119 et p. 121.

3. *Ibid*, p. 117 et p. 124.

un ordre divin et éternel – en d'autres termes, à moins de ne pas être “moderne” »[1].

Löwith fait alors dudit nihilisme de Heidegger l'expression rigoureuse d'une pensée qui tire toutes les conséquences de l'abandon d'une normativité cosmique comme d'une théologie de la Création, une pensée de la finitude radicale qui s'inscrit dans le sillage de Nietzsche, Marx et de tous les penseurs d'une *Weltlichkeit* sans au-delà. Si « nihilisme » de Heidegger il y a, suggère Löwith, il s'agirait alors du déploiement des conséquences « post-chrétiennes » de la destruction de la cosmologie antique *et* de la théologie chrétienne – cette double destruction historique fait éclater le potentiel nihiliste de la contingence dont le christianisme avait frappé le monde. Il faudrait ainsi approfondir le lien entre le christianisme, « l'après »-christianisme et le nihilisme, suivant une indication de Löwith sur « l'arrière-plan crypto-théologique de la *Seinsfrage » :* la question « pourquoi l'être plutôt que rien ? » n'est pas par hasard le fait de philosophes « d'après » le christianisme (Leibniz, Schelling…) et non « d'avant ». « Pour pouvoir se poser la question, on doit concevoir la possibilité que tout l'étant soit ou ne soit pas, comme cela fut justement présupposé dans la doctrine de la Création à partir de rien ». Löwith voit un reflet (*Abglanz*) métaphysique de ce principe fondamental dans la phrase de *Was ist Metaphysik ? : ex nihilo omne ens qua ens fit*.

Il faut en effet évoquer brièvement cette conférence, qui a également valu à Heidegger d'être taxé de nihilisme, – « métaphysique du nihilisme ». Dans *Was ist Metaphysik ?* (1929), Heidegger évoquait d'abord la thèse de la métaphysique antique : *ex nihilo nihil fit* (rien ne vient de rien, rien ne sort de rien) ; puis la modification, la thèse chrétienne qui consiste à dire *ex nihilo fit… ens creatum* (de rien vient… l'être créé, la créature). Dans cette thèse, s'annonce, s'esquisse le fait que la compréhension de l'*existant* est intrinsèquement liée à celle du « rien ». Mais cette modification chrétienne de la thèse antique est aussitôt *recouverte* par la *réponse* donnée – la Création divine –, marquant l'incapacité de la dogmatique chrétienne à poser *comme telle* la *question* de l'être et du néant. On peut y voir cependant un chaînon important vers la *reformulation* que Heidegger donne, une page plus loin, de *l'origine de la négation* et de la façon dont la question du néant ou du rien traverse, « transit » l'ensemble de la métaphysique : *ex nihilo omna ens qua ens fit*. On reconnaît la formule citée par Löwith : « Du rien (pro)vient

1. K. Löwith, « Heidegger's Concept of Existence », 1948, repris in *Sämtliche Schriften*, *op. cit.*, t. 8, p. 110.

tout étant en tant qu'étant ». Autrement dit, développe Heidegger : « C'est seulement dans le néant du *Dasein* que l'étant dans son ensemble arrive à soi-même, selon la possibilité qui lui est absolument propre, c'est-à-dire selon un mode *fini* »[1]. Heidegger conférait ainsi au « néant » un statut inouï de *condition d'apparition* ou d'« avènement » de l'étant à lui-même.

Cette place centrale accordée au rien, au néant, dans la métaphysique, a immédiatement produit contre Heidegger l'accusation de nihilisme – « métaphysique du nihilisme ». Heidegger le rappelle dans la postface à *Qu'est-ce que la métaphysique?* et dans l'essai *Zur Seinsfrage* de 1955. La réplique de Heidegger à cette accusation a suivi des stratégies successives et différentes : il s'est d'abord défendu en répliquant que traiter du néant n'était aucunement faire preuve de nihilisme; mais il a peu à peu développé une appropriation du thème du nihilisme, jusqu'à en faire le centre de sa réflexion « historiale », dans les années trente, notamment dans « l'explication » avec Nietzsche.

Nous n'entrons pas ici dans le détail de cette entreprise d'appropriation, pour en venir plutôt à l'autre auteur qui intéresse notre thématique du lien entre décisionnisme (à partir de rien) et nihilisme : trouve-t-on chez Carl Schmitt une « appropriation » ou une réélaboration du motif nihiliste comparable à celle dans laquelle s'est engagé Heidegger? Il ne me semble pas.

La vision de l'Histoire de Schmitt a varié, des années vingt aux années trente, mais autour d'un noyau commun : celui d'un affrontement entre des forces radicalement antagonistes, interprété sur un mode apocalyptique – partisans de l'homme « bon par nature », qui veulent « émanciper » l'humanité des entraves, des hiérarchies, de l'Église et de l'État, contre tenants conservateurs, retardateurs, « hobbesiens », de « l'ordre » face à la dangerosité de l'homme pour l'homme. Schmitt est d'abord un esprit politique, et le nihilisme l'intéresse moins, à titre d'ennemi, que l'*anarchisme*, qui en est peut-être la forme politique. L'anarchisme de Bakounine ou le « combat contre Dieu » de Proudhon l'intéressent plus que la « mort de Dieu » vue par Nietzsche, à laquelle il n'a jamais cru.

En revanche, il y a peut-être eu, chez Schmitt et chez Heidegger, *un temps*, une certaine évolution analogue sur la décision – plutôt dans le sens d'un *retrait du décisionnisme,* après 1933, dès 1934, mais selon une chronologie et des modalités différentes.

1. Heidegger, *Was ist Metaphysik?,* trad. fr. H. Corbin, in *Questions I et II*, Paris, Tel-Gallimard, 1976, p. 69-70.

Retrait et déplacements de la « décision » après 1933

Comme on l'a vu, le thème de la décision avait, chez Schmitt comme chez Heidegger, un arrière-plan métaphysique et théologique-chrétien, un arrière-plan que Schmitt qualifie, dans la *Théologie politique*, de « personnaliste » et Heidegger, dans *Être et temps*, d'« existentiel », et qui restait perceptible, même si Heidegger entendait s'en arracher pour constituer un concept de décision radicalement ancré dans la finitude. Or cette dimension, malgré tout irréductiblement « individuelle », est rapidement *entrée en tension* avec les orientations biologistes, déterministes, anti-individualistes et holistiques de la détermination nazie du « peuple » et de l'appartenance au peuple.

Au fond, dès 1934, dès après le moment de la décision en faveur du *Führer* et dès après les « votes » assurant encore cette décision – y avait-il encore place pour de la « décision » et pour sa constitution en prérogative de *tout* Dasein ? Et *a fortiori* pour quelque chose comme une « décision pure », à partir du rien, qui semblait donc *a priori* « libre » vis-à-vis de toute substantialité « zoo-politique », de toute détermination *völkisch* ? Schmitt étant sans doute plus « opportuniste » ou « occasionnaliste », comme disait Löwith, il remise rapidement le décisionnisme au second plan dès 1934, dans « Les trois types de pensée juridique » [1]. La chose est bien connue : au type normativiste, Schmitt n'oppose plus simplement le type décisionniste, mais avance un troisième type auquel il donne ses faveurs, la « pensée de l'ordre concret », nationalement déterminé. La décision est concentrée dans le *Führer*, et il est alors entendu que toute décision du *Führer* exprime l'ordre substantiel du peuple.

Heidegger, en revanche, essaye de maintenir, un temps, une certaine exigence de « décision » de l'individu isolé, et cela ne va assurément pas dans le sens du *mainstream* de l'idéologie nazie. On le voit avec le cours de l'été 1934, tenu juste après sa démission du rectorat [2]. Le § 12 s'intitule

1. C. Schmitt, *Les Trois types de pensée juridique*, trad. fr. D. Séglard et M. Köller, Paris, P.U.F., 1995.

2. Heidegger, *Logik als die Frage nach dem Wesen der Sprache*, GA, 38 ; *La Logique comme question en quête de la pleine essence du langage*, trad. fr. F. Bernard, Paris, Gallimard, 2008. Voir aussi dans le volume 36/37 de la *Gesamtausgabe* sa réaction, le 31 janvier 1934, à un discours de Kolbenheyer, un écrivain spécialiste de Paracelse écrit pour l'anniversaire de la prise du pouvoir par les nazis. Heidegger note ceci : « Kolbenheyer ne voit pas et ne peut pas voir que l'homme comme peuple est un être *historique*, et qu'appartient à son être historique la décision en faveur d'un *vouloir-être* et d'un *destin* déterminés – point de départ de l'action, responsabilité dans l'endurance et la persévérance, courage, assurance, foi, force de sacrifice.

« “ ‘Nous’ sommes le peuple” en vertu de la décision ». La multiplication des guillemets marque une distance vis-à-vis de la pseudo-évidence du « nous » et du slogan « Nous sommes le peuple ». « Que vient faire ici la décision ? » se demande Heidegger en s'objectant (me semble-t-il) la *vox populi* nazie selon laquelle « sur cette appartenance [au peuple], la décision a toujours déjà eu lieu sans notre volonté, sur la base de notre ascendance, dont nous n'avons pas décidé nous-mêmes »[1]. La relance de la question comme question historique invalide précisément le biologisme de l'ascendance. Heidegger y déclare notamment : « En essayant de donner de nous-mêmes une caractérisation interne, tirée de nous, par ex. d'ordre biologique [...], on arrive tout aussi peu à atteindre notre être-là ici et maintenant »[2].

L'éventuelle dimension « oppositionnelle » de ces textes doit cependant être nuancée par le fait que Heidegger détermine finalement la décision d'appartenir au peuple comme une résolution à s'engager dans le mouvement de l'histoire, en soulignant toujours le caractère *non-réflexif* de cette décision[3].

La question est cependant aussitôt soulevée par Heidegger : « Que signifie ici “décision” ? ». De fait, du milieu des années trente jusqu'à la fin de la guerre, on assiste à cet égard à une série de transformations, de déplacements, à la remise en chantier d'une interrogation sur le sens de la « décision » à une époque qui sera elle-même déterminée, à partir des cours sur Nietzsche, comme époque du nihilisme achevé.

Quand le nihilisme devient la clé de l'histoire de la métaphysique comme déclin, la « décision » n'est plus quelque chose qui relève du *Dasein* individuel, de la possibilité d'une temporalisation authentique. Esquissons à grands traits quelques stations dans cet itinéraire. Un temps – disons en 1935, dans l'*Introduction à la métaphysique*, et peut-être au début des cours sur Nietzsche –, la décision est (dé)placée du côté du « nous », du « peuple » allemand déterminé comme peuple métaphysique, peut-être encore « capable d'une décision » hors de *l'étau* où il serait pris, entre Est et Ouest, entre l'américanisme et le soviétisme, entre – et donc au-delà, par la décision de transgresser cette opposition – capitalisme et communisme. Ensuite, quand cette attente a été en partie déçue et partiellement abandonnée, à mesure que se creuse la distance vis-à-vis du régime nazi et de la métaphysique de

Toutes ces attitudes fondamentales ne sont possibles que sur le fondement de la *liberté* ». (GA 36/37, p. 210).

1. Heidegger, *La Logique...*, trad. fr., p. 77.
2. *Ibid.*, p. 73.
3. *Ibid.*, p. 90.

la volonté (de puissance), la décision « recule » plus encore hors de portée de quelque « acteur » que ce soit, elle devient quelque chose qui « appartient » à l'être même. On se contentera ici de citer le titre du § 48 des *Beiträge zur Philosophie : « in welchem Sinne die Entscheidung zum Sein selbst gehört »*. Heidegger maintient certes la possibilité d'une décision qui engage ce que le § 46 appelle un « sauvetage » de l'étant. Mais la décision dont il s'agit, précise Heidegger, « tombe dans le calme le plus calme et a la plus longue histoire » [1].

Après la *Kehre* donc, la décision est située dans l'histoire de la métaphysique même comme ayant déjà eu lieu depuis longtemps, « déterminée par une réalité sans commune mesure avec notre expérience et sa portée » écrit Heidegger à Elizabeth Blochmann, 3 mars 1947, qui ajoute, à propos de la technique planétaire : « La décision en la matière est déjà arrêtée depuis un temps que ne mesure aucun décompte horaire ou historique mais qui contient le destin à venir du monde des hommes et annonce sa venue par une lueur en marche depuis les millénaires passés, depuis que les Grecs ont éprouvé le rapport au monde comme *technê* sans avoir le moindre pressentiment de "la technique" » [2]. On trouve une idée semblable dans *Besinnung* : « La technique et contient et porte vers une domination absolue une décision tombée depuis longtemps sur l'essence de la vérité comme certitude-sûreté (*Sicherheit*) et sur l'essence de l'être comme *Machenschaft* (machination) ». L'imputation de cette décision reculée renvoie parfois à Descartes (la vérité comme certitude du sujet), parfois à Platon (la vérité comme *homoiosis*), parfois à la pensée de la Création qui fait de l'étant un être créé (par Dieu pour l'homme), « manufacturé » (en raison du jeu de renvois de l'*imago Dei*) et donc comme « prêt à l'emploi », à l'usage, à l'usure, indéfiniment manipulable…

On peut donc parler d'un *retrait* de la décision, au double sens où celle-ci se retire de la capacité de décision du *Dasein* et où elle se retire du champ de l'action politique, de l'événementialité politique pour gagner les profondeurs de l'histoire de la métaphysique et s'accorder à la temporalité millénaire de cette historicité fondamentale.

Sur le plan théologico-politique, il faudrait suivre ici comment la thématisation du dépassement (*Überwindung*) du nihilisme, c'est-à-dire désormais de la métaphysique elle-même, entend libérer « dieu » de ce que le manuscrit de 1938-1939 intitulé *Die Überwindung der Metaphysik* appelle

1. Heidegger, *Beiträge zur Philosophie*, GA 65, p. 100.

2. Heidegger, *Correspondance avec Karl Jaspers*, suivi de *Correspondance avec Elisabeth Blochmann*, trad. fr. P. David, Paris, Gallimard, 1996, p. 325.

(§ 92) « le concept méta-physique de *religio* ». Le concept méta-physique de *religio* construit la chaîne onto-théologique qui cherche à « assurer » l'étant en le rattachant à Dieu pensé comme étant suprême, cause première. Je dis théologico-politique, ou théiologico-politique, parce que Heidegger attache bien à cette « invention » ou libération d'un dieu à venir, le « dernier dieu » des *Beiträge*, la capacité à instituer un peuple. Comme il est dit au § 251 des *Beiträge :* « L'essence du peuple se fonde dans l'historicité de l'appartenance à soi *à partir* de l'appartenance au dieu ». Mais bien sûr, ce dieu, ce dernier dieu est explicitement *opposé* par Heidegger au Dieu chrétien : « Le dernier dieu, écrit Heidegger en épigraphe du chapitre *Der letzte Gott*, – le tout autre par rapport à ceux qui ont été, et d'abord par rapport au [ou contre le, *gegen*] Dieu chrétien »[1].

La perspective d'un dépassement de la métaphysique à partir de son achèvement comme nihilisme donne alors à la perception heideggérienne du nihilisme toute son ambivalence. Le nihilisme achevé ouvre la perspective d'un « sauvetage » (*Rettung*) qui ne dépend plus d'une décision, mais plutôt d'un retournement, d'une *Kehre* de l'être même, mouvement par lequel, dans son plus profond retrait et abandon, l'être se tient lui-même en réserve et *se promet*. Mais le nihilisme reste le point de pivotement vers un autre commencement. Qu'entend-on « dans » le nihilisme ? Qu'éprouve-t-on dans le désert de la domination totale du monde par la « machination » (*Machenschaft*) technique ? Ceci, selon l'essai « Le mot de Nietzsche : "Dieu est mort" » : que l'étant tout entier n'est rien, ou « est » rien, et que c'est seulement à partir de l'être que l'étant est ce qu'il est, comme il est[2]. Dans le chapitre sur « La détermination ontologico-historiale du nihilisme » de son livre sur Nietzsche, Heidegger note également : « Le nihilisme pensé dans son essence [...] est la promesse de l'Être dans sa non-occultation »[3].

Je ne dirai rien ici des développements ultérieurs sur la façon dont cette promesse pourrait être recueillie et dont la dés-occultation de l'être pourrait être « accueillie », préparée peut-être par une attitude qui effacera jusqu'aux derniers restes du « décisionnisme » initial : la *Gelassenheit*, laisser-être, patience, sérénité, impassibilité, ne peut-elle être lue comme contre-concept opposé à l'*Entscheidung ?*

L'évolution de Carl Schmitt a suivi une ligne également sinueuse et complexe. Dans les années nazies, le décisionnisme recule ou est, un temps,

1. Heidegger, *Beiträge zur Philosophie*, GA 65, p. 404.

2. Heidegger, « Le mot de Nietzsche : "Dieu est mort" », trad. fr. W. Brokmeier in *Chemins qui ne mènent nulle part*, Paris, Tel-Gallimard, 2006, p. 320.

3. Heidegger, *Nietzsche*, t. 2, trad. fr. P. Klossowski, Paris, Gallimard, 1971, p. 296.

entièrement transféré au *Nomos basileus*, au *Führer* comme « loi incarnée » ; mais il est en même temps flanqué du contrepoids de « l'ordre concret ». C'est dans cette dimension d'ordre que Schmitt va peu à peu ancrer sa réflexion : l'*Ordnung*, l'ordonnancement est toujours l'effet d'une *Ortung*, d'une « localisation » ou « délimitation », protectrice d'un lieu (de pâture) ou d'un certain *partage*[1]. La défense d'un droit anti-universaliste, d'un *Nomos* pensé comme combinaison d'ordre et de lieu, s'opère alors contre toutes les dimensions d'*Ent-ortung*, de dé-localisation, d'unification juridico-technique du monde, favorisée par le libéralisme, la domination de l'économie et de la technique. Si Schmitt utilise très peu le terme de nihilisme, il est difficile de ne pas entendre ici un écho des analyses heideggériennes de l'ère de la technique comme époque du nihilisme accomplie, liée à la *Bodenlosigkeit*, à la perte de sol et à la domination mondiale de la « machination » ou du *Gestell*. Ainsi, dans un passage du *Glossarium*, Schmitt reformule-t-il ses thèses du *Nomos de la terre* (paru en 1950) dans les termes de la réflexion heideggérienne sur le pronostic nietzschéen de « domination globale de la terre » : celle-ci est pensée par Schmitt comme une entreprise d'unification géo-politique de l'humanité, passant par une transformation du droit international au profit des grandes puissances libérales-maritimes (les États-Unis au premier chef), par la création d'un nouveau droit international qui disqualifie la guerre dite « d'agression », mais légitime les guerres dites « pour l'Humanité », etc. Mais Schmitt conclut cette évocation ainsi : « La guerre comme moyen de la politique rationnelle est condamnée, la guerre comme moyen de la domination globale de la terre est la guerre juste. Le monde devient objet, dit Martin Heidegger ([en note :] Heidegger, *Holzwege*, p. 205, sur le nihilisme) »[2].

Le thème du nihilisme provient ici de Heidegger, et parfois, dans les mêmes années d'immédiate après-guerre, de Jünger ; il est cependant transposé dans le champ des préoccupations propres à Schmitt, identifié au processus économico-technique d'unification du monde par ouverture de tous les espaces au principe de la « porte ouverte » et du marché dit « libre », c'est-à-dire libre d'État : soit la constitution d'un *Universum* politique libéral ordonné à l'hégémonie des nouveaux « secteurs dominants » que seraient l'économie et la technique, puissances d'*Ent-Ortung*, de dé-localisation par excellence, par opposition au droit comme *Nomos*, partage, « délimitation »

1. Voir notamment C. Schmitt, *Le Nomos de la Terre dans* le Jus Publicum Europaeum, trad. fr. L. Deroche-Gurcel, Paris, P.U.F., 2001 (1re édition allemande : 1950) ; « Nomos-Nahme-Name », 1959, repris in *Staat, Großraum, Nomos*, Duncker & Humblot, 1995.

2. C. Schmitt, *Glossarium*, Berlin, Duncker & Humblot, 1991, p. 309.

d'un lieu (de pâture)... Le Schmitt d'après 1945 oppose moins au libéralisme un pathos de la décision souveraine qu'un souci de la « conservation » de « l'héritage » européen, notamment du *Jus Publicum Europaeum* en matière de droit des gens. Cette volonté de « conservation » contre les « accélérateurs volontaires et involontaires » de l'histoire trouve à s'exprimer à travers le théologoumène du *katechon* aussi bien qu'à travers l'opposition mythologique entre Prométhée comme proto-symbole de l'esprit techicien-moderne et Épiméthée comme « retardateur ». Ce qui différencie cependant en profondeur l'approche schmittienne des écrits de Heidegger à la même époque, ce n'est pas la vision du présent comme nihilisme de la domination technique mondiale (là-dessus il y accord), mais c'est bien à nouveau la dimension « chrétienne » (entre guillemets) des figures que Schmitt a prétendu y opposer : le *katechon*, le « retardateur » de la fin des Temps emprunté à saint Paul ; et l'Épiméthée *chrétien* dont Schmitt emprunte le motif au poète, d'ailleurs tenté par le nazisme, Konrad Weiss. De plus, on n'assiste pas, chez Schmitt, à un « retrait de la décision » comparable à celui qui marque la pensée heideggérienne du « nouveau commencement », puisque la décision demeure ce qui peut s'opposer à la « technicisation » complète du droit, ou à ce que Schmitt appelle le « législateur motorisé », même si la figure de la décision est beaucoup moins mise en avant que le souci de *préserver* l'héritage du droit européen.

La dimension d'*accélération technique* de la modernité devient alors le signe même du « nihilisme » foncier de l'époque, comme cela apparaît dans un texte frappant du Schmitt d'après-guerre, celui de la deuxième *Théologie politique*, un texte qu'il faut citer parce qu'il opère une remarquable inversion du schéma de *creatio ex nihilo* pour imputer aux Temps modernes, tels que Hans Blumenberg en défendait la « légitimité », une forme de création... du *rien* comme condition de l'auto-affirmation humaine. Selon Schmitt, la quête effrénée du *novum* finit dans le *nihil*, dans le nihilisme de la négation de tout donné : « Il n'y a plus que du *novum ;* toutes les déthéologisations, les dépolitisations, les déjuridifications, les désidéologisations et autres *dé-* qui vont dans le sens d'une *tabula rasa* disparaissent ; la *tabula rasa* se dé-tabularise elle-même, et sombre en même temps que la table ; la science nouvelle, purement mondaine et humaine, est le procès-progrès ininterrompu d'un élargissement et d'un renouvellement du savoir, confinés dans le purement humain et mondain et provoqués par une curiosité humaine sans limites »[1]. La négation même, par Blumenberg, des phénomènes de

1. C. Schmitt, *Politische Theologie* II, 1969 ; *Théologie politique*, *op. cit.*, p. 180.

sécularisation en tant qu'ils impliqueraient de reconnaître une « dette culturelle » aboutirait ainsi à renverser la thèse théologique d'une *creatio ex nihilo* pour donner lieu à la figure monstrueuse d'une « création *du* rien comme condition de possibilité de l'autocréation d'une mondanité sans cesse nouvelle »[1].

Pour conclure en sortant de l'orbe politique, j'aimerais revenir sur un élément qui a été sans cesse présent dans ces propos, mais non thématisé : la question du fondement ou de la raison de la décision, peut-être du fondement sans fond, des raisons cachées de la décision qui se donne pour *ex nihilo*, ou qui se croit peut-être *ex nihilo*. Pour poser la question dans sa brutalité : *y a-t-il jamais décision ex nihilo* ? C'est là une grande question théologico-métaphysique, qui n'a pas opposé un rationalisme à un irrationalisme, mais qui a bel et bien divisé le rationalisme classique dans son rapport au « volontarisme » théologique. Si, comme le voulait Leibniz, rien n'est sans raison, aucune décision ne peut être sans raison, *ex nihilo*, pas la même la création divine, qui n'est que la décision rationnelle de créer le meilleur des mondes possibles. Mais si ce « décret », comme dit Leibniz, a des « motifs raisonnables », il n'est donc plus absolu ? C'est effectivement la conclusion que tire le grand rationalisme leibnizien : « Une simple volonté sans aucun motif est une fiction non seulement contraire à la perfection de Dieu, mais encore… contradictoire, incompatible avec la définition de la volonté », écrit Leibniz dans sa discussion avec Clarcke. Il ne faut pas s'imaginer des décrets absolus, cette volonté sans raison ne serait rien d'autre que *le hasard* – le hasard des épicuriens, écrit Leibniz, une nécessité aveugle… N'est-ce pas là une proto-accusation de nihilisme ?

À cette théologie métaphysique du principe de raison, Heidegger a assurément toujours préféré la théologie volontariste d'un Duns Scot, auquel il consacra ses premiers travaux, et qui écrivait dans son *Commentaire des sentences*, à propos de la Création : « La volonté a voulu cela, il n'y a pas d'autre cause (*nulla est causa*) si ce n'est que *voluntas est voluntas* (la volonté est la volonté) ». Pourquoi y a-t-il de l'être plutôt que rien ? *Pour rien*. La réponse est inquiétante, mais n'est-elle pas aussi « notre » réponse, si, comme le remarquait Löwith, nous sommes des modernes sécularisés qui ne croyons ni au cosmos divin, ni à la Création divine, ou si, comme le note Heidegger dans *Der Satz vom Grund*, le principe de raison en tant que principe qui commande *tout*, y compris la réponse à la question « pourquoi de l'être ? », n'est valable que pour autant que Dieu existe ?

1. *Ibid.*, p. 180.

Dire que l'être est sans raison, est-ce alors simplement être athée ? Est-ce être nihiliste ? Ou est-ce se tenir en-dehors de la métaphysique ? Ce sont là, me semble-t-il, des questions que Heidegger nous pose encore, indépendamment des errements politiques où l'a conduit, avec Schmitt, non pas le seul pathos de la décision, mais l'apologie de la décision doublée du rejet violent de la rationalité délibérative, argumentative et de son précieux horizon d'universalité [1].

Jean-Claude MONOD

1. On remarquera que c'est précisément par la légitimation d'un rôle (non fondationnel, mais de jugement) dévolu à la raison dans la décision que le décisionnisme de Paul Tillich se distinguait déjà en 1933 du décisionnisme schmittien et heideggérien : « Die Ratio kann von sich aus weder gründen noch aufbauen. Aber sie ist die Richterin jeder Gründlegung und jedes Aufbaus. », *Die sozialistische Entscheidung*, Potsdam, 1933, p. 354.

UNE « VEILLE AUX RIVES DU NÉANT »

Scholem et le nihilisme

Il est rare, dans l'histoire du savoir, qu'on ait affaire, comme c'est le cas avec Gershom Scholem, à un historien des idées dont les dispositions personnelles et celles de sa génération ont autant pesé sur le choix des objets étudiés qu'ont joué un rôle également décisif dans le traitement de ces objets toutes les forces qu'il a dû mobiliser pour résister à la fascination qu'ils exercèrent sur lui. Scholem a été l'historien d'un courant du judaïsme pratiquement tombé dans l'oubli au moment où il en devint, très conscient de cette situation, le spécialiste ; de ce fait, et parce que la logique de ses découvertes dans ce domaine l'y entraînait inévitablement, Scholem est également devenu l'acteur d'un tournant historique du judaïsme dont le moteur se situait, selon lui, au cœur même de la force explosive, mais momentanément neutralisée, enfouie au plus profond des courants qu'il exhumait ; enfin, il fut aussi l'historien de ses propres choix et de leurs conséquences, au sein du sionisme, se contraignant alors à une double démarche : impliqué, par les conséquences des objets analysés, dans un mouvement historique, la reconstruction de Sion, jusque dans les orientations de sa propre vie, il lui a fallu également justifier, sur un plan formel et méthodologique, non seulement ses propres décisions de savant, mais aussi celles de la politique à laquelle ses propres objets devaient le conduire. En outre, et parce que la nature singulière de ce qu'il a étudié était spécialement bouleversante, tant pour la représentation traditionnelle que le judaïsme pouvait avoir de lui-même que pour le Juif qu'il entendait être, Scholem s'est vu danser au-dessus de l'abîme, sans cesse menacé d'y sombrer ou d'être déçu par les espoirs nourris d'une substance proprement détonante.

On pourrait immédiatement s'imaginer qu'autant d'implications personnelles eussent d'emblée affaibli la capacité de traiter scientifiquement des courants cabalistiques dissidents ; force est d'admettre qu'en l'occurrence l'inverse est précisément la condition de possibilité de l'accès à de telles configurations : « [...] à la vérité ce qui m'a attiré vers l'étude de la kabbale et de la mystique juive dépasse quelque peu les considérations rationnelles. L'envoûtement et l'engouement y étaient aussi pour quelque chose »[1]. Le constat est parlant lorsqu'on observe l'état de la recherche tel que Scholem l'a connu à ses débuts. Il l'a plusieurs fois illustré par cette anecdote : le jeune étudiant rendant visite à Heinrich Graetz, une des sommités de la « Science du judaïsme » au début du XXe siècle en Allemagne, avise soudain dans la bibliothèque du professeur la collection d'ouvrages traitant de la kabbale, et il s'émerveille d'en rencontrer une si belle collection ; Graetz se serait exclamé : « Quoi ? Vous voulez qu'en plus j'aie lu tout ce fatras ? »[2]. Il est probable que le rejet par Scholem du judaïsme allemand tel qu'il l'a connu dans son enfance et sa jeunesse ait eu également des racines biographiques dans l'hostilité manifeste qui grevait les relations avec son père ; mais ce n'est là qu'une incidence, car elle n'expliquerait en rien la décision, rare à l'époque, de se plonger dans l'univers historique de courants jugés marginaux et aberrants, de se couper aussi nettement que possible du monde non juif, d'apprendre l'hébreu à marches forcées et d'envisager le départ pour la Palestine non pas comme un projet symbolique, mais comme une émigration sans garantie aucune de trouver en arrivant une situation toute faite. Cela n'explique pas non plus la profondeur de ce rejet, car elle fut très vite nourrie par l'espoir, de nature presque eschatologique, d'assister en y prenant une part active à la renaissance de Sion, comme on peut s'en rendre compte en lisant la conclusion de la « lettre » à Rosenzweig que Stéphane Mosès nous a fait découvrir : « Une génération comme la nôtre qui reprend en charge la part la plus fertile de notre tradition [...] ne pourra pas – même si elle le souhaite ardemment – vivre sans tradition. Lorsque viendra l'heure où la puissance enfouie au fond de la langue hébraïque se manifestera de nouveau [...] notre peuple se trouvera de nouveau confronté à cette tradition sacrée, signe même du choix à entreprendre. Alors il lui faudra se soumettre ou disparaître. Car au cœur de cette langue [...] Dieu lui-même, à son tour, ne restera pas silencieux. Mais cette inéluctable révolution du langage où

1. *Cf.* G. Scholem, « Discours à l'occasion de la remise du prix Rothschild », 1962 (Cahier de L'Herne « Gershom Scholem, » Paris, Éditions de L'Herne, 2008).

2. *Cf.*, G. Scholem, « Discours à l'Académie des beaux-arts de Bavière », *Die Zeit*, 20 et 21 juillet 1974.

la Voix se fera entendre de nouveau est le seul sujet dont on ne parle jamais dans ce pays [...] Fasse le ciel que la légèreté avec laquelle nous avons été entraînés sur cette voie apocalyptique ne nous mène pas à notre perte » [1]. Se soumettre à une nouvelle manifestation de la puissance qui a déjà bouleversé l'histoire juive ou disparaître, l'alternative peut sembler dramatisée à l'excès, elle traduit pourtant bien l'état d'esprit de Scholem animé, trois ans après avoir quitté l'Allemagne, d'une même radicalité que celle qui le conduisit à scruter quelles avaient été, dans le passé des composantes de l'histoire juive, les diverses manifestation de la Voix. Dans un entretien bien plus tardif avec Meïr Lamed [2], Scholem est revenu sur sa situation d'origine en se démarquant très rigoureusement des mouvements de jeunesse, le Blau-Weiss notamment, dont il taxe alors les adhérents de « parfaits ignares » en matière de judaïsme [3], des « bubériens » et de leur « culte de l'*Erlebnis* » [4], des Juifs d'Europe de l'est encensés pour leur prétendue fidélité à une vie

1. G. Scholem, « À propos de notre langue. Une confession » (1926), in *Le prix d'Israël*, Paris-Tel-Aviv, Éditions de l'éclat, 2003, p. 94.

2. G. Scholem, « La jeunesse juive en Allemagne », Entretien avec Meïr Lamed, 15/XII/1964, (*cf.* Cahier de L'Herne « Gershom Scholem »).

3. Il suffit de citer un texte aux accents de tract où Scholem dresse un bilan des mouvements de jeunesse : « Mouvement de jeunesse juif », publié en 1917 dans la revue de M. Buber, *Der Jude :* « Pas plus au cours de ces dernières années qu'à l'heure actuelle nous n'avons ici de mouvement de jeunesse juif : aucun mouvement qui ne soit ressenti et représenté par des jeunes gens en tant que Juifs. Nous avons telles ou telles organisations, nous entendons souvent et beaucoup parler d'elles et de leurs programmes comme étant les troupes et les bannières du mouvement de jeunesse juif; pourtant, ce qu'on y cherche en vain, c'est souvent, non seulement le judaïsme et la jeunesse, mais toujours et sans cesse le mouvement. Il leur manque à toutes sans exception, qu'elles soient grandes ou petites, les caractéristiques du mouvement : totalité, esprit et grandeur. Il se peut que, sous bien des aspects, elles soient nécessaires, et c'est là que leur existence vient puiser sa légitimité, mais elles ne le sont pas quant à la seule chose qui soit ici décisive, à savoir qu'elles renaissent continûment dans le flux du mouvement », trad. fr. M. de Launay in *Le prix d'Israël, op. cit.*

4. *Cf.* un autre texte de jeunesse, « Adieu. Lettre ouverte à Siegfried Bernfeld », paru dans *Jerubbaal. Eine Zeitschrift der jüdischen Jugend*, 1re année, n° 4, 1918-1919 : « [...] du fait que la jeunesse ne sait ni se taire, ni parler, ni voir, ni agir, elle se contentait de vivre des expériences. Jusque dans les pages de cette revue, on a fait de la Tora un vécu. Le mysticisme flou, auquel le judaïsme sacrifie sur l'autel du vécu, est le véritable couronnement du mouvement de jeunesse. Il n'y a rien de grand, du paysage à Dieu et à la Loi, qui, dans le vécu, ne soit lié au bavardage. Et même la guerre, quand il était encore temps, fut pour elle une expérience vécue. Car c'est bien ce qu'il y a d'insolite : même s'il y avait des expériences vécues, qui pourrait aujourd'hui se risquer à en parler? Mais la jeunesse ignore le silence. En vérité, pourtant, le vécu est bien devenu ce qu'il y a de plus éminemment chimérique, l'absolu qui s'est fait bavardage. Il est nécessaire d'admettre que la raison du vécu n'est qu'une relation fausse à la communauté. », trad. fr. M. de Launay, *ibid.*

authentiquement juive mais dont les enfants nés à Berlin « n'avaient plus rien à transmettre »; et lorsque son interlocuteur lui demande s'il n'était pas un courant à lui tout seul, Scholem répond : « J'étais un élément asocial. » Il se démarque également du philosophe qu'il vénérait au point d'écrire dans les « 95 Thèses sur le judaïsme et le sionisme » qu'il adressa, en juillet 1918, à son ami Benjamin pour fêter son anniversaire : « L'existence de Hermann Cohen est Tora[1] ». Les divergences étaient obvies puisque Cohen fut un farouche adversaire du sionisme et, surtout, de toute mystique comme de toute forme apocalyptique de messianisme; néanmoins Scholem déclare avoir apprécié « la grandeur de cet homme, grand dans son judaïsme ». Les seules influences qu'il reconnaisse sont celles d'Ahad Ha-am, c'est-à-dire de l'orientation culturelle du sionisme, et celle de l'anarchisme : « Je crois que la seule philosophie sociale saine est celle de l'anarchisme, même si, comme j'en suis certain, elle est irréalisable. Je ne connais pas de philosophie plus plausible que celle de Kropotkine. En ce sens, j'ai toute ma vie été un anarchiste. » Et la cause finale déterminante alors de ses choix fut « la formation d'un organisme social vivant » en Eretz-Israël. Cette formulation révèle un attachement profond à une tradition romantique allemande, peut-être d'autant plus profond que Scholem reste on ne peut plus discret sur l'identification précise de celle des composantes du romantisme qu'il fait sienne. De même que l'idée d'une reviviscence de certaines valeurs amorcée au sein d'une décadence générale n'est pas sans faire retentir quelques échos nietzschéens qu'on peut à bon droit considérer à l'époque comme un topos générationnel.

L'anarchisme et l'« asocialité », de même que le rejet, par une bonne part de la génération de 1914, de ce qui à ses yeux avait débouché sur la guerre, autant de mobiles qui se combinèrent chez Scholem pour le conduire à étudier l'histoire juive dans une perspective tout à fait contraire à ce qu'avaient voulu tous les savants qu'il appelle les « bâtisseurs de la Science du judaïsme »[2], soucieux de montrer la continuité historique d'une « religion de la Raison », contraire aussi à une tendance hégélienne propre à ceux « qui ont considéré et considèrent encore notre histoire comme la réalisation d'une idée abstraite, pire encore d'une idée assujettie une fois pour toutes à la définition qu'ils en ont donnée ». Scholem oppose à cela sa propre conviction, jamais démentie, « que si l'on peut parler ici de la réalisation de quelque idée, c'est une idée utopique, c'est-à-dire une idée qui n'a pas encore découvert tout ce

1. *Cf.* G. Scholem, *Sur Jonas, la lamentation et le judaïsme*, trad. fr. M. de Launay, Paris, Hermann, 2010, p. 93.

2. *Cf.* G. Scholem, « Discours à l'occasion de la remise du prix Rothschild », *loc. cit.*

qu'elle recèle virtuellement en son sein, une idée irréductible aux définitions historiques et théologiques du passé. Les héros de la kabbale avaient coutume de dire que la Tora a soixante-dix faces. Et je renchéris en disant que nombre d'entre elles n'ont pas encore été dévoilées » [1]. L'entreprise utopique à laquelle Scholem fut littéralement le seul à se vouer pendant la première guerre allait le mettre directement en relation avec des formes pour le moins étranges d'utopie apocalyptique : le nihilisme à l'œuvre dans le sabbatianisme antinomiste.

Le parallèle entre la dissidence révolutionnaire des courants sabbatéens et sa propre situation historique telle qu'il la comprenait lui-même a pu se muer en analogie voire en une sorte d'imprégnation d'autant plus risquée que Scholem a dûment constaté l'échec historique de ces courants bien qu'il les ait étudiés précisément en raison de leur force de rupture, et dans le but d'expliquer les raisons pour lesquelles cet échec avait finit par transformer ces forces motrices en assimilation aux courants des Lumières profanes, à la croyance dans le progrès issu de la Révolution française, et, dès lors, partagés par nombre de gens qui n'étaient plus juifs et qui, l'étant tout de même, ne se doutaient nullement que leur propre histoire eût pu connaître des bouleversements sans aucun rapport avec une représentation traditionnelle d'un exil durant lequel le peuple juif avait garanti sa continuité sur l'orthodoxie rabbinique. Ce risque d'imprégnation tout comme la déception d'espoirs grandioses se manifestent très tôt chez Scholem, moins de dix ans après sa lettre à Rosenzweig, et, curieusement, dans des poèmes.

Le titre de l'un d'eux est l'indice d'une tonalité qui semble tous les marquer : « Triste rédemption », écrit en 1926, constate que « La gloire de Sion semble révolue / la réalité a su résister » aux assauts de l'utopie sans doute, et le seul espoir qui se fait jour alors, sous une forme paradoxale propre au sabbatianisme précisément, est que « Dieu ne pourrait t'être plus proche/lorsque le désespoir te ronge : / dans la lumière de Sion, d'elle-même naufragée ». Plus nettement encore, le poème « Media in vita », daté du début des années trente, prend les accents d'un bilan déchirant : « J'ai perdu cette foi qui m'a conduit ici [...] J'ignore si je serai à la hauteur / de cette veille aux rives du néant [...] J'aimerais mieux sans doute un masque, / le monde en décide autrement. / Le monde ? / Ou n'est-ce pas plutôt / l'abîme de néant où le monde apparaît ». Le contraste entre l'état d'esprit du jeune chercheur solitaire de 1921 et celui qui, en 1934, a pu constater que la Voix ne s'était pas à nouveau fait entendre, apparaît encore mieux dans deux

1. *Ibid.*

poèmes adressés à Benjamin. Le premier s'intitule « Salut de l'ange » et prend la forme d'une prosopopée de l'*Angelus novus* de Klee : « Mon œil est noir et plein, / mon regard, jamais ne sera vide. / Je sais ce que je devrais annoncer, / j'en sais bien davantage encore. » Le second, accompagnait l'envoi d'un exemplaire du *Procès* de Kafka : « La grande tromperie du monde / est achevée jusqu'à son comble. / Fais en sorte, Dieu, que s'éveille / celui qui a su traverser ton néant. [...] Du cœur de l'anéantissement, / perce un rayon parfois, / mais aucun n'indique la direction / que nous prescrivait la Loi. »

La spécificité des courants auxquels Scholem s'est attaché pendant plus de trente ans a pour toile de fond la tension permanente entre la situation objective de l'exil et les espoirs messianiques qui ne tendent pas seulement à compenser sur un plan symbolique cette vie en diaspora, les menaces qui pesaient sur elle, et, sur un plan religieux, les amputations de la liturgie suscitées par la destruction du Temple. Certes, une part des représentations messianiques jouent ce rôle de compensation en entretenant un espoir dont la réalisation relève de la promesse eschatologique, constamment différée ; les « jours du Messie » ressemblent à n'importe quelle représentation d'un âge d'or. Mais il est facile de comprendre aussi que dans un monde clos comme celui des communautés juives, l'utopie messianique ait pu souvent déborder le cadre de la législation religieuse traditionnelle (la halakha) même lorsque cette dernière envisageait l'affranchissement de l'exil et sa pleine réalisation à l'âge messianique : ces débordements ne se contentaient pas de vouloir franchir sur un mode imaginaire le fossé entre loi traditionnelle et « loi messianique », ils entendaient précipiter la réalisation concrète des espoirs messianiques en s'opposant à la tradition rabbinique, de même qu'ils étaient alors contraints d'instaurer une refonte novatrice des contenus de la tradition à travers des personnalités au charisme suffisant pour défier les autorités rabbiniques. La question posée par ces courants s'est également posée, sur le plan philosophique, dans des termes qui, aujourd'hui, seraient ceux d'une conception de l'histoire. Au quatorzième livre (chap. XI et XII) de sa vaste réorganisation systématique des lois juives, le *Michneh Tora*, Maïmonide a clairement pris parti contre les mouvements apocalyptiques et leur vision d'une fin cataclysmique de l'histoire : « Ne va pas croire que le roi-messie aura besoin d'opérer des signes et des miracles, et de renouveler les choses du monde ou de ressusciter les morts ou des actions de ce genre [...] Et qu'il ne te vienne pas à l'esprit qu'aux jours du messie l'ordre normal du monde s'abolira ou qu'il y aura un renouveau dans l'œuvre de la création ; le monde suivra son cours. » Maïmonide prend soin d'évacuer toute analyse du moment historique où aura lieu le passage aux « jours du messie », et sa conception du déroulement de l'histoire évacue toute référence à une quelconque catastrophe temporelle, de même qu'à ses yeux la Tora reste identique à elle-même sans que rien puisse en être retranché, y être ajouté ou modifié. On comprend que Hermann Cohen se soit sans réserve inscrit dans cette perspective, et qu'il ait considéré Maïmonide comme son maître et inspirateur.

Mais précisément, Maïmonide, qui meurt au tout début du XIIIe siècle, n'a pas connu le bouleversement que fut l'expulsion de 1492 ni les conséquences de cet exil au sein de l'exil qui furent encore sensibles plus d'un siècle après dans tout le pourtour méditerranéen. Le mouvement sabbatéen est la résultante d'un faisceau triple de causes : cet exil dans l'exil d'abord, dont l'effet est celui d'une cause objective, d'une nécessité ayant la même puissance qu'une causalité naturelle ; ensuite, une réinterprétation spéciale de la kabbale, celle d'Isaac Luria, qui, au XVIe siècle, développa cette innovation théologique sur un terrain purement spéculatif où elle eût pu demeurer si, se muant alors en causalité « morale », elle n'avait rencontré, causalité contingente enfin [1], un immédiat écho chez un esprit étrange, Sabbataï Tsevi, né en 1626, prétendument à *tischah-be-av*, le jour de deuil commémorant la destruction du Temple et censé être traditionnellement celui de la naissance du Messie. Le comportement de ce jeune rabbin de Smyrne, nourri par ses lectures du *Zohar* (et surtout de ses aspects manichéens), est d'emblée étrange : il se livre à des violations délibérées et provocatrices des commandements liturgiques les plus évidents, comme le fait de prononcer le tétragramme ; il prétend mener de durs combats contre les forces démoniaques en affirmant être tout simplement le Messie. Expulsé en 1651, il mène une existence errante en Palestine et en Égypte où il épouse, mimant le prophète Osée, une femme de mauvaise vie dont il fait la fiancée du Messie. Il rencontre à l'occasion d'une des graves crises psychiques dont il était la proie un autre disciple lointain de Luria, le brillant rabbin Nathan de Gaza qui, au lieu de chercher à l'apaiser, affirme avoir rencontré en lui le Messie tout en se proclamant lui-même Élie, l'annonciateur du Messie. L'instabilité générale qui régnait dans l'Europe d'alors en raison de la guerre de Trente Ans, le choc provoqué, en 1648-1649, dans les communautés d'Europe orientale, par les massacres de l'hetman ukrainien Chmielnicki ont également pu favoriser la propagation extrêmement rapide – d'Alep à Amsterdam et Hambourg – d'un enthousiasme délirant à l'annonce que le Messie allait

1. On soulignera que ces trois causes sont considérées explicitement par Humboldt comme les « Causes motrices de l'histoire universelle » 1818. Même si ce n'est jamais explicite, il va de soi que Scholem avait lu Humboldt et connaissait la philologie au sens où l'entend Schleiermacher.

bientôt renverser le Sultan de Constantinople, que les tribus perdues allaient revenir d'exil, bref, que l'on allait vivre enfin les jours du Messie. En 1665, Sabbataï Tsevi prononce, dans la synagogue de Smyrne, l'abrogation des commandements et s'autoproclame « oint du Seigneur », menaçant d'excommunication tous ceux qui ne se ralliaient pas au mouvement, substituant systématiquement aux jours de jeûne des réjouissances, remplaçant les prières dites pour le sultan par celles dédiées à sa propre gloire. Les Juifs se mirent alors à vendre leurs biens dans l'attente imminente de la délivrance dont la date avait été fixée au 18 juin 1666. Mais, durant sa marche vers Constantinople, le nouvel « oint du Seigneur » est arrêté par les autorités ottomanes qui bientôt le somment sous peine de mort d'abjurer et de se convertir à l'islam, ce qu'il fit avec tout son entourage en septembre 1666 (il mourut, exilé en Albanie, dix ans plus tard).

Ce n'est pas le phénomène d'un faux messie qui est déterminant dans l'histoire postérieure du sabbatianisme ; les déceptions consécutives à ce genre d'espoirs finissent par laisser place à une résignation qui ramène les enthousiastes d'un temps vers les voies de l'orthodoxie ébranlée superficiellement par un débat, somme toute contrôlable par les rabbins, sur l'authenticité du prétendu messie. Ce par quoi ce mouvement acquiert une singularité spéciale tient à la manière dont Nathan de Gaza et nombre de fidèles ont tenté de justifier l'apostasie de Sabbataï Tsevi non pas simplement d'un point de vue psychologique ou ordinaire – face à la mort, certaines actions sont permises –, ni dans une perspective déjà connue et qui eût été celle du marranisme – l'apostasie est alors de surface, tandis que la fidélité à la tradition reste intérieurement intacte dans la vie privée –, mais en érigeant cette apostasie en modèle de ce qui devait se passer dans les sphères célestes, et, donc, aussi en exemple de qu'il fallait désormais accomplir. Cette fois, le marranisme se redoublait, à l'instar de l'exil dans l'exil, puisqu'il s'agissait, soit de mener, à l'extérieur, une vie confessionnelle juive traditionnelle, et, en privé, l'abolition de ses commandements, soit d'abjurer en devenant musulman ou, comme ce sera le cas au siècle suivant, dans le mouvement frankiste, chrétien, et de vivre en privé l'abrogation des commandements des deux confessions. Nathan de Gaza fut le principal artisan de cette justification théologique du radicalisme nihiliste et antinomiste, expliquant que l'apostasie de son maître devait être comprise comme un « exil messianique » signalant que l'oint du Seigneur avait ainsi véritablement entamé une lutte avec les ultimes forces du mal, et que toutes les actions contraires aux commandements traditionnels étaient à mettre au compte des « actes étranges » que la tradition avait prédit être la caractéristique du Messie. Certes, la tradition juive connaissait la notion de « précepte accompli par transgression », mais il n'est plus ici question de finalité bonne d'une action recourant à des moyens condamnables, il est question désormais de transgression accomplie pour elle-même, de sorte que l'apostasie devenait l'accomplissement d'un commandement divin. Là encore, il importe de distinguer entre deux formes de radicalisme nihiliste : la première se contenterait de ne plus observer les préceptes de l'orthopraxie traditionnelle ; c'est la seconde qui caractérise le nihilisme antinomiste, et qui implique non plus la non-observance, mais l'inversion et la profanisation systématique. Il ne s'agit plus seulement de désobéir, c'est-à-dire de faire sciemment le mal, il faut, en outre, considérer comme sainte l'action de pécher en l'identifiant aux premières étapes nécessaires de la Rédemption effective. C'est ainsi que les courants sabbatéens passèrent d'un mouvement messianique à « un mouvement nihiliste opérant au sein d'un univers religieux »[1]. Scholem énumère quatre variantes historiques de ce nihilisme sabbatéen : 1) les « croyants » « qui choisirent le "marranisme volontaire" sous la forme de l'islam » et dont on retrouve la trace jusqu'au début du XXe siècle en Turquie dans la secte des Dönmeh (c'est-à-dire les « apostats ») dont certains membres prirent une part active au mouvement d'Ata Türk ; 2) les « croyants » qui demeurèrent des Juifs traditionnels dans leur vie extérieure réglée par la *Tora de beriah* (la Tora révélée qui régit le monde créé), mais adhéraient intérieurement à la seconde Tora, la *Tora de atzilut* (la Tora de l'émanation, la Tora véritablement spirituelle et maintenue captive par Moïse, mais dont la révélation abolit la première). Ces communautés ont existé au nord et à l'est de l'Europe (Roumanie, Hongrie, Moravie) ; 3) les adeptes de Jacob Frank qui se convertirent au catholicisme ; 4) les frankistes de Bohême qui choisirent de rester juifs[2]. Scholem rapporte une image qui, colportée par les sabbatéens comme par ceux qui les fustigeaient, résume cet état d'esprit : « [...] puisque le grain de blé doit pourrir en terre avant de germer, il faut que les actions des "croyants" aient elles-mêmes véritablement "pourri" avant que puisse germer la Rédemption »[3]. Pour les croyants, en effet, accomplir véritablement la Tora, c'est l'abolir. L'un des traits les plus effrayants au regard de la tradition, et caractéristique de ces quatre variantes est la pratique dite de « l'extinction des lumières », euphémisme qui désignait tout simplement des orgies. Bien entendu, comme la littérature de ces sectes a toujours été largement tenue secrète, que l'état des sources directes est effectivement très

1. G. Scholem, « La Rédemption par le péché » (1937), in *Le messianisme juif*, trad. fr. B. Dupuy, Paris, Calmann-Lévy, 1974, p. 165.

2. *Ibid.*, p. 183.

3. *Ibid.*, p. 185.

indigent et, qui plus est, largement crypté, les témoignages de ce genre de pratiques sont eux-mêmes extrêmement rares et parfois sujets à caution, d'autant que la littérature de ceux qui luttaient contre ces courants dissidents avait tout intérêt à les salir en leur imputant des abominations. Néanmoins, Scholem a minutieusement établi la réalité historique de telles pratiques qui entraînaient pour les enfants des sectaires de lourdes conséquences puisqu'ils étaient tous considérés comme *mamzerim*, c'est-à-dire illégitimes en un sens bien plus grave que ce que nous entendons par « bâtard » : la communauté d'Israël leur était tout simplement fermée pendant dix générations. Les orgies étaient une occasion éminente de transgresser nombre d'interdits, adultère, inceste, etc., de rompre avec la succession normale des générations, mais, plus encore, d'accomplir plus avant l'union, charnellement réalisée et sur leur terrain matériel, avec les *kelipot*, les forces malignes, afin de les saturer en quelque sorte d'un surcroît de malignité sainte, censée les tarir définitivement. Car ceux qui se livrent à cette forme de transgression se considèrent, c'est le cas de toutes les formes extrêmes de spiritualisme où apparaissent des croyants qui se qualifient de « pneumatiques », comme étant au-dessus du péché au point que leur action n'a plus à tenir le moindre compte des normes morales ordinaires puisqu'elle obéit directement à ce que l'esprit leur dicte de faire : « La "vraie foi" ne peut être une foi que les hommes professent en public. Au contraire, la "vraie foi" doit demeurer cachée [...] Il y avait [pour les sectaires sabbatéens] un abîme entre les événements intérieurs et les événements extérieurs [1]. Lorsqu'il fut déclaré que c'était sur les premiers qu'il fallait se fonder, il devint évident que la valeur qu'on avait accordée jusque-là aux événements extérieurs serait tôt ou tard récusée. À cet instant précis, le messianisme tourna en nihilisme » [2]. C'est la venue du Messie qui rompt l'harmonie illusoire, régnant jusqu'alors, entre disposition intérieure et observance extérieure ; désormais seul le précepte intérieur est en mesure de réaliser un *tiqqun*, une restauration, tandis que ce même précepte implique une transgression extérieure. On comprend alors que, dans cette perspective, la lecture même de la Tora procède à des réinterprétations antinomistes ; c'est, par exemple, le cas de Lévitique 20, 17 : « Si un homme prend pour épouse sa sœur [...] et qu'il voit sa nudité et qu'elle voit la sienne, c'est une ignominie » ; mais le terme,

1. On trouve, sept ans avant la rédaction de cette étude, un écho direct des recherches de Scholem dans la dernière strophe de son poème « Rencontre avec Sion » : « Ce qui était intérieur / s'est transformé, passant à l'extérieur, / le rêve s'est mué en violence ; / nous sommes dehors à nouveau / et Sion est sans forme ».

2. « La Rédemption par le péché » *loc. cit.*, p. 176.

en hébreu, désignant l'ignominie, *hesed*, est le même qui d'ordinaire signifie « tendresse » dans le Pentateuque. On n'hésitera plus alors à prendre au pied de la lettre telle sentence extraite des *Tiqqune ha-Zohar*, les ajouts au *Zohar* (Mantoue, vers 1558) stipulant : « En haut [au ciel], il n'y a plus de lois d'inceste » [1]. À l'arrière-plan de ces transgressions sulfureuses, on retrouve des linéaments, mais pris au pied de la lettre et traduits en actes, des réflexions toutes spéculatives du *Zohar* sur les rapports sexués entre les composantes masculines et féminines du monde divin, sur l'apocalyptique de la Rédemption et la lutte entre monde de la droite, sacré, et monde de la gauche, satanique.

Dans la doctrine de Luria, le premier moment est celui d'une autocontraction divine (*tsimtsum*), d'une sorte d'exil de Dieu en lui-même ; la poursuite de la création se déroule à travers des émanations, les *sefirot*, mais est interrompue par une catastrophe, la « brisure des vases » (*chevrirat ha-kelim*) incapables de contenir l'afflux en eux de la lumière divine. Cette catastrophe a lieu en raison d'une sorte de révolution interne surgie de la tension entre forces mauvaises et forces pures. Les forces mauvaises ont entraîné avec elles dans le monde inférieur des étincelles de lumière divine qu'il s'agit de libérer. Cet affranchissement ou restauration, *tiqqun*, était la tâche qui avait incombé à Adam lequel, chassé du Paradis, provoque une deuxième *chevirah*. Le temps est désormais compris comme l'histoire des différentes tentatives d'opérer la libération des étincelles encore plus profondément enfouies depuis la chute d'Adam. Cette conception opère une révolution dans l'orientation théosophique puisqu'il ne s'agit plus de rechercher les mobiles qui présidèrent à la création ou les raisons de la présence du mal en remontant vers des temps de plus en plus antérieurs, vers des hypostases divines de plus en plus originelles, mais de poursuivre, tourné vers l'avenir, la tâche de restauration transmise à Abraham, au peuple d'Israël, lui-même responsable de la troisième *chevirah* – le Veau d'or – à qui échoit néanmoins la responsabilité du *tiqqun :* dès lors, l'observance, la prière, les actions bonnes correspondent à autant d'étincelles libérées, tandis que les comportement inverses retardent la Rédemption. Cette vision kabbalistique provoque également un tournant anthropocentriste puisque c'est aux hommes qu'est demandé de contribuer au salut divin. Bien qu'elle s'accorde parfaitement avec l'orthodoxie, la kabbale lourianique a ainsi opéré une révolution cosmogonique, et c'est cet aspect dont les courants sabbatéens se sont emparés jusqu'à la caricature en transposant toute la théodicée dans

1. *Ibid.*, p. 179.

le monde de l'histoire humaine où le Messie est un homme qui peut le cas échéant, ce sera le cas de Jacob Frank, se prétendre l'incarnation de Dieu tout comme il a prétendu que sa fiancée était, sous les dehors d'une Marie chrétienne, l'incarnation de la *shekhina* ou, mieux encore, le Messie ultime, prédit féminin.

Si l'éradication du mal incombe aux hommes et à leurs actions dans l'histoire effective, si, donc, la Rédemption elle-même dépend de leurs succès, et si, en outre, l'heure de sa venue n'est tributaire que de leur zèle, comment résister à la tentation de s'assurer la maîtrise du mal en le débusquant de ses bastions les plus évidents et en les investissant directement ? Comment ne pas vouloir accélérer le temps historique en précipitant son terme libérateur par une sotériologie urgente qui fait de la crise le régime temporel impératif ? Comment pourrait-on alors suivre la sage recommandation du Cantique des cantiques (2, 7) qui, précisément, met en garde : « Ne réveillez pas, ne réveillez pas l'amour avant qu'elle le veuille », modérant ainsi l'impatience d'Israël, l'amant, dans son attente de la *shekhina*, la « femme » aimée ? On comprend aisément que les courants sabbatéens aient ainsi précipité l'histoire en souhaitant y jouer un rôle décisif, et en en représentant le cours, c'est le cas de Jacob Frank, par un V, la première branche indiquant le mouvement de descente jusque dans les dernières caches des forces malignes, la seconde, ascendante, découlant directement de la profanation sacrée accomplie par la saturation du mal littéralement saisi à bras le corps. Il est patent que Frank retrouve sans la connaître la conception de l'arianisme d'un rédempteur *homoousios* et non plus seulement *homoïousios*.

Les sabbatéens, et Jacob Frank *a fortiori* qui fut manifestement un être fruste et inculte, ignoraient à quel point leurs traces recoupaient celles des mouvement gnostiques du début de l'ère commune ; mais Scholem opère tout naturellement le rapprochement en citant Jonas, notamment un passage de son grand ouvrage sur la gnose, qui n'est pas sans évoquer certains traits caractéristiques de sa propre attitude durant sa jeunesse : « À la différence de l'homme ordinaire, c'est-à-dire de l'homme simplement psychique, le pneumatique est un homme libre […] Mais dans la mesure où il faut, pour y parvenir, poser des actes libres, son attitude affranchie ne doit pas du tout être considérée comme un comportement négatif. Ce nihilisme moral nous révèle la crise d'un monde en transition. Quand l'homme se veut totalement affranchi et se fait une gloire de son abandon au péché sacré, c'est qu'il cherche à combler le vide qui s'ouvre dans l'interrègne de deux périodes de la Loi, différentes et opposées. Ce penchant anarchique se caractérise par une hostilité déclarée à l'égard de tout régime établi, par un besoin de se différencier nettement et de se séparer de la majorité des hommes... »[1].

Malgré toutes les différences qu'on voudra admettre dans ces courants gnostiques, sectaires, nihilistes et antinomistes, une même structure quadripartite peut être dégagée. Le premier moment est d'ordre théologique : le plérôme inaccessible, inconnaissable, précède l'histoire. On ne peut le saisir que négativement puisque la connaissance ne saisit que des choses différenciées. Par le biais d'une hypostase généralement féminine, et qui correspond souvent à la *sophia*, s'opère une rupture dans le divin qui accède ainsi à la connaissance de soi ce qui est fatal à son statut initial ; la *sophia* est relayée par le ou les démiurges responsables de la création du monde. Ce monde, deuxième moment, cosmologique, donc, est le reflet des intentions mauvaises du démiurge outre qu'il est le résultat d'une crise affectant le plérôme. Nombre de courants gnostiques dénoncent le dieu créateur au nom du Dieu bon (les frankistes opposaient la Cause première au Dieu d'Israël auquel on ne pouvait imputer la création). C'est une prison où est enfermé l'homme qui s'y trouve en quelque sorte en exil. Le troisième moment, anthropologique, conçoit les hommes s'identifiant aux souffrances du plérôme grâce aux souffrances qu'eux-mêmes endurent dans leur aliénation ; car, comme eux, le plérôme est aliéné au monde. Néanmoins, certains de ces hommes sont détenteurs de lumière, tels des anges déchus, lucifériens *stricto sensu*. Et ces derniers savent à la fois ce qu'il en est de la crise initiale subie par le plérôme, ce qu'il en est de son aliénation qu'ils partagent, et enfin ce qu'il adviendra de lui et d'eux au terme de l'histoire mondaine. D'où le quatrième moment, eschatologique ou sotériologique, où le salut vient de la connaissance spéciale, la gnose, que les élus ont du sentiment de la perte. L'initié est en mesure de sauver le plérôme des griffes mondaines du mal, et ce salut va de pair avec la fin de l'exil ou de l'aliénation dans la prison du monde. La connaissance est tout à la fois la responsable du drame initial en raison des différenciations qui en sont le corollaire, et l'instrument du salut à travers une histoire dont la temporalité est scandée par deux catastrophes, deux inversions de son orientation, l'une, celle de l'aliénation du plérôme au monde, l'autre, celle de l'affranchissement, du salut qui en sera l'achèvement. Cette structure temporelle est présente, comme on peut facilement s'en rendre compte, dans la plupart des conceptions

1. H. Jonas, *Gnosis und spätantiker Geist*, Göttingen, Vandenhoeck 1 Ruprecht, 1934, t. I, p. 234 ; cité par Scholem *in* « La Rédemption par le péché », *loc. cit.*, p. 206.

révolutionaires de l'histoire, et dans le messianisme apocalyptique bien évidemment.

C'est d'ailleurs bien à s'assurer d'une telle filiation comme à évaluer la part d'extravagance et celle de son efficace historique que tendent les recherches de Scholem tout au long de cet immense détour qui a conduit l'anarchiste mystique à travers les dissidences kabbalistiques. Habermas, dans son compte rendu du grand livre sur Sabbataï Tsevi [1], le souligne : « Ce qui fascine Scholem dans ces phénomènes, c'est le revirement du messianisme en *Aufklärung*, car les énergies utopistes libérées par le messianisme hérétique seront finalement réorientées, par la Révolution française, pour servir à des fins profanes. C'est l'évolution à laquelle obéit de manière exemplaire le frankiste Mosès Dobruchka qui, devenu catholique sous le nom de Thomas de Schönfeld, se fit porte parole des Lumières voulues par Joseph II, fonda une loge maçonnique, et, après le déclenchement de la Révolution française, devint Jacobin à Strasbourg : "En avril 1794, à quarante ans, il gravit, en même temps que Danton, les marches de l'échafaud sous le nom de Junius Frey" » [2].

En effet, les nihilistes sabbatéens ont accueilli favorablement la Révolution française non seulement parce qu'elle ébranlait toutes les autorités spirituelles et manifestait un violent anticléricalisme, mais surtout parce qu'ainsi elle offrait un parfait écran au monde de l'intériorité. Or cette adhésion aux Lumières et à la Révolution fut autant le fait de certains frankistes radicaux que des sabbatéens plus modérés qui, pour les mêmes raisons, se réjouirent de l'effondrement des traditions cléricales : n'étaient-ils pas tous insurgés contre l'observance orthodoxe et contre le rabbinisme traditionnel ? Peu à peu, l'idée que les commandements officiels n'avaient pas de valeur glissa vers le compromis selon lequel cette orthopraxie ne pouvait s'appliquer en terre d'exil, car ils n'avaient de sens qu'en terre d'Israël, si bien que la porte était alors largement ouverte aux prodromes de l'assimilation. C'est afin de comprendre la complexité de cette filiation, rapidement qualifiée de « dialectique » alors qu'elle est sans grand rapport avec la conception hégélienne, que Scholem a entrepris la gigantesque reconstruction des généalogies kabbalistiques, cherchant ainsi à comprendre sa propre situation historique. Habermas l'a bien vu : « Les Lumières, pour Scholem sont une fatalité, mais elles ne doivent pas avoir le dernier mot. [...] Cependant, nous sommes

1. J. Habermas, « Dépister dans l'histoire, l'autre de l'histoire », in *Babylon*, n° 10-11, 1992, p. 139-145.

2. G. Scholem, *Aux origines religieuses du judaïsme laïque*, Paris, Calmann-Lévy, 2000, p. 242.

tous devenus les enfants de la Révolution française. Scholem a ressenti le basculement de la religion vers l'*Aufklärung* comme tout aussi inévitable qu'insatisfaisant. Et la recherche historico-philologique de la kabbale reste prise dans cette discordance. »

Si la recherche des forces motrices effectives de la communauté à laquelle on appartient et dont on souhaite la renaissance parce qu'on la juge moribonde conduit à identifier ces forces dans un domaine où le nihilisme joue un rôle central, quelle valeur accorder à la méthode d'investigation puisque cette dernière doit nécessairement rester à l'abri des séismes irrationnels qu'elle met au jour ? Comment celui qui se voue à une telle tâche en partageant la volonté révolutionnaire des courants qu'il examine peut-il s'assurer d'une ligne fiable de résistance tout en souhaitant profondément que sa communauté renaisse en rejetant un rationalisme jugé responsable de son assimilation morbide ? Scholem semble avoir donné tardivement une réponse dans ses « Dix propositions non historiques sur la kabbale » [1] : « Reste-t-il dans ce brouillard, et discernable pour le philologue, quelque chose de la loi qui commande la chose même, ou bien n'est-ce pas précisément l'essentiel qui s'estompe dans cette projection historienne ? L'incertitude de la réponse à cette question ressortit à la nature de la problématique philologique elle-même; ainsi, l'espoir dont vit ce travail conserve-t-il quelque chose d'ironique. » Ces thèses furent publiées en 1958, donc après l'opus magnum sur Sabbataï Tsevi. Or un manuscrit du fonds Scholem de la bibliothèque de Jérusalem (4° 1599/282), daté de 1921 et intitulé « *Considérations sur le sens et la manifestation de la kabbale* » montre que les réflexions de Scholem sur la tension inévitable entre l'objet de sa recherche et la méthode employée pour l'aborder étaient déjà présentes au seuil même de son entreprise puisqu'on y retrouve non seulement les ébauches des « Dix propositions… », mais aussi des passages repris par Scholem dans sa lettre de 1925 à Bialik et dans celle à Schocken d'octobre 1937 – deux lettres où il tente de s'expliquer sur ses véritables intentions de chercheur : « […] il va falloir, ici, tenter de rendre compte, par des moyens plus accessibles, d'un événement dont l'importance est décisive dans l'histoire psychique de notre passé et de notre avenir : la vérité de ce à quoi nous maintenons prête notre vie est liée à la recherche de cette strate de notre existence. La doctrine de Sion touche un secret qui fait partie de l'aspect le moins patent de notre vision de la vie : [p. 3] le caractère transmissible de la vérité. […] Or ce n'est pas seulement

1. *Cf.* G. Scholem, *Aux origines religieuses du judaïsme laïque,* Paris, Calmann-Lévy, 2000, p. 249-256.

une clef qui nous manque, mais une seule chose : du courage. Du courage pour descendre dans un abîme qui, contre toute attente, pourrait prendre fin avec nous ; courage de traverser une paroi, une cloison – l'histoire –, car la montagne, le corps des choses, n'a besoin d'aucune clef : il faut franchir le voile de nuages déployé par l'histoire. Car la philologie de la kabbale n'est qu'une projection sur un plan. [...] La philologie est un symbole, sans doute extraordinaire, au sein duquel il est pour la première fois possible et de la manière la plus pure pour des gens d'aujourd'hui, de montrer, au merveilleux miroir concave de la critique, une quelconque totalité existante de la kabbale. L'histoire critique de la kabbale est le but ultime que poursuit cette philologie : dérouler le tapis symbolique, éclairé d'une lumière d'arrière-plan. La philologie des disciplines mystiques doit posséder le flou précis que ne possèdent aucun dessin, aucune image. Cette histoire critique est l'apparence sans laquelle, à une époque non messianique, aucune intelligence de l'essence n'est possible. [...] Mais celui qui [...] se montre capable de se placer au centre, au point utopique [1], infiniment proche, d'où la source vivante comme phénomène simultané, d'où [p. 5] la tradition nous parlent, celui-là est sauvé et peut en sauver d'autres ».

La tension évoquée entre la critique historique (que Scholem appelle souvent aussi la philologie) n'est pas la résultante de son travail sur la mystique dont il dresserait *a posteriori* le bilan, mais une tension initiale, une synthèse individuelle qui pour rester productrice se devait de ne déboucher sur aucun dépassement. Un autre texte de jeunesse [2] qui révèle l'état des connaissances en matière de kabbale déjà acquises par Scholem se conclut par ces lignes : « Je crois bien que la philologie profonde peut avoir une fonction authentiquement mystique lorsqu'elle transpose, accompagne et adjure dans son travail la transformation des époques ; et je crois que la transmission digne de ce nom des biens propres aux différentes générations, sur la positivité ou la négativité desquels statuera, en fin de compte, non pas le tribunal de l'histoire mais le verdict du Jugement dernier, recèle un rapport plus profond à la kabbale, qui ne signifie pas sans raison "tradition ", que celui auquel parvient l'arbitraire de ceux qui titubent. »

Celui qu'Adorno, dans une lettre à Benjamin, qualifie malicieusement de « Maggid antinomiste » [3] a donc su intégrer le thème antinomiste à sa propre pratique ; et son aliénation scientiste voulue à l'examen critique du

1. Rayé : « apocalyptique ».

2. G. Scholem, « Poésie de la kabbale ? », in *Der Jude. Eine Monatschrift*, 6e année, n° 1, 1921-1922, p. 55-69.

3. Lettre du 4 mai 1938.

matériau historique était censée le rapprocher d'une vérité qui, pourtant, transcende toute histoire puisqu'elle ne se révèle qu'au regard intérieur.

Si bien que tout son travail d'historien revêt les allures d'un *exercitium*, et il l'a admis, à mots à peine couverts, en 1979, trois ans avant sa mort, en conclusion de sa dernière intervention aux journées d'Eranos, en soulignant la « difficulté qui oblige à se tenir dans une tension entre l'identification à son objet et la distance par rapport à lui. [...] De fait, je crois que quelqu'un qui s'identifie totalement à son objet perd une certaine mesure scientifique sans laquelle il n'y a pas de recherche. Un savant n'est pas un prêtre; c'est une erreur que d'aspirer à faire d'un savant un prêtre. Mais la tension entre distance et identification, si vivante pour nous tous à Eranos, fut ce qui a de part en part déterminé, par exemple, mon activité durant les nombreuses années où j'ai participé à ces rencontres »[1].

C'est, en effet, après avoir constaté l'impossibilité d'entendre de nouveau la Voix se manifester dans l'histoire, après avoir confié la déception de ses attentes mystiques – au début des années trente – que Scholem a en lui laissé à l'historien-philologue prendre le pas dès 1937, en rédigeant sa première grande étude sur le nihilisme sabbatéen. Et même le texte de 1946, « Mémoire et utopie dans l'histoire juive »[2], si benjaminien à certains moments puisque Scholem y reprend, sans du tout les citer, les thèses du texte de Benjamin « Sur le concept d'histoire », même ce texte se conclut sur la réaffirmation qu'il faut maintenir une tension entre les horizons d'attentes et la critique philologique de ce qui dans le passé nourrit ces espoirs, une tension dont les résultats n'auront pas lieu dans l'ordre silencieux et secret de la contemplation, mais du côté des œuvres et des actions.

Marc de LAUNAY

1. G. Scholem, « Identification et distance », in *Eranos*, vol. 48, 1979, p. 463-467. *Cf.*, également, son « Discours à l'occasion de la remise du prix Rothschild », *loc. cit.* : « La critique historique est un instrument modeste [...] Ce n'est pas une clef capable d'ouvrir tous les palais scellés [...] et pourtant elle est douée d'une grande force [...] Peut-être n'est-elle pas grand-chose, mais nous n'avons rien de mieux ».

2. *Cf.* G. Scholem, *Le prix d'Israël, op. cit.*, p. 95-112.

ANTHROPOLOGIE PHILOSOPHIQUE ET NIHILISME : LE CAS DE MAX SCHELER

Dans les années 1880, Nietzsche fait du nihilisme, c'est-à-dire de l'idée que les valeurs supérieures se sont dévaluées, ont perdu toute effectivité et qu'il n'y a donc pas de réponse à la question « pourquoi » « à quelle fin ? » un élément central de son diagnostic sur la modernité [1]. Je voudrais ici montrer que ce diagnostic est quarante ans plus tard à l'arrière-plan du projet schélérien d'anthropologie philosophique. Il convient cependant tout d'abord de préciser ce qu'on entend ici par ce terme. Il ne s'agit pas de la réflexion philosophique sur l'homme au sens large, qui existe évidemment depuis qu'il y a de la philosophie et qui connaît un regain d'intérêt dans les années 1920 en Allemagne, comme en témoignent par exemple l'évolution d'un Ernst Cassirer, ou, dans la littérature, les écrits de Broch ou Musil, et les théories de la « nouvelle objectivité » [2]. C'est donc à juste titre que Max Scheler note en 1928 au début de son ouvrage *La situation de l'homme dans le monde* [*Die Stellung des Menschen im Kosmos*] que les problèmes que soulève une anthropologie philosophique occupent désormais une place centrale dans la réflexion philosophique en Allemagne [3]. Cependant, j'emploierai ici le terme d'anthropologie philosophique dans un sens plus spécifique, qui est celui qu'a mis en évidence Joachim Fischer dans une

1. « *Le nihilisme un état* NORMAL. *Nihilisme* : le but fait défaut ; la réponse au "pourquoi ?" fait défaut ; que signifie le nihilisme, – *que les valeurs suprêmes se dévalorisent.* Il est équivoque », F. Nietzsche, *Fragments posthumes : automne 1887-mars 1888*, Œuvres philosophiques complètes XIII, Paris, Gallimard, 1976, p. 27-28.

2. Cf. Helmuth Lethen, *Verhaltenslehren der Kälte*, Francfort s. M., Suhrkamp, 1994.

3. M. Scheler, *La Situation de l'homme dans le monde*, trad. et préf. M. Dupuy, Paris, Aubier Montaigne, 1979, p. 17.

étude fondatrice [1]. Ainsi que l'explique Fischer, il convient de distinguer de tout ce courant général de réflexion anthropologique l'« anthropologie philosophique » au sens restreint, c'est-à-dire celle de Max Scheler, Helmuth Plessner, et Arnold Gehlen, qui naît à la fin des années 1920 dans des conditions qui ont donné lieu à une querelle en paternité entre Scheler et Plessner, puis à des conflits entre Plessner et Gehlen. La théorie de Fischer, qui me paraît convaincante, est que ces trois auteurs ont développé un même paradigme, mais que les conflits entre les protagonistes de ce courant et les circonstances historiques ont empêché ce paradigme d'acquérir une véritable visibilité. Il a pourtant une consistance réelle, dans la mesure où il peut être caractérisé par un noyau conceptuel commun aux trois auteurs, que Fischer définit comme l'idée d'une « positionnalité ex-centrique » de l'homme, une expression que Fischer emprunte à Plessner. En partant de données biologiques, c'est-à-dire de l'inscription corporelle de l'homme, et de la situation de son corps dans la nature, ces auteurs définissent l'homme comme un être « naturellement artificiel ». En simplifiant, on peut dire qu'il s'agit dans un premier temps de situer l'homme dans la vie, en renonçant à prendre pour point de départ l'esprit, la raison, le sujet transcendantal, etc. En procédant ainsi, pour ainsi dire par en-bas, et en dialoguant avec les sciences du vivant, en comparant l'homme et l'animal, il est alors possible – dans un second temps – de mettre en évidence la position ex-centrée de l'homme par rapport à la vie.

Ce n'est que dans la deuxième moitié des années 1920 que Scheler développe cette anthropologie philosophique, exposée de façon partielle dans *Stellung des Menschen im Kosmos* (sa mort prématurée l'empêche de développer ce projet). Mais même si le tournant anthropologique de Scheler est tardif, et constitue à certains égards une rupture, il y a évidemment des éléments de continuité avec la phénoménologie des valeurs développée en 1913-1916 dans *Der Formalismus in der Ethik und die materielle Wertethik* [*Le Formalisme en éthique et l'éthique matériale des valeurs*] [2]. L'anthropologie philosophique est par ailleurs étroitement liée au projet de sociologie de la connaissance [*Wissenssoziologie*] [3] initié par Scheler au début des années 1920 à Cologne.

1. J. Fischer, *Philosophische Anthropologie. Eine Denkrichtung des XX. Jahrhunderts*, Fribourg en Brisgau, Karl Albert, 2008.

2. M. Scheler, *Le Formalisme en éthique et l'éthique matériale des valeurs : essai nouveau pour fonder un personnalisme éthique*, trad. fr. M. de Gandillac, Paris, Gallimard, 1991.

3. Seule une petite partie des travaux sociologiques de Max Scheler est disponible en français, *cf.* M. Scheler, *Problèmes de sociologie de la connaissance*, trad. fr. S. Mesure, Paris, P.U.F., 1993.

L'évolution de la façon dont Scheler dialogue avec Nietzsche est un bon indicateur des glissements de la pensée de Scheler, qui le conduisent finalement dans les années 1920 à affronter à mon sens d'une façon beaucoup plus frontale le nihilisme, et donc à intégrer le défi qu'il constitue, mais dans la volonté d'en tirer malgré tout une impulsion positive dans le contexte de la République de Weimar. Pour comprendre cette évolution, il est nécessaire de se pencher sur le Scheler d'avant 1920-1925, celui de la phénoménologie des valeurs. Je précise d'emblée que mon approche comportera une dimension historique marquée, car ce qui fait l'intérêt d'un penseur comme Scheler réside aussi dans sa réactivité par rapport aux crises culturelles et politiques de son époque, dans l'ingéniosité avec laquelle il essaie de synthétiser les diverses tendances qui se manifestent dans ce contexte de crise. À cause de cette volonté d'embrasser la réalité, et d'aller au bout des contradictions de l'époque, Scheler apparaît comme un penseur central en termes d'histoire intellectuelle, une sorte de plaque tournante, même si la postérité lui a préféré des penseurs plus rigoureux et conséquents, comme Husserl ou Heidegger.

La philosophie contre l'historisme

Au point de départ de la philosophie de Scheler, il y a un diagnostic culturel sur la modernité. L'idée centrale du jeune Scheler est que le progrès des sciences naturelles et des sciences historiques tend à disqualifier toute idée d'une transcendance et d'un sens. Un signe manifeste en est l'abandon de toute perspective téléologique, dans les sciences de la nature et dans l'historisme. L'historisme conduit en tant que relativisme au scepticisme, à la remise en cause de l'autonomie des contenus culturels [1], à la « destruction de l'objectivité et de l'universalité de la loi morale » [2]. Toutes les valeurs culturelles sont désormais expliquées de façon biologique et historique [3]. Cet effacement de la perspective téléologique est lié à toute une évolution politique et culturelle, à l'éclatement des « grands systèmes de finalités » [4].

1. M. Scheler, *Die transzendentale und die psychologische Methode*, in *Frühe Schriften*, Gesammelte Werke, vol. 1, éd. par M. Scheler et Manfred S. Frings, Berne-Munich, Francke, 1971, p. 332.

2. M. Scheler, *Beziehungen zwischen den logischen und ethischen Prinzipien*, in *Frühe Schriften*, p. 69.

3. M. Scheler, « Kant und die moderne Kultur », *Frühe Schriften*, p. 355.

4. M. Scheler, « Arbeit und Ethik », *Frühe Schriften*, p. 163.

Sur cet arrière-plan, toute une série de paradigmes – liés entre eux – se sont développés et occupent l'espace vacant : le positivisme, le pragmatisme, l'utilitarisme le libéralisme, le culte de la technique, l'historisme. Il convient toutefois de signaler que Scheler n'est pas face à tous ces paradigmes dans une logique de restauration [1]. Ainsi, la conscience historique, dont les Grecs étaient selon lui dépourvus, est un acquis, un horizon constitutif de la modernité [2].

On voit donc que Scheler reprend à certains égards le diagnostic de Nietzsche, qui considérait que l'historisme, en tant que volonté relativiste de tout comprendre, était un signe de décadence. Dans une note des années 1880, Nietzsche associe clairement l'historisme et le pessimisme au nihilisme [3]. Par ailleurs, dans un autre fragment des années 1880, Nietzsche met également en garde contre les conséquences nihilistes des sciences naturelles [4].

Cependant, pour Scheler, le nihilisme n'est pas comme Nietzsche un processus « équivoque », qui a au moins le mérite – à terme – de dissiper des illusions, mais un phénomène univoquement négatif, qui doit être combattu par le moyen de la philosophie systématique. Comme le néo-idéaliste Eucken, qui fut son maître, Scheler veut ancrer le savoir sur l'homme et la culture dans une dimension métaphysique, celle de l'esprit. Contre l'évolutionnisme biologique, et contre le « panthéisme culturel » des sciences humaines, Scheler défend donc l'ambition de la philosophie, contre sa dissolution dans l'anthropologie culturelle ou sa réduction à une méthode ou à un simple horizon éthique.

Il s'agit par là-même clairement (pour Scheler comme pour Eucken) de retrouver un horizon métaphysique et religieux de la culture. Dans le cas

1. À Munich, Scheler avait commencé des études de médecine (poursuivies à Berlin). À Iéna, il avait suivi les cours de Haeckel.

2. *Cf.* M. Scheler, « Kant und die moderne Kultur », *Frühe Schriften*, p. 361. Voir également, *Die transzendentale und die psychologische Methode*, *ibid.*, p. 213.

3. « Éliminons ici : *le pessimisme en tant que force – en quoi ?* dans l'énergie de sa logique, en tant qu'anarchisme et nihilisme, en tant qu'analyse. *Pessimisme en tant que déclin* – en quoi ? en tant qu'amollissement, en tant que sensiblerie cosmopolite, en tant que *tout comprendre* et historisme », F. Nietzsche, *Fragments posthumes. Automne 1887-mars 1888*, p. 74.

4. « Les conséquences nihilistes de l'actuelle science de la nature (à côté de ses tentatives pour s'échapper dans l'au-delà). De son activité *résulte* finalement une auto-dissolution, une orientation contre *soi*, une anti-scientificité – depuis Copernic, l'homme roule du centre vers X », F. Nietzsche, *Fragments posthumes : Automne 1885-automne 1887*, Œuvres philosophiques complètes XII, Paris, Gallimard, 1978, p. 130 ; Un autre fragment dit : « Trait *nihiliste* dans les sciences de la nature ("absurdité") Causalisme, mécanisme, La "conformité à des lois", un entracte, un résidu », *ibid.* p. 133.

d'Eucken, il s'agit d'une religion universelle[1], d'une spiritualité mondaine [*Weltfrömmigkeit*], d'une confiance en l'activité formatrice de l'esprit[2]. Eucken se situe à la périphérie du protestantisme libéral[3], mais est ouvert sur le catholicisme moderniste[4] en guerre contre le néo-thomisme du Vatican (Hermann Schell, Joseph Engert)[5]. Dans une lettre au baron von Hügel (un représentant du « modernisme » catholique, et médiateur entre la France et l'Allemagne), Scheler présente Eucken comme un jeune homme catholique, qui n'est cependant pas ultramontain, et défend un catholicisme moderne[6]. Scheler salue dans sa recension du livre de Eucken, intitulé *Le contenu de vérité de la religion*[7], sans ambiguïté l'ambition d'ancrer la culture humaine dans « un monde spirituel surnaturel », car sinon, il n'y aurait pas d'autre alternative que la « bête blonde » de Nietzsche[8]. Eucken, qui avait de fait un rapport critique à Nietzsche[9], a pour Scheler le mérite de contrer philosophiquement l'accusation de nihilisme que formulait Nietzsche contre la religion[10].

1. M. Scheler, « R. Euckens Religionsbegriff », *Frühe Schriften*, p. 341.
2. M. Scheler, « R. Euckens Religionsbegriff », *Frühe Schriften*, p. 342.
3. *Cf.* Rüdiger vom Bruch, Friedrich Wilhelm Graf, Gangolf Hübinger (éd.), *Kultur und Kulturwissenschaften um 1900 : Krise der Moderne und Glaube an die Wissenschaft*, Stuttgart, Steiner, 1989, p. 18.
4. Voir ses mémoires, où il revient à plusieurs reprises sur ses bonnes relations avec ses collègues catholiques, par exemple : Rudolf Eucken, *Lebenserinnerungen*, Leipzig, Koehler, 1921, p. 50.
5. Rüdiger vom Bruch, Friedrich Wilhelm Graf und Gangolf Hübinger (éd.), *Kultur und Kulturwissenschaften um 1900 : Krise der Moderne und Glaube an die Wissenschaft*, Stuttgart, Steiner Verl. Wiesbaden, 1989, p. 75.
6. W. Henckmann, « Die Anfänge von Schelers Philosophie in Jena », *in* Ch. Bermes (éd.), *Denken des Ursprungs – Ursprung des Denkens : Schelers Philosophie und ihre Anfänge in Jena*, Würzburg, 1998, « Kritisches Jahrbuch der Philosophie », n° 3, p. 15.
7. R. Eucken, *Der Wahrheitsgehalt der Religion*, Gesammelte Werke, Bd. 5, Hildesheim, G. Olms-Weidemann, 2005.
8. M. Scheler, « R. Euckens Religionsbegriff », *Frühe Schriften*, p. 342.
9. Nietzsche apparaît comme un penseur qui a su exprimer un malaise, mais ne propose pas d'alternative : « …nous éprouvons l'irrésistible besoin d'affirmer la vie et d'entreprendre une justification de cette affirmation ; ce qui, en grande partie, a contribué au grand succès de Nietzsche, c'est qu'une affirmation de la vie éclata de son œuvre. Mais cette affirmation est trop peu fondée ; elle est beaucoup trop un simple état d'âme, pour être à la hauteur des immenses oppositions du monde ; elle est plus une protestation contre le pessimisme qu'une victoire emportée sur lui », Rudolf Eucken, *Le sens de la vie*, Paris, Alcan, p. 186. Voir également : R. Eucken, *Les grands courants de la pensée contemporaine*, Paris, Alcan, 1911, p. 389 et 404.
10. M. Scheler, « Kultur und Religion : Eine Besprechung zu Rudolf Eucken *Der Wahrheitsgehalt der Religion* », *Frühe Schriften*, p. 345.

Phénoménologie et *Lebensphilosophie*

Scheler met cependant plusieurs années avant de parvenir à donner un contenu précis à sa méthode philosophique. Après lui avoir donné – comme Eucken – le nom de « noologie », il passe à la phénoménologie, et celle-ci lui permet de dépasser enfin le stade du simple programme. Mais la version que propose Scheler de la phénoménologie est profondément marquée par une forme de *Lebensphilosophie*. La phénoménologie est pour lui plus qu'une méthode intellectuelle : c'est une attitude existentielle, une technique d'ouverture au monde. Les éléments qu'il met en avant dans sa caractérisation de la *Lebensphilosophie* – c'est-à-dire la valorisation du donné, l'attitude réceptivité face à ce donné, l'*Anschauung* intuitive comme mouvement d'amour vers le monde, tout cela s'applique aussi à sa conception de la phénoménologie [1].

Dans un article de 1914, il consacre un article à la philosophie de la vie de Nietzsche, Dilthey et Bergson. Scheler plaide pour une phénoménologie qui parte de la richesse de l'expérience vécue, dans un contexte de crise culturelle ou cette expérience tend selon lui à s'appauvrir. Il salue ces philosophes de la vie que sont Nietzsche, Bergson et Dilthey, qui ont voulu tous deux libérer l'homme de la « prison » du « pur mécanique et mécanisable » et le conduire dans un « jardin florissant » [2].

On peut considérer que le point de départ du Scheler phénoménologue est le constat que dressait Nietzsche dans un fragment des années 1880, celui d'une coupure entre la vie et les valeurs : « Les valeurs, séparées en un sens idéaliste, au lieu de dominer et de guider le faire, se retournent *contre* le faire en le condamnant » [3]. Pour Nietzsche, c'est là un symptôme du nihilisme, et c'est surtout cet élément du diagnostic du nihilisme que retient Scheler dans sa phase phénoménologique. Il reprend à son compte la thèse de Nietzsche selon laquelle « les idéaux et les valeurs de l'homme spécifiquement modernes… sont les valeurs d'un type humain, dans lequel la vie

1. Comme le voit bien, A. Sander, *Max Scheler zur Einführung*, Hambourg, Junius, 2001, p. 34-35.

2. *Cf.* M. Scheler, « Versuche einer Philosophie des Lebens : Nietzsche- Dilthey-Bergson », in *Vom Umsturz der Werte*, Gesammelte Werke, Bern-Munich, Francke, Bd. 3, 1972, p. 339.

3. « *Développement du pessimisme en nihilisme*. Dénaturation des *valeurs*. Scolastique des valeurs. Les valeurs, séparées en un sens idéaliste, au lieu de dominer et de guider le faire, se retournent *contre* le faire en le condamnant », F. Nietzsche, *Fragments posthumes : Automne 1887- mars 1888, op. cit.*, p. 64.

décline et ne croît pas »[1]. Scheler n'emploie cependant le terme de « nihilisme » que de façon marginale, par exemple – en 1914 – pour désigner le renoncement à toute conception ontologique ou substantielle de la vérité qu'implique la critique du langage chez Mauthner[2] (dont on sait qu'il a reçu de Nietzsche certaines impulsions, même s'il a un rapport critique à lui). La raison en est aisée à comprendre. Pour Nietzsche, le nihilisme est à la fois le problème et la solution : le nihilisme est un processus par lequel il faut passer. Il faut en quelque sorte aller au bout du nihilisme pour le surmonter. Pour Scheler, il s'agit au contraire de contrer le nihilisme par une éthique absolue qui surmonte la coupure entre la vie et les valeurs. Scheler essaie d'élaborer une éthique qui, tout en maintenant un absolu éthique, intègre la dimension affective et émotionnelle, l'existence concrète que Kant aurait selon lui négligées. C'est une des raisons pour lesquelles il substitue au sujet abstrait de l'idéalisme la personne, qui englobe toutes les dimensions de la vie humaine autour d'un noyau spirituel. Il y a pour Scheler, qui s'inspire sur ce point de Pascal une « raison du cœur » : c'est par le *Fühlen*, qui acquiert donc une dignité cognitive, que nous accédons à ce que Scheler définit comme les valeurs (qui constituent un *a priori* matérial). Scheler distingue quatre ordres de valeurs, quatre modalités axiologiques qui sont dans un rapport de hiérarchie objective : les valeurs sensorielles de l'agréable et du désagréable, les valeurs de la sensibilité vitale, qui opposent le noble au vulgaire, les valeurs spirituelles (qui englobent en particulier les valeurs du beau et du laid, les valeurs du juste et de l'injuste), les valeurs religieuses du sacré et du profane. Plus on s'élève dans cette hiérarchie, plus on s'approche d'une sphère absolue. Scheler reconnaît à Nietzsche le mérite d'avoir mis en évidence la dignité des valeurs dites « vitales », contre leur réduction utilitariste (Nietzsche est sur ce point en accord avec Guyau ou Fouillée qui sont également évoqués dans *Der Formalismus*) : la vie n'est pas qu'un phénomène biologique et quantifiable, elle est création, intensité, aspiration à l'auto-dépassement.

Cependant, Scheler ne s'arrête pas là : la réhabilitation de la sphère affective et vitale s'insère dans une conception générale qui maintient l'idéal d'autonomie de l'esprit, et le caractère *a priori* de l'éthique. Nietzsche pensait que le scepticisme moral était une cause décisive du nihilisme : l'interprétation morale du monde, après avoir essayé de trouver refuge dans l'au-délà, s'achevait dans le nihilisme. Scheler considère que le scepticisme moral

1. M. Scheler, *Versuche einer Philosophie des Lebens : Nietzsche-Dilthey-Bergson*, p. 316.
2. M. Scheler, *Schriften aus dem Nachlass*, vol. V : Varia I, Bonn, Bouvier, 1993, p. 393.

peut être combattu par les moyens de l'analyse phénoménologique, puisque celle-ci met selon lui en évidence l'existence d'une hiérarchie éternelle des valeurs. La phénoménologie ouvre ainsi un accès vers la dimension qui échappe aux déterminations psycho-physiques

Non seulement, la hiérarchie des valeurs qui forment une sorte de cosmos, est absolue, mais les valeurs ne peuvent elles-mêmes pas être créées ou détruites. Pour Scheler, elles sont indépendantes de l'organisation humaine. La personne est porteuse de valeurs, mais pas créatrice de valeurs. Il ne suffit donc pas de vouloir, d'agir, pour détruire et créer des valeurs, attitude que Scheler prête à Nietzsche. Scheler oppose à cet activisme l'idée que la connaissance des valeurs passe par une attitude réceptive, faite d'amour et d'abandon.

Scheler introduit cependant une forme de perspectivisme : chaque culture construit à son tour sa propre hiérarchisation qui définit ce que Scheler appelle son « éthos ». Au concept abstrait de raison, Scheler substitue la multiplicité des structurations concrètes de l'esprit au niveau des personnes et des peuples. Il ébauche ainsi une solution à la question de l'historisme et du relativisme. Mais les valeurs préexistent à ces éthos. Il ne s'agit pas de transmuer, mais de rehiérarchiser des valeurs, de revenir à une hiérarchie plus conforme à la hiérarchie naturelle, objective et absolue des valeurs.

Scheler refuse donc ce que Nietzsche appelle la forme extrême du nihilisme, c'est-à-dire que l'idée qu'il n'y pas de monde vrai, que ce que nous appelons ainsi est une illusion de perspective dont l'origine serait en nous. À ce perspectivisme radical, Scheler tend à opposer, en dépit de certaines fluctuations, une ontologie réaliste. Pour Scheler, à ce stade, Dieu n'est pas mort, même s'il apparaît toutefois comme un postulat de l'éthique phénoménologique, comme la personne parfaite qui est la source et le garant de toutes les autres personnes.

Dans *Vom Ewigen im Menschen*, qui se veut une sorte de phénoménologie de la religion, Scheler suggère que la position du nihilisme religieux est au fond intenable, parce qu'au fond de son âme, le nihiliste religieux est en quête – d'une façon secrète et hésitante – de l'*ens a se*[1].

Hans Joas a donc raison de noter que Scheler n'est pas tant, selon l'expression de Troeltsch, un « Nietzsche catholique » qu'un Augustin moderne qui plaide pour restaurer à la faveur de la crise culturelle diagnostiquée par Nietzsche l'idée chrétienne d'amour[2]. Le rapport à Nietzsche est donc pour

1. M. Scheler, *Vom Ewigen im Menschen*, éd. par M. Scheler, Gesammelte Werke, Berne-Munich, Francke, Bd. 5, 1968, p. 264.

2. H. Joas, *Die Entstehung der Werte*, Francfort s. M., Suhrkamp, 1997, p. 141.

le moins ambivalent et cela vaut aussi pour les prolongements politiques et sociologiques de la critique schélérienne de la modernité.

Le ressentiment

Sur ce plan aussi, Scheler reprend à son compte certains aspects décisifs du diagnostic du nihilisme, en particulier l'idée du ressentiment. Cette analyse du ressentiment, présentée comme une contribution à la pathologie de la culture, et publiée pour la première fois en 1912[1], doit évidemment beaucoup à la *Généalogie de la morale*. Scheler participe du mouvement de réception de cet ouvrage par les sociologues, en particulier Max Weber et Werner Sombart, dans le cadre de leur analyse de la mentalité capitaliste[2] (Klaus Lichtblau a analysé l'impact de cet ouvrage dans les sciences humaines en Allemagne)[3]. Scheler rappelle que c'est Nietzsche qui a donné au ressentiment « droit de cité dans un sens technique »[4]. Il reprend l'idée nietzschéenne du ressentiment comme auto-intoxication, née de l'humiliation et de l'impuissance, et comme falsification des tables de valeurs. Le ressentiment est chez lui comme chez Nietzsche une source d'illusion axiologique. Nietzsche est aussi pour Scheler celui qui a vu que l'étude du rapport à la vie était une des clés pour comprendre le type anthropologique moderne. Le thème de l'hostilité à la vie, autre aspect du diagnostic de nihilisme, est très présent dans le livre sur le ressentiment, qui se termine par une énumération des erreurs que fait selon Scheler la conception mécaniste de la vie, associée au type de « L'homme du ressentiment » et à ce que Scheler appelle l'éthos de l'industrialisme[5], et qui est également à la base du

1. M. Scheler, *L'homme du ressentiment*, Paris, Gallimard, 1933 (rééd. dans la collection « Idées », 1970).

2. Sur ce dialogue avec Max Weber et Werner Sombart, voir la préface de Klaus Lichtblau à Max Scheler, *Ethik und Kapitalismus : Zum Problem des kapitalistischen Geistes*, Berlin, Philo, 1999.

3. K. Lichtblau, *Kulturkrise und Soziologie um die Jahrhundertwende : zur Genealogie der Kultursoziologie in Deutschland*, Francfort s. M., Suhrkamp, 1996.

4. M. Scheler, *L'homme du ressentiment*, *op. cit.*, p. 11.

5. M. Scheler, *L'homme du ressentiment*, *op. cit.*, p. 171-172. Scheler critique quatre présupposés de cette théorie : « 1. Toute unité vitale... est une somme de parties... 2. L'organe est à l'image de l'outil... 3. Les phénomènes de développement et de croissance ne sont que les épiphénomènes du processus de conservation... 4. ... La vie est la propriété des matières et des forces qui composent l'organisme, et elle dure autant qu'eux... »

fonctionnement de la *Gesellschaft* moderne et de son « démocratisme »[1]. Scheler est d'accord avec Nietzsche pour critiquer l'eudémonisme social et l'« humanitarisme » modernes que Nietzsche associe aussi au nihilisme (pour Nietzsche une certaine forme de pitié est en effet la « praxis du nihilisme »[2]). La modernité est caractérisée par Scheler par une spéculation anthropologique à la baisse[3] qui fait que l'humain est devenu le « trop humain ». Cela rappelle la lassitude de Nietzsche vis-à-vis de la figure de l'homme, une lassitude qui définit le nihilisme[4].

Scheler reprend ces thèmes à son compte, en apportant des correctifs fondamentaux. Significativement, même dans les passages les plus virulents de *L'homme du ressentiment*, il n'utilise quasiment pas le terme de nihilisme, pour la raison qu'on a entrevue. Tout juste évoque-t-il le « nihilisme des valeurs [*Wertnihilismus*] masqué » que recèle une certaine forme d'altruisme social[5]. La solution ne passe pas pour Scheler par la destruction des valeurs, mais par un retour aux vraies valeurs, à la véritable hiérarchie des valeurs. Pour Scheler en effet (qui n'hésite pas en revanche à parler du ressentiment juif)[6], ce n'est pas le christianisme qui est porteur du ressentiment. La véritable moralité ne repose en effet pas pour lui sur le ressentiment. La compassion chrétienne ne naît pas d'une vie fatiguée, mais d'un excès de

1. M. Scheler, *L'homme du ressentiment*, *op. cit.*, p. 175 « Par démocratisme, j'entends le principe qui situe la fin de toute activité douée de valeur dans la conservation du plus grand nombre d'hommes possibles ». Scheler ajoute toutefois en note : « Je ne vise pas ici la démocratie politique d'une époque particulière, qui peut fort bien représenter un aristocratisme de la valeur ».

2. « Schopenhauer était dans le vrai : par la compassion, c'est la vie qui se trouve niée, qui *mérite* d'autant plus d'être niée. La compassion est la *praxis* du nihilisme. Répétons le : cet instinct dépressif et contagieux contrarie les instincts qui visent à conserver et à valoriser la vie : tant comme *multiplicateur* de la misère que comme *conservateur* de tout misérable, il est l'instrument principal de l'aggravation de la *décadence*. La compassion vous gagne à la cause du *néant* », F. Nietzsche, *L'Antéchrist*, Œuvres philosophiques complètes VIII, Paris, Gallimard, 1974, p. 165.

3. M. Scheler, *L'homme du ressentiment*, *op. cit.*, p. 109-138. Il faut cependant noter que Scheler nuancera par la suite cette critique de l'humanitarisme.

4. « Tel est le funeste destin de l'Europe – ayant cessé de craindre l'homme, nous avons du même coup cessé de l'aimer, de le vénérer, d'espérer en lui et même de le vouloir. Désormais le spectacle qu'offre l'homme fatigue – qu'est-ce aujourd'hui que le nihilisme, sinon *cela ?...* Nous sommes fatigués *de l'homme...* », *in* Nietzsche, *La Généalogie de la morale*, Œuvres philosophiques complètes VII, Paris, Gallimard, 1971, p 241.

5. M. Scheler, *L'homme du ressentiment*, *op. cit.*, p. 124-125.

6. M. Scheler, *L'homme du ressentiment*, *op. cit.*, p. 24. La mère de Scheler était juive et il a reçu une éducation juive, mais a très tôt marqué un intérêt pour le catholicisme. La notion de race ne jouera qu'un rôle annexe dans son anthropologie philosophique.

vie, d'une plénitude de vie. L'ascétisme chrétien n'est pas dirigé contre la vie : il n'est pas répression du corps, mais recherche d'une interpénétration du corps et de l'âme.

Par ailleurs Scheler ne tire pas les mêmes conséquences politiques que Nietzsche de sa critique du ressentiment. Il nuance dans le *Formalisme* l'individualisme aristocratique (position selon lui commune à Nietzsche et à Kant) qui valorise dans l'histoire l'action des « grands hommes ». Cet individualisme ne permet pas de penser l'organisation collective de la société, ce que Scheler appelle la « causalité formellement mécanique ». Or un certain degré de mécanisation est souhaitable « tout le mécanisable doit être mécanisé »[1]. Il doit y avoir de la place pour des « de possibles organisations et machines collectives ». Il tient cependant à se démarquer de Spencer, qu'il accuse de faire disparaître la personne au profit exclusif du mécanisme. Par ailleurs, il faut pour Scheler tenir compte dans l'organisation sociale de la solidarité originelle des individus (la personne est d'emblée en relation avec la personne parfaite et avec les autres personnes). Scheler hésite cependant quant à la façon de traduire politiquement cette solidarité. Il semble évoluer vers une forme de « troisième voie », également hostile au libéralisme et au socialisme d'État. Cette troisième voie est également sensée dépasser l'antagonisme entre *Gesellschaft* et *Gemeinschaft*. Elle témoigne d'une volonté d'intégrer les masses, mais elle a incontestablement une dimension conservatrice[2]. Il n'est pas possible ici d'analyser les ambiguïtés de ce discours, autour desquelles il y a par ailleurs beaucoup de transferts franco-allemands[3], et qui a suscité des jugements contradictoires.

Si l'on fait un bilan global, on peut donc dire que Scheler reprend à son compte des éléments de diagnostic que Nietzsche associe au nihilisme, mais qu'il se méfie du terme, parce qu'il récuse la stratégie nietzschéenne de sortie du nihilisme, celle d'un auto-dépassement du nihilisme. Pour Nietzsche La forme la plus poussée de nihilisme est à certains égards sa propre philosophie, qui dissout la notion même de vérité[4]. Le nihilisme est logiquement,

1. M. Scheler, *Le Formalisme en éthique*, *op. cit.*, p. 506.

2. Frédéric Vandenberghe note à juste titre : « À y regarder de plus près, on se rend cependant rapidement compte que le socialisme chrétien… n'est pas matérialiste, égalitaire et universaliste, mais spiritualiste, aristocratique et paternaliste », F. Vandenberghe, *l'Archéologie du savoir*, *op. cit.*, p. 171. En même temps, il nous semble qu'on ne peut faire de Scheler un penseur réactionnaire : son projet est distinct de celui d'un Otmar Spann.

3. T. Keller, *Deutsch-französische Dritte-Weg-Diskurse : personalistische Intellektuellendebatten in der Zwischenkriegszeit*, München, W. Fink, 2001.

4. E. Kuhn, *Friedrich Nietzsches Philosophie des europäischen Nihilismus*, Berlin, W. de Gruyter, 1992, p. 249.

psychologiquement et physiologiquement la condition pour la naissance d'un contre-mouvement [1]. Nietzsche parle aussi d'un « nihilisme extatique » (c'est-à-dire dionysiaque), qui fonctionne comme « un moyen de pression », un « marteau » [2]. Le nihilisme rejoint ici l'idée de l'éternel retour. C'est sans doute là aussi une des raisons de la répugnance de Scheler à conférer à cette notion de nihilisme un statut central : elle est en effet liée à des éléments qui sont absents de sa pensée, comme l'éternel retour et la volonté de puissance [3]. Pour Scheler, le cosmos a un sens, et il récuse foncièrement l'idée selon laquelle seuls l'activité ou la volonté du sujet, que ce soit le sujet idéaliste ou le surhomme, donnerait un sens au monde. Comme le note Maurice Dupuy, il s'agit pour Scheler de « reconquérir sur le sujet la part considérable qui lui avait été faite dans l'explication du perçu et pour restituer au monde ce dont *l'avait* dépouillé l'hostilité manifeste à son égard d'un certain humanisme » [4].

À ce stade (autour de 1914), la philosophie de Scheler est sans doute caractéristique d'une époque où la bourgeoisie de culture pense encore pouvoir répondre à la crise culturelle qu'elle diagnostique pourtant dans les termes mêmes de Nietzsche par une philosophie de la culture et une philosophie sociale : Scheler ne cache pas son ambition de retrouver l'unité de sens [*Sinn-Einheit*] de la culture [5], en s'appuyant sur une réinterprétation du catholicisme. Dans un premier temps, la guerre lui semble offrir (comme à beaucoup d'intellectuels) l'occasion d'une sorte de révolution culturelle. Selon l'expression de Georg Bollenbeck, il s'agit pour eux d'une occasion de retrouver l'hégémonie sémantique [6]. Scheler est tout à fait dans cette

1. E. Kuhn, *Friedrich Nietzsches Philosophie des europäischen Nihilismus*, Berlin, W. de Gruyter, 1992, p. 266.

2. « Un style de pensée et une doctrine pessimistes, un nihilisme extatique peuvent, dans certaines circonstances, être précisément indispensables au philosophe : comme puissant moyen de pression et comme marteau pour briser les races dégénérées et dépérissantes. Pour les écarter du chemin. Signe inférieur pour signe supérieur frayer la vie à un nouvel ordre de vie, pour inspirer aux êtres dégénérés et déclinants le désir d'en finir. Pour faire durer et pour faire s'approfondir certains peuples et certaines races. Un style de pensée pessimiste. Une religion du refus et de la fuite hors du monde. Une désensualisation et un enlaidissement extatiques de l'existence peuvent… », *Fragments posthumes : automne 1884-automne 1885*, Œuvres philosophiques complètes XI, Paris, Gallimard, 1982, p. 276.

3. Comme le montrent les contributions réunies *in* J.-F. Mattéi (éd.), *Nietzsche et le temps des nihilismes*, Paris, P.U.F., 2005.

4. M. Dupuy, La philosophie de Max Scheler : son évolution et son unité, Paris, P.U.F., 1959, p. 414.

5. W. Henckmann, *Max Scheler*, Munich, Beck, 1998, p. 41.

6. *Cf.* G. Bollenbeck, *Bildung und Kultur : Glanz und Elend eines deutschen Deutungsmusters*, Francfort s. M.-Leipzig, Insel, 1994, p. 272-277.

logique : c'est aussi le moment où il rejoint certains cercles catholiques (la revue *Hochland*) et atteint ainsi une large audience dans l'espace public. Il apparaît à l'époque comme un des chefs de file du modernisme catholique, et c'est à ce titre qu'après la guerre Adenauer le fera venir à l'université de Cologne (ville dont il est le maire), au département de sociologie.

La crise de l'historisme

Après la première guerre mondiale, Scheler est conduit à affronter le problème du nihilisme d'une manière beaucoup plus frontale. La perspective d'une unité de la culture devient beaucoup plus incertaine dans une société en crise chronique : il s'agit toutefois davantage d'un glissement de la perspective que d'une rupture franche. Scheler réédite certains textes d'avant-guerre après la guerre, et certaines évolutions sont déjà en germe dans le livre sur le formalisme (en 1923 il considère que les faits ont confirmé son diagnostic sur le ressentiment). On ne peut cependant pas nier que Scheler est conduit à rejeter explicitement l'hypothèse d'un Dieu personnel, qui était encore présente, à titre de postulat, dans ses textes de la période phénoménologique. Il s'en explique très clairement en 1926 dans sa préface à la troisième édition du livre sur le formalisme en éthique, tout en précisant que d'autres éléments de sa pensée n'ont pas varié :

> Il est de notoriété publique que, sur certaines questions – les plus graves – de métaphysique et de philosophie religieuse, non seulement les positions de l'auteur depuis cinq ans ont été considérablement développées, mais que, sur une question aussi essentielle que la métaphysique de l'Être un et absolu, elles ont subi une modification si profonde que, tout en maintenant aussi fermement l'existence de cet Être, l'auteur refuse aujourd'hui l'épithète de théiste, au sens traditionnel du terme [1].

La rupture avec le catholicisme s'explique par la dynamique même de l'œuvre de Scheler, celle d'une confrontation croissante avec la réalité historique et sociale, comme le montre bien Siegfried Kracauer :

1. M. Scheler, *Le formalisme en éthique*, *op. cit.*, p. 20.

> Au fur à mesure de son évolution, elle [la pensée de Scheler] s'est affranchie du mythe. C'est-à-dire que, de plus en plus, elle a soumis certaines représentations naïves et certaines constructions idéelles [...] au contrôle de la conscience, en les démasquant comme émanant d'en bas[1].

La philosophie du *Formalisme en éthique* restait malgré tout centrée autour de la dimension spirituelle et personnelle, et ne faisait que poser les bases d'une réflexion sur le processus historique. En s'interrogeant plus avant dans *Vom Ewigen im Menschen* sur ce qu'il appelle la fonctionnalisation de l'esprit, c'est-à-dire la manière dont l'esprit, en s'actualisant, génère des visions du monde, Scheler est conduit à se pencher toujours davantage sur tous les facteurs dit « réels » (par exemple : économiques) qui interviennent dans la concrétisation des valeurs dans le monde historique : c'est pourquoi il passe d'une philosophie sociale qui forgeait des types idéaux (comme la *Gesellschaft*, la *Gemeinschaft*, la *Gesamtperson*) à une sociologie génétique des visions du monde. Scheler pose alors du même coup de façon plus précise la question du perspectivisme, question qui devient cruciale dans le contexte de l'époque. La composante dite « matérielle » de la réalité historique, qui relève de ce que ce que Scheler appellera le *Drang*, cette force alogique, cette poussée vitale, dont il sera question plus loin apparaît beaucoup plus qu'avant comme un élément constitutif. Il y a là clairement un lien entre l'approfondissement de cette question du perspectivisme, la valorisation du *Drang*, et l'abandon du postulat d'un Dieu personnel, et ce lien est signalé par Scheler lui-même, dans un commentaire sur Nietzsche. Revenant sur Nietzsche, Scheler est frappé par la connexion que celui-ci avait établie entre le concept traditionnel de vérité, la figure spiritualiste de Dieu, et l'idéal ascétique opposé à la conception dionysiaque de l'existence :

> Nietzsche a remarquablement compris que l'idée traditionnelle de la vérité définie comme l'accord de la pensée et de la chose, est logiquement liée à la notion spiritualiste de Dieu, et disparaît avec elle, elle n'est pour lui qu'une forme de l'« idéal ascétique » qu'il a cherché à abattre sous les coups de son « pessimisme dionysiaque » et de la théorie de la connaissance exposée dans *La Volonté de puissance*, selon laquelle toutes les formes de pensée ne doivent être que des instruments de la volonté de puissance en l'homme[2].

1. S. Kracauer, « Max Scheler † », *Werke 5.2, Aufsätze 1927-1931*, Francfort s. M., Suhrkamp, 1990, p. 115.
2. M. Scheler, *L'Homme et l'histoire*, Paris, Aubier, 1955, p. 36.

Le choix du dionysiaque aboutissait chez Nietzsche pour ainsi dire logiquement à la destruction du concept de vérité et à la mort de Dieu. Il y a dans l'œuvre de Scheler lui-même une évolution similaire, puisqu'on y retrouve ces trois éléments associés : fragilisation du concept univoque de vérité, en particulier dans la sociologie de la connaissance (le Dieu théiste fait désormais figure d'idéologie), valorisation du dionysiaque, sous l'aspect du *Drang*, abandon d'une conception spriritualiste de Dieu.

Cette évolution de Scheler doit beaucoup à la prise en compte des réalités historiques. L'irruption des masses sur la scène de l'histoire, les menaces qui pèsent sur l'ordre bourgeois libéral, qui renvoient à ses insuffisances, à ses fissures, le conduisent à penser que le spiritualisme et l'idéalisme qui leur servaient de légitimation, doivent pour Scheler être amendés.

La question du relativisme, déjà théorisée par Nietzsche, se pose avec une acuité inédite jusqu'alors. Elle est à la même époque au cœur de la « crise de la science » [*Wissenschaftskrisis*] que déclenche le texte de Max Weber sur « Wissenschaft als Beruf » [« La science, profession et vocation »], une discussion, qui, comme le rappelle Otto Gerhard Oexle, marque l'apogée de la discussion, déjà ancienne, sur l'historisme [1]. Le relativisme qu'impliquait l'historisme est désormais ressenti comme une menace cruciale, il y a une sorte de vertige du nihilisme que l'on voit chez un penseur comme Troeltsch, qui évoque à l'époque les conséquences annihilantes du relativisme historique [2]. Troeltsch propose une nouvelle définition de l'historisme : il ne désigne plus chez lui l'école historique allemande et son amour des faits, ni la remise en cause, depuis Herder, d'une certaine forme d'universalisme au nom de la singularité des cultures, mais la conscience moderne que tout est historique, y compris les catégories avec lesquelles nous pensons l'histoire. Cette inquiétude face à un relativisme sans fond est évidemment partagée par le néo-kantien Rickert, qui explique en 1924 que l'historisme, en tant que *Weltanschauung*, érige l'absence de principes en principe [3]. Ce lien entre historisme et nihilisme avait déjà été mis en évidence par Nietzsche, lorsqu'il expliquait que le théologien libéral vulgaire, en soumettant toutes les valeurs à une historicisation complète, les détruisait [4]. Scheler partage cette inquiétude et met en rapport cet historisme et la démocratie pluraliste moderne qui voit s'affronter des visions du monde incompatibles entre elles et qui

1. O. Gerhard Oexle, *L'Historisme en débat*, Paris, Aubier, 2001, p. 84.

2. *Cf.* la présentation qu'en fait Oexle, *L'Historisme en débat, op. cit.*, p. 84-94.

3. H. Rickert, *Die Probleme der Geschichtsphilosophie. Eine Einführung*, Heidelberg, Carl Winter, 1924, p. 129.

4. Cité dans Oexle, *L'Historisme en débat, op. cit.*, p. 117.

semble incapable de produire du consensus et de la décision. Scheler voit dans la démocratie parlementaire le triomphe ultime de l'historisme :

> La nouvelle théorie relativiste en matière de vision du monde – telle que l'ont introduite W. Dilthey, M. Weber, Jaspers, Radbruch, y compris en philosophie du droit – est le reflet théorique de ce parlementarisme démocratique qui a gagné jusqu'à la conception du monde et à la faveur duquel on s'entretient sur le sens de toutes les opinions possibles, sans rien affirmer; on discute, sans décider; mais à la faveur duquel aussi on renonce consciemment à se convaincre réciproquement par des raisonnements comme le présupposait le parlementarisme à l'époque de sa splendeur [1].

Le projet de la *Wissenssoziologie* – sociologie de la connaissance – est de toute évidence né de ce contexte, que ce soit celle de Scheler ou celle de Karl Mannheim. Cette *Wissenssoziologie* théorise en effet le perspectivisme en recensant les types de savoir et en faisant l'inventaire des points de vue possibles. Scheler, qui avait longtemps été hostile à la sociologie, paie son tribut à la pensée sociologique, y compris marxiste : il montre que les systèmes d'interprétation du monde sont conditionnés par les contextes concrets dans lequel ils voient le jour. Dans le même temps, Scheler semble maintenir le principe d'une autonomie des idées quant à leur *Sosein*. En effet les facteurs dit réels (économiques, vitaux, etc.) n'affectent selon lui pas ce *Sosein* des idées, mais déterminent seulement le moment de leur avènement. Ces facteurs dits réels fonctionnent à la manière d'écluses qui sélectionnent tel possible idéel plutôt qu'un autre. Ils n'en ont pas moins un rôle constitutif, ils sont co-producteurs de la réalité. Pour fonder ce modèle, Scheler va jusqu'à formuler la thèse de l'impuissance de l'esprit, en contradiction avec ses positions antérieures. L'esprit n'a pas de dynamique propre et est donc dépendant de l'énergie vitale, du *Drang*. On est donc clairement passé d'une philosophie centrée sur l'esprit à une philosophie de l'interpénétration de l'esprit et de la vie : malgré les critiques de Cassirer, qui pose à la fin des années 1920 cette même question des relations entre l'esprit et la vie [2], on ne saurait parler de « dualisme » : esprit et vie sont dans une relation de complémentarité fonctionnelle, et non plus dans une relation de subordination hiérarchique.

Mais si le *Drang* aveugle (bien qu'il aspire à se mêler à l'esprit) a un rôle constitutif, alors la question du « *wozu* » est posée. Or c'est, on l'a vu, l'ab-

1. M. Scheler, *Problèmes de sociologie de la connaissance*, p. 133.

2. *Cf.* sa critique de Scheler : E. Cassirer, « Geist und Leben in der Philosophie der Gegenwart », in *Aufsätze und kleine Schriften* (1927-1931), Gesammelte Werke, Hamburger Ausgabe, Bd. 17, Hambourg, Meiner, 2004, p. 185-205.

sence d'une réponse à cette question qui caractérisait pour Nietzsche le nihilisme moderne [1]. L'anthropologie philosophique schélérienne, qui se veut un savoir fondamental et un soubassement de la sociologie de la connaissance, cherche à répondre à cette question. Comme le note Herbert Schnädelbach, l'anthropologie philosophique marque à cet égard le terme de la crise de l'idéalisme ouverte après Hegel [2]. Il n'est donc pas étonnant que l'impulsion nietzschéenne y joue un rôle important. Dans les années 1920, Scheler est d'ailleurs invité à Weimar par la sœur de Nietzsche, et fait une sorte de pèlerinage sur les traces de Nietzsche à Sils Maria [3].

On retrouve dans l'anthropologie philosophique la valorisation du *Drang*, et Scheler reconnaît à cet égard sa dette envers Nietzsche. Dans *Vom Ewigen im Menschen*, qui relève encore de la période phénoménologique, Scheler maintenait une distance critique envers « le pessimisme dionysiaque » de Nietzsche, et voulait montrer qu'il ne pouvait fonder un sentiment religieux : il lui apparaissait comme le produit d'une civilisation tardive [4]. Dans la deuxième moitié des années 1920, Scheler assume le fait que sa métaphysique, qu'il n'a pu qu'ébaucher, est une métaphysique tardive, la métaphysique d'une époque qui a pris conscience des limites de l'effectivité de l'esprit, une métaphysique qui tente de répondre aux défis que lui ont lancés Nietzsche, Marx ou Freud [5]. Elle n'est de toute façon qu'une « métanthropologie » et ne trouve sa garantie que dans l'homme.

Le point de départ de cette métaphysique est en effet la coexistence en l'homme de l'esprit et du *Drang*, c'est-à-dire l'expérience que fait l'homme d'être une créature qui, tout en étant dans la vie, peut dire non à la vie. L'homme est excentré par rapport à la vie [*Exzentriker des Lebens*] et Scheler utilise dans *Die Stellung des Menschen im Kosmos* toute une série d'expressions pour caractériser cette position : « ascète de la vie » [« *Asket des Lebens* »], « celui qui peut dire non » [*Neinsagenkönner*], « protestant éternel » [*Ewiger Protestant*]. Ce faisant, Scheler renonce aux définitions substantielles traditionnelles de l'homme (l'homme comme image de Dieu ou l'homme

1. *Cf.* Note 1.

2. H. Schnädelbach, *Philosophie in Deutschland, 1831-1933*, Francfort s. M., Suhrkamp, 1983, p. 264.

3. J. Raphael Staude, *Max Scheler : 1874-1928 : an intellectual portrait*, New York-London, the Free press- Collier-Macmillan, 1967, p. 247.

4. M. Scheler, *Vom Ewigen im Menschen*, p. 112.

5. « Notre métaphysique est la métaphysique de l'humanité devenue ancienne et qui connaît et reconnaît les limites de son pouvoir spirituel », M. Scheler, *Schriften aus dem Nachlass*, vol. 2 : *Erkenntnislehre und Metaphysik*, GW, vol. 10, éd. par Manfred Frings, Bonn, Bouvier, 2000, p. 267.

comme être de raison). Cette position excentrée fait de lui un être infiniment plastique et ouvert. Du fait de ce caractère ouvert et indéterminé, l'homme est en quelque sorte renvoyé à sa propre responsabilité : il est ce qu'il se fait.

Sur ce point-là également, Scheler a sans doute été inspiré par l'idée nietzschéenne de l'« animal non fixé » [*nicht festgestelltes Tier*] [1], et de façon générale, on peut se demander si Scheler ne se rapproche pas ici de positions nietzschéennes. De fait, son anthropologie naît aussi d'un dialogue avec la vision anthropologique qu'il attribue à Nietzsche, Nicolaï Hartmann et Dietrich Heinrich Kerler [2], celle de l'« athéisme postulatoire ».

Le point de départ de Scheler est en effet qu'on ne peut plus définir ce qu'est l'homme, que les définitions existantes sont insuffisantes. Les visions traditionnelles (l'*imago Dei*, l'*homo sapiens*) ont été ébranlées par l'idée de l'*homo faber*, catégorie sous laquelle Scheler rassemble toutes les visions qui naturalisent l'homme, le présentent comme déterminé par ses pulsions, au sens le plus large (pulsions sexuelles, intérêts économiques, volonté de pouvoir). C'est fondamentalement à cette remise en cause, due aux progrès de la connaissance scientifique et historique sur l'homme, que Scheler entend réagir. Il se confronte alors à deux stratégies influentes en Allemagne. La première est celle des penseurs de la décadence (Theodor Lessing, Klages ou Spengler), que Scheler appelle aussi les « panromantiques » vitalistes : ils voient l'homme comme un animal dégénéré, malade de son excès d'esprit [3]. L'erreur fondamentale de tous ces penseurs réside selon Scheler dans leur dualisme, qui est symétrique du dualisme traditionnel : au lieu de diffamer la vie au nom de l'esprit, comme dans la tradition, ils diffament l'esprit au nom de la vie. Nietzsche participe à certains égards de ce discours, comme d'ailleurs Scheler lui-même, chez qui il y a une dimension *lebens-*

1. « On trouve dans l'espèce humaine, comme dans toutes les autres espèces animales, un excédent d'individus ratés, malades, dégénérés, infirmes, d'êtres voués à la souffrance ; chez les hommes aussi les réussites constituent toujours l'exception, et, compte tenu du fait que l'homme est *l'animal dont le caractère propre n'est pas encore fixé*, l'exception rarissime. Mais il y a pis : plus le type humain que représente un individu est raffiné, moins la *réussite* devient probable », F. Nietzsche, *Par-delà bien et mal*, Œuvres philosophiques complètes VII, Paris, Gallimard, 1971, p. 77.

2. D. Heinrich Kerler (1882-1881). Pour une présentation de son œuvre, *cf.* « Arnold Kowalewski, Dietrich Heinrich Kerler : eine Würdigung », *Kant-Studien*, 31, 1926, p. 580-583.

3. M. Scheler, *L'Homme et l'histoire*, *op. cit.* p. 56-75.

philosophisch, une dénonciation de l'emprise excessive de l'esprit sur la vie [1]. Mais Nietzsche a également tenté (en le portant à son terme) de contrer le discours de la décadence, en particulier par la figure du surhomme. Là où Kant fait de l'existence de Dieu un postulat de la raison pure pratique, Nietzsche fait de même pour sa non-existence. Scheler se réfère à plusieurs reprises à une phrase du *Zarathoustra :* « S'il existait des dieux, comment supporterais-je de n'être un Dieu ? *Donc* il n'est pas de dieux » [2].

Cette vision met donc la responsabilité et l'action de l'homme au premier plan, et c'est selon Scheler précisément la responsabilité et l'action qui caractérisent le *Übermensch* [3]. Cette figure de l'athéisme postulatoire correspond à la position que Scheler refusait dans son œuvre antérieure : celle de l'autodépassement du nihilisme, de son retournement en force d'affirmation. Il est incontestable que Scheler se rapproche, dans *Stellung des Menschen im Kosmos,* beaucoup de cette figure, en particulier dans le texte *L'homme et l'histoire.* Dans d'autres textes, on voit que Scheler essaie en réalité de combiner une vision qui met la capacité d'affirmation de l'homme au premier plan, avec l'idée que le cosmos a malgré tout un sens, un sens que l'homme fait advenir, dont il est l'agent, mais dont la perspective lui préexiste, et qu'il actualise par son engagement. Selon Scheler l'insistance de l'athéisme postulatoire sur la responsabilité de l'homme se fait aux dépens de l'unité de l'être, et au prix de l'impossibilité de comprendre « l'origine et la destination » de l'homme, « la manière dont il s'insère dans le cosmos ». L'athéisme postulatoire empêche même que l'on pose ces questions [4]. Dans le cas de Scheler, il y a donc malgré la rupture avec le théisme un fondement métaphysique au rôle de l'homme : en effet, Esprit et *Drang* sont deux attributs de la substance divine, et l'homme, étant le seul être vivant à participer de cette dimension de l'esprit, est le seul medium possible d'une « spiritualisation de la vie » [*Vergeistigung des Lebens*] et d'une « vitalisation de l'esprit » [*Verlebendigung des Geistes*]. Par ce biais, Scheler retrouve l'idée d'une histoire collective de l'humanité, là où l'athéisme postulatoire insiste sur l'individu génial. En même temps, malgré cette

1. Sur Scheler et la *Lebensphilosophie*, *cf.* G. Merlio, « Max Scheler et la philosophie de la vie », *in* G. Raulet (éd.), *Max Scheler : L'anthropologie philosophique*, Paris, éditions de la MSH (Philia), 2002, p. 183-205.

2. F. Nietzsche, *Ainsi parla Zarathoustra*, trad. fr. M. de Gandillac, Paris, Gallimard, 1992, p. 111. Scheler cite cette phrase par exemple in *Schriften aus dem Nachlass*, vol. III : *Philosophische Anthropologie*, Gesammelte Werke, Bonn, Bouvier, Bd. 12, 1987, p. 10.

3. M. Scheler, *Schriften aus dem Nachlass*, vol. III, p. 46-47.

4. M. Scheler, *Schriften aus dem Nachlass*, vol. III, p. 212. Voir également p. 51-53.

construction métaphysique, l'homme est tout de même renvoyé à lui-même, à sa solitude, car tout dépend de sa décision : rien ne garantit qu'il choisira de remplir cette mission (et cette construction métaphysique est elle-même, comme on l'a dit, un postulat de l'anthropologie). Dieu est en devenir et a besoin de l'homme pour se réaliser. C'est en ce sens que la philosophie de l'histoire est le point de fuite de l'anthropologie philosophique [1]. En même temps, on imagine mal que l'homme renonce à donner corps aux idées, d'autant plus qu'il a en lui une aspiration métaphysique, qui l'empêche d'être authentiquement nihiliste. Le moment du vertige devant le néant est certes présent dans *Stellung des Menschen* mais il est présenté comme un état transitoire. L'homme découvrant en lui cette dimension du *Geist*, cette capacité de la vie à nier, évoquée plus haut, est conduit à s'interroger sur le « *wozu* » : il est pris d'un sentiment de contingence : « Et lorsque l'homme se retourne ainsi, son regard plonge en quelque sorte dans le Néant. Il découvre alors comme la possibilité du « néant absolu » – et ceci l'accule à la question : « Pourquoi donc y a-t-il un monde, et comment se fait-il que " j' " existe ? » [2].

Mais ce vertige cède le pas à l'étonnement [*staunen*] qui le pousse à vouloir chercher l'absolu : c'est selon Scheler la naissance de la métaphysique [3], en tant que démarche de connaissance. Une autre stratégie – plus rapide et rassurante – est celle de la religion, le recours au culte et à l'imagination.

On peut donc dire que Scheler, tout en payant son tribut à la rhétorique du destin et de la décision, caractéristique des années 1920, tente de refonder – et d'une certaine façon – de sauver la figure de l'homme, en l'inscrivant dans une perspective métaphysique (même si c'est une métaphysique tardive).

Implications politiques de l'anthropologie philosophique

Cela apparaît clairement lorsqu'on considère les prolongements politiques de l'anthropologie philosophique. On vient de voir que pour Scheler, l'homme est l'agent de l'interpénétration de la vie et de l'esprit. Cette dynamique

1. *Cf.* G. Raulet, « Meta-Anthropologie und Erkenntnistheorie », *in* G. Raulet, (éd.), *Max Scheler : L'anthropologie philosophique*, *op. cit.*, p. 125.

2. M. Scheler, *La situation de l'homme dans le monde*, *op. cit.*, p. 112.

3. M. Scheler, *La situation de l'homme dans le monde*, *op. cit.*, p. 114.

d'interpénétration, Scheler l'appelle *Ausgleich*, qui signifie « ajustement », « compensation » « équilibrage », ou, si l'on veut, « synthèse » (une synthèse, qui cependant implique un élément de conflit). En 1927, Scheler prononce à la *Hochschule für Politik* une conférence sur le thème « Der Mensch im Weltalter des Ausgleichs », dans lequel il concrétise sa vision de l'*Ausgleich* [1]. Dans cette conférence, Scheler oppose à l'*Übermensch* nietzschéen ce qu'il appelle le *Allmensch*, homme complet qui réconcilie toutes les dimensions dont la modernité a exacerbé l'opposition. Cet *Allmensch* découlera de façon générale d'un *Ausgleich* entre l'esprit et la vie. Ce rééquilibrage au profit de la vie – que Scheler, qui a lu Freud, appelle « resublimation » – est nécessaire, car, en vertu d'une sorte de dialectique de la raison, l'esprit est devenu, en occident, mortifère. C'est pourquoi on assiste à une sorte de révolte de la vie – qui s'exprime dans de multiples phénomènes sociaux comme, par exemple, la *Jugendbewegung* – et dont Nietzsche a été, sur le plan intellectuel, le précurseur. Scheler comprend cette révolte, mais en rejette les formes extrêmes, irrationnelles, anti-intellectualistes (chez Klages ou Spengler). Cet *Ausgleich* entre esprit et vie se traduira plus concrètement par toute une série d'ajustements particuliers : ajustement entre culture féminine et culture masculine, entre capitalisme et socialisme (Scheler continue de défendre l'idée d'une troisième voie), entre mentalité occidentale tournée vers la domination de la nature et l'arraisonnement du monde, et mentalité asiatique, supposément plus contemplative et réceptive. L'*Übermensch* nietzschéen implique aux yeux de Scheler une distance aristocratique vis-à-vis des masses que Scheler partage à certains égards, mais qui n'est plus possible dans le contexte des années 1920, dans la mesure où les masses sont une réalité et leurs aspirations ont leur légitimité, même s'il faut considérer d'autres points de vue tout aussi légitimes. Scheler annonce également un *Ausgleich* mondial des cultures. On voit donc que le modèle proposé par Scheler correspond à une sorte de stabilisation démocratique, Il s'agit d'affronter la réalité telle qu'elle est, dans son éclatement et sa diversité : la solution ne passe pas par l'état d'exception, mais par une acceptation du pluralisme, en tant qu'il rend possible des synthèses dynamiques, et des procédures de correction réciproque. Cela fait de Scheler *de facto* un républicain de raison, avec toutes les ambiguïtés inhérentes à cette position (aucun « républicain » de raison n'arrive vraiment à donner un contenu positif à l'idée de démocratie). Le discours de Scheler correspond en fait à

1. M. Scheler, « Der Mensch im Weltalter des Ausgleichs », in *Späte Schriften*, Gesammelte Werke, Bern et Munich, Francke, Bd. 9, 1976, p. 145-182.

un moment où l'on pouvait espérer une stabilisation intérieure et extérieure de la république, dans le sillage des accords de Locarno en 1925, mais ce moment a été, comme on le sait, trop bref pour permettre l'épanouissement de ce modèle de l'*Ausgleich* esquissé par Scheler, et que l'on trouve aussi, sous d'autres formes chez Ernst Cassirer et chez Karl Mannheim [1]. Scheler ayant eu si l'on peut dire la chance de décéder en 1928, il n'a pas été mis en demeure de prendre position en 1933, et n'a pas non plus pris part à la radicalisation du débat qui s'est opérée au début des années 1930.

Tout en partageant à de nombreux égards le diagnostic du nihilisme, Scheler ne va donc pas donc vers une vision décisionniste et irrationnelle. Sa *Kulturkritik* fonde une sorte de réalisme désenchanté qui table sur la capacité de la modernité à stabiliser ses propres crises. Dans un texte récent, le sociologue Michael Makropoulos propose de distinguer deux types de solutions au problème de ce que nous avons appelé la crise de l'historisme des années 1920, qu'il caractérise pour sa part comme la question de la contingence [2]. Au lendemain de la première guerre mondiale, en sous la république de Weimar, la réalité est apparue à beaucoup d'intellectuels du *Bildungsbürgertum* comme plurielle et ouverte, ce qui suscitait chez beaucoup un sentiment d'inquiétude. Dans cette situation de crise, il y a ceux qui pensent qu'on peut sortir par le haut de cette situation d'insécurité, de pertes des repères, et qu'on trouve à droite comme à gauche (Carl Schmitt, Georg Lukács, Ernst Bloch) et ceux qui développent une tolérance vis-à-vis de cette contingence, dont ils pensent qu'elle peut se stabiliser, et qu'elle recèle également des chances de renouveau. Makropoulos voit cette tolérance à l'œuvre chez Musil, chez Karl Mannheim dans l'anthropologie philosophique de Plessner : il me semble que l'on pourrait dire que Scheler a fait dans sa philosophie tardive un pas vers l'acceptation d'une certaine forme de contingence.

Olivier AGARD

1. G. Raulet, *Das Zwischenreich der symbolischen Formen : Ernst Cassirers Erkenntnistheorie, Ethik und Politik im Spannungsfeld von Historismus und Neukantianismus* Francfort s. M.-Berlin-Bern, Lang, 2005, « Schriften zur politischen Kultur der Weimarer Republik; 9 », p. 143.

2. M. Makropoulos, R. Graf, M. Föllmer (éd.), *Die "Krise" der Weimarer Republik : zur Kritik eines Deutungsmusters*, Francfort s. M., Campus, 2005, p. 45-76.

HEIDEGGER – JÜNGER, *TRANS LINEAM – DE LINEA*

Über die Linie, par-delà, au-delà de la ligne et en franchissement de celle-ci, c'est ainsi que s'intitule l'essai offert par Ernst Jünger, en hommage à Martin Heidegger, en 1949-1950, à l'occasion du soixantième anniversaire de ce dernier[1]. Quelques années plus tard, en 1955, Heidegger répond, comme en contre-don, à l'occasion cette fois du soixantième anniversaire de Jünger, en répétant l'intitulé du premier texte d'hommage, à une altération près : *Über "die Linie"*[2], les deux derniers termes se trouvant alors placés entre guillemets, ce qui en allemand change tout ou presque. Il ne s'agit plus en effet d'envisager un passage, une traversée (*über – trans*), mais il est question de la ligne elle-même : *de linea,* au sujet de la ligne, ou mieux de l'image de la ligne ou de l'ensemble de la métaphorique spatiale telle qu'elle sous-tend en partie la réflexion de Jünger en 1950.

L'image de la ligne joue en effet un rôle clef dans le diagnostic que porte Jünger sur la situation du monde contemporain et sa « maladie » : le nihilisme. La ligne s'entend d'abord comme limite, partage ou frontière qui dessine un en-deçà et un au-delà. Franchir la ligne, sortir de la zone critique et de ce qu'il nomme le « méridien zéro », voilà pour Jünger le motif central de son essai de 1950. Or si Jünger se projette ainsi *trans lineam,* il s'agit bien plutôt pour Heidegger d'effectuer *un pas en arrière* ou un *pas de côté* afin de s'interroger sur la ligne elle-même et tout ce qui constitue son arrière-plan et ses présupposés.

1. E. Jünger, *Über die Linie,* in *Anteile. Martin Heidegger zum 60. Geburtstag,* Francfort, Klostermann, 1950, p. 245-284.

2. M. Heidegger, *Über « die Linie »*, in *Freundschaftliche Begegnungen. Festschrift für Ernst Jünger zum 60 Geburtstag,* éd. par Arnim Mohler, Francfort, Klostermann, 1955, p. 9-45.

Ce dont il s'agit dans la réponse de Heidegger qui se présente sous la forme d'une lettre (le texte commence en effet par un « Cher Jünger »), c'est d'une élucidation critique du lieu ou du site (*Ort*), autrement dit d'une situation (*Erörterung*) du nihilisme, ce point zéro qui, dans la terminologie de Jünger, définit la zone du nihilisme. C'est ce texte d'hommage de 1955 qui sera, par la suite, réédité, sous un autre titre, par Heidegger en 1967, dans le volume *Wegmarken,* (aujourd'hui *Gesamtausgabe* 9), traduit en français par Gérard Granel, et publié en 1968 dans le volume de *Questions I,* chez Gallimard. Le changement de titre était explicité par Heidegger en ces termes :

> Le nouvel intitulé voudrait indiquer que la méditation sur l'essence du nihilisme a son origine dans un effort pour situer l'être en tant qu'être *[barré d'une croix de saint André]*. Selon la tradition la philosophie comprend, sous le titre de question de l'être, celle de l'étant en tant qu'étant. La réponse à cette question en appelle chaque fois à une lecture de l'être qui reste hors de question et qui prépare, qui pose les fondements et le terrain de la métaphysique. Celle-ci ne revient pas sur ses fondements. [...] (*trad. cit.*, p. 197-198).

Heidegger indique par là même comment sa réponse de 1955 s'inscrit résolument dans le cadre d'une longue et vaste méditation, inaugurée en 1929 par la Leçon *Qu'est-ce la métaphysique ?,* soutenue par le cours de 1935, qui venait d'être édité en 1953, *Introduction à la métaphysique,* et – pour s'en tenir aux textes publiés – par la *postface* de 1943, puis l'*introduction* de 1949 à *Was ist Metaphysik ?,* cette introduction précisément intitulée *Le retour au fondement de la métaphysique.* Ce sont là, du côté de Heidegger, les éléments facilement identifiables et clairement visibles d'un seul et même ensemble.

Le dossier Jünger – Heidegger est bien connu, il a été souvent commenté et discuté ; j'en rappellerai rapidement, dans un premier temps, les pièces essentielles, je reviendrai ensuite sur ce qui me paraît constituer le cœur du débat des années 1950-1955, avant de m'interroger – ce sera à vrai dire le centre de mon propos – sur l'arrière-plan ou la préhistoire de cette *Auseinandersetzung* des années cinquante, celle qui nous reconduit en plein milieu des années trente, quand Heidegger – à travers la réception critique qu'il fait des premiers essais de Jünger, *La mobilisation totale,* puis *Le Travailleur* et *Sur la douleur* – élabore dans un dialogue soutenu avec Nietzsche son propre concept du travail et du travailleur, et ses premières élucidations de la technique et du nihilisme dans sa dimension métaphysique. Car l'*Auseinandersetzung* de Heidegger avec Jünger court sur une vingtaine d'années, de 1934 à 1954, du *Discours de rectorat* et des textes connexes, aujourd'hui rassemblés dans le volume 16 de la *Gesamtausgabe*, en passant par les *Beiträge* jusqu'à *Zur Seinsfrage*.

Le dossier des années cinquante est, disais-je, bien établi, et il l'est mieux en Italie qu'en France, grâce à Franco Volpi qui a édité chez Adelphi dès 1989, il y a maintenant dix ans de cela, les deux textes ensemble, celui de Jünger et celui de Heidegger [1]. Cet ensemble est « documenté » aujourd'hui dans le volume *Ernst Jünger – Martin Heidegger*, publié chez Klett-Cotta en 2008, édité par Simone Maier, avec une postface de Günter Figal. Le volume tout à fait précieux rassemble 75 lettres échangées entre les deux auteurs de juin 1949 à mai 1975 [2]. Mais c'est seulement en septembre 1948 que les deux hommes se rencontrent personnellement, à Todtnauberg, par l'intermédiaire de V. Klostermann. Le volume Klett-Cotta redonne ensuite les deux textes majeurs, la contribution de Jünger, *Über die Linie*, et le *Zur Seinsfrage* de Heidegger. On y trouve aussi reproduit le petit dossier qui avait l'objet d'une édition hors commerce intitulé *Federbälle* (littéralement « balles en plumes » – il s'agit, je crois, de ce qu'on appelle en français des « volants »), notes éparses qui seront ensuite reprises dans le volume XII des *Sämtliche Werke* de Jünger (Klett-Cotta, Stuttgart) : ce sont des réflexions notées par Jünger, en 1969, en réponse aux remarques de Heidegger concernant la « langue », telles qu'elles figurent, centralement, dans *Zur Seinsfrage*.

J'ajoute encore un bref rappel concernant les éléments constitutifs du dossier français : La contribution de Jünger (1949) [3], *Über die Linie*, a été traduite, sous le titre « passage de la ligne », par Henri Plard, un des excellents traducteurs « historiques » de Jünger et republiée en 1970 chez Christian Bourgois. La traduction a été rééditée une seconde fois, toujours chez Christian Bourgois en 1993, avec une préface de Julien Hervier. Le volume français comportait aussi un avant-propos rédigé par Jünger qui indique qu'il ignorait à l'époque où il rédigeait *Passage de la ligne*, que Heidegger avait tenu avant la guerre un séminaire sur *Le Travailleur;* il y signale aussi que ses préoccupations de l'époque se laissent résumer en une phrase : « La tentative d'un homme qui veut reprendre pied après avoir

1. E. Jünger – M. Heidegger, *Oltre la linea*, Milan, Adelphi 1989, avec un remarquable introduction, due à Franco Volpi, « Itinerarium in nihilum ».

2. Cette correspondance est aujourd'hui très soigneusement éditée et traduite en français par Julien Hervier, *Correspondance 1949-1975*, Paris, Christian Bourgois, 2010.

3. *Anteile, Martin Heidegger zum 60. Geburtstag*, Klostermann, 1950. En 1949, Heidegger prononce à Brême les 4 conférences rassemblées sous le titre générique : *Einblick in das was ist*. (désormais cité Ga. 79, p. 3-77). Jünger en avait eu écho par une lettre d'un élève de Heidegger, Heinrich Barth.

subi deux tremblements de terre ». L'originalité de cette tentative – précise-t-il encore, et ce sera un des éléments du « débat » – est « sa nature optimiste » : « La tête du serpent est un symbole sur le chemin. Ici l'espoir mène plus loin que la peur. »

La démarche de Heidegger dans sa lettre à Jünger, après un rappel, sur lequel je reviendrai, de sa propre lecture et réception de Jünger dans les années trente, se présente d'abord comme une tentative de situation, de localisation de la ligne – démarche préalable à toute tentative de dépassement du nihilisme. En réalité, la question du lieu, de l'*Erörterung*, et celle de l'*Überwindung* vont se métamorphoser complètement au fur à mesure que l'on progresse dans la lettre. En même temps, comme l'a bien noté Franco Volpi dans l'introduction (*Itinerarium mentis in nihilum)* à son édition italienne du dossier (p. 34), Heidegger a d'emblée considérablement déformé le propos de Jünger pour qui la ligne n'est pas tant ce qui sépare le nihilisme d'un non-nihilisme, ou d'un outre-nihilisme, mais bien plutôt ce qui distingue au sein du *méridien zéro* des formes ou des figures différentes du nihilisme.

Ce qu'il y a donc d'assez singulier dans ce débat – et ce qu'il était bien difficile de mettre en évidence, jusqu'à une date récente, celle de la publication en 2004, dans le cadre de la *Gesamtausgabe*, du gros volume : *Zu Ernst Jünger*[1] –, c'est que Heidegger aura d'une certaine manière fixé ou arrêté la position de Jünger en fonction de son interprétation des écrits de 1930 – 1932, et qu'il s'efforce dans sa « réponse » à *Über die Linie* de reconduire les analyses de Jünger, pourtant très différenciées par rapport à *Der Arbeiter*, à la détermination du nihilisme actif et « héroïque » de l'époque[2]. Heidegger dessine ainsi une continuité (qui en vérité n'existe pas) dans la démarche de Jünger ou dans sa réflexion. Au-delà de ce fait, on peut aussi marquer les différences tout à fait décisives dans les deux analyses ou prises de position des auteurs qui partent pourtant de la même configuration ou constellation historique.

Le débat trouve son premier point d'ancrage – je l'ai déjà souligné – dans la ou les métaphores qu'utilise Jünger dans son essai : la métaphore de la ligne, qui à la fois permet, pour Jünger, de poser le problème du nihilisme et de contribuer à sa « solution ». La question posée par Jünger – à cent lieues de la *Besinnung*, de la méditation heideggérienne, à la mesure d'une « histoire de l'être » –, est de savoir comment l'individu, un individu singulier

1. Ga., 90. *Zu Ernst Jünger*, éd. P. Trawny, Francfort, Klostermann, 2004.
2. E. Jünger, *Le Travailleur*, trad. fr. J. Hervier, Paris, Christian Bourgois, 1989.

(ce sera plus tard la figure de l'anarque) peut se maintenir par rapport à ou en face de l'anéantissement, de la négation induits par le nihilisme; de savoir comment il peut préserver sa liberté. Voilà ce qu'indique l'idée du passage de la ligne, du franchissement du point zéro ou de la zone du nihilisme. Le passage ici n'est pas à comprendre comme le passage au-delà du nihilisme, dans l'ouverture d'une nouvelle instauration de valeurs, d'une nouvelle orientation, ce qui était en revanche certainement le cas à l'époque de *La mobilisation totale* et du *Travailleur*. Dans l'essai de 1930, après avoir caractérisé l'aspect « technique » de la mobilisation totale, Jünger précisait que ce versant technique n'en constituait pas « l'aspect décisif ». Le véritable principe de la mobilisation totale, ressaisi au plan de l'esprit, c'était bien plutôt « la *disponibilité* à être mobilisé » [1], cette disponibilité à laquelle la fin du texte faisait encore clairement appel, dans un accent violemment nationaliste. Forts de l'expérience de la première guerre mondiale, comme « guerre de matériel » – je ne reviens pas sur les descriptions extraordinairement frappantes de l'auteur –, nous pouvons envisager comme « résultat » de cette guerre « l'accession à une Allemagne plus profonde». Et Jünger d'enchaîner :

> Une forme nouvelle d'organisation s'annonce qui s'emploie à forger des armes dont l'airain, plus pur, plus solide, sera à l'épreuve de l'adversité. [...] L'organisation nouvelle qui depuis longtemps nous commande doit être une mobilisation de ce qui est allemand – et de rien d'autre [2].

De la même façon, en 1932, dans *Der Arbeiter,* après avoir rendu compte de « la marche triomphale de la technique » [3], immense processus dont Jünger soulignait les aspects destructeurs, jusqu'à noter que « son essence paraît être de nature nihiliste du fait que son offensive s'étend à la totalité des rapports et qu'aucune valeur n'est capable de lui opposer de résistance » [4], l'auteur en appelait à un nouvelle « disponibilité » et à un sens du « service », avant d'annoncer, en guise de conclusion :

> Nous allons vers d'étonnantes expériences. Par-delà la démocratie du travail où le contenu du monde que nous connaissons est refondu et métamorphosé s'ébauchent les contours d'un ordre d'État (*Staatsordnungen*) qui se situe en dehors de toute comparaison possible. On peut néanmoins prévoir qu'il n'y

1. E. Jünger, *L'État universel suivi de La mobilisation totale,* ce dernier essai étant traduit par Marc de Launay, Paris, Gallimard, 1990, p. 115.

2. Trad. cit., p. 140-141.

3. E. Jünger, *Le Travailleur,* trad. cit., p. 210.

4. *Ibid.*, p. 211.

> sera plus question du travail ni de la démocratie au sens où nous l'entendons. La découverte du travail comme élément de plénitude et de liberté reste encore à venir[1].

En 1950, le « dépassement » du nihilisme n'ouvre pas sur un autre monde à nouveau rempli de sens; il indique plus simplement la possibilité d'une autre attitude vis-à-vis du même monde moderne désorienté et dépourvu de sens et de stabilité. « Le décisif – note Jünger vers la fin de son essai –, reste de savoir jusqu'à quel point l'esprit se subordonne les destructions nécessaires, et si la marche à travers le désert mène à des puits nouveaux. Telle est la tâche que recèle notre époque. Pour autant que la solution dépend du caractère, chacun y prend sa part. Il y a donc une question de valeur fondamentale à laquelle il faut soumettre de nos jours les êtres, les œuvres et les institutions. C'est la suivante : dans quelle mesure ont-ils passé la ligne? »

En évoquant, dès le début de sa réponse, la première rencontre qu'il fait dans les années trente de l'œuvre de Jünger, Heidegger marque déjà toute la distance critique et, en un sens, auto-critique, que va déployer la suite de la lettre. Les deux pages mériteraient d'être citées et commentées : l'accent y est mis sur la *description* et l'optique ou la lumière qui orientent la description. En soulignant ainsi le caractère « descriptif » de l'entreprise de Jünger, Heidegger en un sens ne fait que rendre justice à l'*une* des dimensions revendiquées par l'auteur lui-même qui notait, dans la Préface à la première édition du *Travailleur,* significativement signée : Berlin, 14 juillet 1932 :

> Par-delà les théories, les partis pris et les préjugés, le projet de ce livre consiste à rendre la Figure du Travailleur visible comme une grandeur en action (*eine wirkende Größe*) qui est déjà puissamment intervenue dans le cours de l'histoire et qui détermine impérativement (*gebieterisch bestimmt*) les formes d'un monde métamorphosé. Comme il s'agit moins ici de nouvelles pensées ou d'un nouveau système que d'une nouvelle réalité (*eine neue Wirklichkeit*), tout dépend *de l'acuité de la description qui présuppose des yeux doués d'une ample vision libérée de tout préjugé.* (p. 35) [je souligne].

Or ce qui n'est en aucune façon interrogé à travers ces descriptions, c'est cela seulement qui permettrait de se tenir « en dehors du nihilisme » (pour reprendre des formulations jüngériennes que Heidegger récusera par la suite) :

1. E. Jünger, *Le Travailleur,* trad. cit., p. 361.

> … ne plus « prendre part » ne veut nullement dire déjà « se tenir en dehors » du nihilisme, et cela d'autant moins que l'essence du nihilisme n'est rien de nihiliste et que l'Histoire de cette essence reste quelque chose de plus ancien et de plus jeune que les phases « historiquement » déterminables des différentes formes de nihilisme. C'est pourquoi votre ouvrage *Le Travailleur,* ni non plus le traité *De la Souffrance* (1934)[1], qui fait un saut encore plus grand, n'appartiennent à de quelconques « archives » du mouvement nihiliste. Au contraire, il me semble que ces œuvres *demeurent* parce qu'à elles, dans la mesure où elles parlent le langage de notre siècle, peut s'allumer de nouveau le dialogue avec l'*essence* du nihilisme - [*et Heidegger d'ajouter, sans concessions!*] - dialogue qui n'est encore nullement entrepris.

Déjà, dans les notes qu'il consacrait à Jünger dans les années 1939-1940, où Heidegger avait inauguré un séminaire « privé » consacré à l'ouvrage de 1932 (Ga. 90, 253-260), il soulignait l'opposition entre la description et la question ou le questionnement. Le grand mérite de Jünger, notait-il alors - par opposition aux différentes versions d'un nietzschéisme durement critiqué - c'est d'appréhender, de décrire la « réalité-effective » (*Wirklichkeit).* Pourtant Jünger demeure *ein Beschreiber,* ajoute-t-il, dans une analyse qui traite (*ibid.* 259) *Vom Kampf der Berschreiber und Frager,* du conflit ou du combat entre celui qui décrit et celui qui questionne ou qui interroge - le *Frager*. De même, un peu plus loin (263-265) dans le même groupe de notes, Heidegger oppose-t-il : « Ce que E. Jünger voit » - « Ce que Ernst Jünger ne voit pas ».

> Il voit, poursuivait-il, la réalité effective d'aujourd'hui comme volonté de puissance. Il voit que et comment cette réalité-effective détermine partout son efficace. Il voit cette réalité-effective dans la multiplicité de ses figures. […] Ernst Jünger est un connaisseur de l'effectivement réel à la lumière de l'effectivité entièrement pensée par Nietzsche et par lui seul. Jünger est un connaisseur, mais en aucun cas un penseur.

Ce que redira encore, avec plus de force, la *Contribution à la question de l'être ;* je cite longuement un passage clef[2] :

> Votre ouvrage *Le Travailleur* (1932) a entrepris la description du nihilisme européen dans la phase qui a suivi la première guerre mondiale. Il est le développement de votre essai sur *La Mobilisation totale* (1930). Le *Travailleur* appartient à la phase du « nihilisme actif » (Nietzsche). L'action de cet

1. L'ouvrage a été traduit par Julien Hervier, Nantes, Éditions Le Passeur, 1994.
2. Traduction française G. Granel, in *Questions I,* Gallimard, Paris, 1968, p. 204-205.

> ouvrage consistait – et consiste encore, sous une forme modifiée de sa fonction – en ce qu'il rend visible le « caractère total de travail » de tout réel effectif à partir de la figure du travailleur. C'est ainsi que le nihilisme, au début seulement, européen, apparaît dans sa tendance planétaire. Cependant il n'y a pas de description qui, en elle-même, soit capable de montrer le réel-effectif en lui-même. Toute description se meut à sa manière propre – et cela d'autant plus sûrement que sa démarche est plus stricte – dans un horizon (*Gesichtskreis)* déterminé. La façon de voir et l'horizon (vous dites « l'optique »)[1] sont pour la représentation humaine le résultat d'expériences fondamentales qu'elle a faites de l'étant en totalité. Or ce qui précède celles-ci c'est une éclaircie *[*Lichtung *que Granel traduit, à tort, par « lumière »]* qui ne se fait jamais par l'homme, sur la façon dont l'étant « est ». L'expérience fondamentale qui fait toute l'armature de votre représentation et de votre exposition grandit dans les grands engagements de matériel de la première guerre mondiale. Mais l'étant en totalité se montre à vous dans la lumière et dans l'ombre (*Licht und Schatten*) que Nietzsche déploie sous la forme d'une doctrine des valeurs.

Je me bornerais à souligner ici deux points : 1) la description qui se déploie dans l'optique de la volonté de puissance; 2) le mouvement qui reconduit de l'« optique » permettant de procéder à un relevé topographique, à ce que Heidegger caractérisera plus loin comme « topologie » — l'*Erörterung* est un exercice de topologie.

La *description* tout d'abord. Il est en un sens assurément légitime de mettre l'accent sur ce trait caractéristique, et assumé comme tel, des ouvrages de Jünger ici en question (*La mobilisation totale, Le Travailleur, Le passage de la ligne)*[2], mais il importe aussi de remarquer que cette « description » est d'abord et avant tout le fruit d'un regard exercé, celui qui est précisément capable de mettre en évidence un *type, une figure ou une empreinte* (*Gestalt, Gepräge* – deux termes dont Heidegger fera lui-même un grand usage dans les années 36-46). Comme l'indique Jünger dans *der Arbeiter*[3], l'essentiel est ici de dégager la « loi du sceau et de l'empreinte » qui règne dans le domaine de la Figure :

> La Figure n'est pas une grandeur nouvelle qu'il faudrait découvrir en plus de celle que l'on connaît déjà; non, mais une fois qu'on a ouvert les yeux de façon nouvelle, le monde apparaît comme une scène où évoluent les Figures dans leurs rapports entre elles.

1. Édition Maier-Figal, p. 131-132; trad. cit., p. 77, 79.
2. E. Jünger, *Le passage de la ligne,* trad. fr. H. Plard, préface de J. Hervier, Paris, Christian Bourgois, 1997.
3. E. Jünger, *Le Travailleur,* trad. cit., p. 62-63.

Je m'arrête encore un instant sur la notion de *Gestalt* : le concept apparaît pour la première fois, à ma connaissance, sous la plume de Jünger en août 1929, dans un article intitulé, par référence évidente à Nietzsche, « Der Wille zur Gestalt », la volonté de forme ou de figure. La « Figure » permet « une nouvelle façon de s'emparer des choses, une nouvelle façon de s'en saisir », comme le précise aussitôt Jünger. « Là où s'aperçoit la Figure, là cessent d'être décisives les abstractions à l'aide desquelles le libéralisme s'efforça de niveler la terre de Dieu ; décisifs sont la différence, le particulier » [1]. C'est par là aussi que la Figure se distingue radicalement de l'idée, générale et abstraite. La Figure, concept conforme à la volonté de saisie morphologique (*Wille zu morphologischem Zugriff*), reçoit ainsi une évidente fonction polémique contre l'idéalisme ou l'universalisme ; il s'agit, grâce à elle, d'appréhender, comme le souligne à nouveau Jünger, *das notwendige So-und-nicht-anders-Sein des Lebens* « le nécessaire être-ainsi-et-pas-autrement de la vie ». Ainsi définie, la Figure, rassemble et unifie en *spécifiant* eu égard à la *particularité* et à l'*historicité* de ce qu'elle permet d'appréhender pour la première fois. Dans cette unification-totalisation, la Figure s'oppose également à la raison, raison étrangère à la vie, abstraite, répétitive, dérivée.

La description, si c'en est une, s'attache donc à découvrir ce que Jünger nomme le « principe » de la mobilisation totale ; principe qui est « enfoui plus profond » que les déterminations techniques, matérielles, économiques : on peut le définir comme « disponibilité à être-mobilisé » en référence à un stock disponible, le *Bestand*, essentiellement déterminé par son statut de disponibilité. Le « type » singulier du déploiement des forces que la « description » met ainsi en lumière, conduit à supposer qu'on est ici en présence d'un phénomène spirituel, ou encore d'un « ordre cultuel » dont Jünger entend bien dégager la « signification métaphysique ». Telle est la raison pour laquelle la « mobilisation totale » n'est pas seulement une mesure « technique » ou « militaire ». Ce qui revient à dire aussi que l'essence de la technique, pour autant qu'elle est « mobilisation du monde à travers la figure du travailleur » (c'est le titre d'une partie de l'ouvrage de 1932, p. 164) n'est elle-même rien de technique. Ce que souligne expressément Jünger : « Pour accéder à un rapport véritable à la technique, on doit être plus que technicien [...] *Die Technik ist die Art und Weise, in der die Gestalt des Arbeiters die Welt mobilisiert* » [2].

1. E. Jünger, *Politische Publizistik, 1919-1933*, éd. Olaf Berggötz, Stuttgart, Klett-Cotta, 2001, p. 491.

2. Je cite l'édition des *Werke*, Band 6, Essays II, Klett, Stuttgart, sans date <1960>, p. 165.

On voit donc que, quand Jünger place son entreprise, *Le Travailleur*, au premier chef, sous la rubrique de la « description » [1], c'est en un sens assez particulier, puisqu'il s'agit de mettre en évidence, de faire apparaître ou ressortir une Figure, pas nécessairement ni immédiatement identifiée et reconnue comme telle : la « figure » du Travailleur, qu'on ne confondra ni avec une essence ni avec une « idée » platonicienne. La figure est plutôt quelque chose comme le type, la « frappe » ou l'« empreinte » à reconnaître ou déchiffrer comme clef d'intelligibilité de tout ce qui est [2].

C'est dire aussi qu'il ne s'agit pas davantage d'une détermination historico-empirique, mais bien plutôt de la manifestation déterminée d'un principe « cosmique » : celui de la « volonté de puissance » nietzschéenne.

> Par Figure nous désignons une réalité supérieure donatrice de sens [3]. Les manifestations phénoménales sont signifiantes en tant que symboles, représentants, empreintes de cette réalité effective. La figure est un tout qui contient plus que la somme de ses parties. Ce surplus nous le nommons Totalité.

Cet excédent de la figure est celui de la totalité organique sur ses éléments constitutifs. En quoi consiste cet excédent ? Précisément dans la totalisation – celle-là même que Jünger avait déjà thématisée dans son essai sur la *mobilisation totale*. La Figure est comme un « prisme » (p. 120) à travers lequel on aperçoit les irisations qui caractérisent l'ère de la technique, ou encore elle est comme le centre magnétique qui ordonne le champ : « Nous

1. « Tout dépend de l'acuité de la description », comme le souligne d'emblée Jünger (*Le Travailleur*, préface, trad. cit., p. 35).

2. *Le Travailleur*, p. 62 : « S'il arrive dans ce qui va suivre que l'on parle de Figures comme d'une pluralité, c'est le résultat d'une absence provisoire d'ordre hiérarchique auquel il sera mis fin au cours de ces recherches. L'ordre hiérarchique dans le domaine de la Figure ne résulte pas de la loi de cause à effet, mais d'une loi tout à fait autre, celle du sceau et de l'empreinte ; et nous allons voir qu'à l'époque dans laquelle nous entrons, l'empreinte reçue par l'espace, le temps et l'homme renvoie à une Figure unique, à savoir celle du Travailleur. *Provisoirement, et indépendamment de cet ordre, on donnera le titre de Figure au genre de grandeurs qui s'offrent à un regard capable de concevoir que le monde peut être appréhendé dans son ensemble selon une loi plus décisive que celle de la cause et de l'effet, bien qu'elle ne discerne pas l'unité selon laquelle s'accomplit cette appréhension.* » [souligné par moi].

3. § 26 – la Figure au-delà de l'histoire, de l'évolution, de la volonté ; la Figure est « Prägung », frappe, empreinte (§ 8, p. 62) : « Dans la Figure repose le tout qui englobe plus que la somme de ses parties et qui restait inaccessible à l'âge de l'anatomie… *Dès l'instant où notre expérience prend la forme des Figures, tout devient Figure. La Figure n'est donc pas une grandeur nouvelle qu'il faudrait découvrir en plus de celles que l'on connaît déjà : non ! mais une fois qu'on a ouvert les yeux de façon nouvelle, le monde apparaît comme une série où évoluent les Figures dans leurs rapports entre elles…* » [je souligne à nouveau].

voyons la limaille, mais nous ne voyons pas le champ magnétique qui, en réalité, détermine son ordonnance. » Cette perspective de l'apparition d'un nouveau champ de force se situe résolument sous le signe de Nietzsche (p. 179) : La caractéristique infiniment plus importante du type, sa liberté propre - note encore Jünger - tient justement au fait qu'il appartient à un tel champ de force. Ce champ est dominé par la figure du travailleur. La figure n'exclut pas l'évolution, mais l'inclut... *de même qu'elle apparaît comme un nouveau centre pour écrire l'histoire.*

L'essence de la technique n'est donc rien de technique ; le travail n'est pas d'abord une activité technique, au sens obvie et trivial du terme :

> Les déclarations que nos contemporains parviennent à formuler sur la technique n'offrent qu'un maigre butin. [...] Pour posséder une relation réelle à la technique, il faut être quelque chose de plus qu'un simple technicien. [...] La technique, en ce sens, est la maîtrise de la langue qui a cours dans l'espace du travail. Cette langue n'est pas moins significative ni moins profonde que tout autre, car elle ne possède pas seulement une grammaire, mais une métaphysique. Dans ce contexte, la machine joue un rôle aussi secondaire que l'homme, elle est rarement l'un des organes qui permettent de parler cette langue [1].

J'aborde par là mon *deuxième point :* le mouvement qui passe de la « *description* » typologique orientée sur une topographie (la ligne, la zone, le point zéro, le méridien) à la *topologie* emprunte justement le chemin de la langue ou de l'écriture, le geste qui aboutit par exemple à biffer en croix le mot « être » : C'est en effet - au-delà de la description, voire du projet de donner une « bonne définition » du nihilisme - à partir de la considération de la langue que la critique adressée par Heidegger à Jünger lui-même se fait plus dure en 1955 : « La tentative de « franchir la ligne » reste condamnée à une représentation qui relève elle-même de l'hégémonie de l'oubli de l'Être, c'est pourquoi aussi elle s'exprime avec les concepts fondamentaux de la métaphysique (*Forme, Valeur, Transcendance*). L'image de la ligne peut-elle, dès lors, donner une intuition suffisante de la Zone du nihilisme accompli ? ». Et « l'image de la Zone est-elle bien meilleure ? », demande Heidegger.

> Faut-il - demande-t-il encore [*trad. citée, p. 224*] - que la langue de la métaphysique de la volonté de puissance, de la Forme (*Gestalt)* et de la valeur, soit encore sauvée de l'autre côté de la ligne ?

1. E. Jünger, *Der Arbeiter,* § 44, p. 164-165 (trad. cit., p. 97-98).

Vient alors le soupçon :

> Et si la langue précisément de la métaphysique et cette métaphysique elle-même (que ce soit celle du Dieu vivant ou du Dieu mort) constituait *en tant que* métaphysique cette barrière qui interdit le passage de la ligne ?

Ce que Heidegger introduit ainsi ultimement comme trait déterminant de sa critique radicale de la tentative jüngérienne de description du nihilisme et de la tentative d'en donner une « bonne définition », c'est l'idée que l'essence du nihilisme repose dans l'oubli de l'être [1]. Tout est là en réalité et cette idée commande la question de la langue, du « lexique », du « vocabulaire », dans un mouvement continu qui culmine dans la décision la plus frappante du texte : pour affronter l'essence de la technique, pour tenter d'en proposer ou d'en préparer un possible dépassement (*Überwindung* – terme qui sera lui-même, comme on sait, réélaboré et remplacé par celui de *Verwindung*), « nous devrions donc abandonner le mot : " das Sein ", source d'isolement et de scission (*das vereinzelnde und trennende Wort « das Sein »),* aussi décidément que le mot " l'homme" » [2].

En effet, poursuit Heidegger, « il n'est aucunement plus facile de dire l'"être" que de parler du néant », car c'est bien de cela qu'il s'agit, d'un bout à l'autre, pour Heidegger comme pour Jünger : jeter un regard aigu sur ce qui *est,* pris emphatiquement, appréhender ce qui est *wirklich,* en réalité, effectivement, par delà les effets de surface. Tout revient donc à la question du « *rechtes Sagen* », de ce juste dire dont ni la logique ni la dialectique issues de la métaphysique ne peuvent appréhender l'essence. Tout nous renvoie à l'opposition et à la complémentarité : *Sagen – ver-sagen* (que Granel traduit ici par dire – dé-dire).

Cette question marque sans doute le moment du complet « décrochage » de la lettre de Heidegger en réponse à Jünger : l'accent mis sur le « dire », la langue, la co-appartenance de l'être et de l'être de l'homme, mais surtout le réinvestissement du néant, du *nichts* toujours et encore entendu comme *nihil negativum* dans l'accomplissement, surmontement (*Vollendung, Überwindung)* du nihilisme, en terme d'être (*Sein – Nichts).* Or c'était déjà très précisément la démarche de Heidegger dans l'introduction à *Was ist Metaphysik ?* ajoutée à la 5e édition en 1949.

1. Ce point, fondamental, est acquis dès 1935, avec l'*Introduction à la métaphysique. Cf.* J.-F. Courtine (éd.), *L'introduction à la métaphysique de Heidegger,* Paris, Vrin 2007, en particulier p. 25 *sq.*, 134 *sq.*

2. M. Heidegger, *Contribution à la question de l'être,* trad. cit., p. 229.

> Une pensée qui fait mémoire (*denkt... an*) de la vérité de l'être ne se contente plus de la métaphysique. [...] Dans cette pensée la métaphysique est dépassé (*überwunden*). La prétention de la métaphysique à régir (*verwalten*) le trait directeur à l'être et à déterminer, en lui donnant la mesure, tout rapport (*Verhältnis*) à l'étant comme tel, devient caduque. Ce « dépassement de la métaphysique » n'écarte pas toutefois la métaphysique. Aussi longtemps que l'homme demeure l'animal rationale, il est l'animal metaphysicum [...] Si la pensée réussit à retourner au fondement de la métaphysique, elle pourrait bien entraîner un changement (*Wandel*) de l'essence de l'homme, changement d'où s'en suivrait peu à peu une transformation de la métaphysique [1].

Verwandlung der Metaphysik - tel est aussi le dernier motif que nous verrons mis en avant dans la réponse à Jünger.

La complexité du geste qui consiste à biffer l'être apparaît nettement dans tel énoncé qui distingue *das nichtige Nichts*, *das "Sein"*, et *das Nichts* (celui qui n'aura pas été masqué dans ce qui a été tenu jusqu'ici pour l'être), ou mieux « das Wesen des Nichts » - cette essence qui fait de nous des « mortels ». Je cite littéralement le passage difficile où Heidegger s'interroge sur le site, le lieu (*Ort*) du néant (*Nichts) :*

> Est-ce qu'avec l'achèvement (*Vollendung*) ou à tout le moins avec le dépassement du nihilisme disparaît le Néant ? Probablement n'en vient-on à ce dépassement (*Überwindung*) du nihilisme qu'à la condition qu'au lieu de l'apparence du *nihil negativum*, au lieu de cet *Anschein des nichtigen Nichts*, advienne l'essence du Néant, ce *Wesen des Nichts*, qui depuis toujours a été transformé [métaphysiquement] en « l'être » [ou en « être »] ; et à condition que cette essence du Néant puisse se mettre à couvert, trouver un abri, auprès de nous, les mortels. *Vermutlich kommt es erst dann zu dieser Überwindung* [le dépassement du nihilisme], *wenn statt des Anscheins des nichtigen Nichts das einsther ins « Sein » verwandte Wesen des Nichts ankommen und bei uns Sterblichen unterkommen kann* [2].

La question de l'essence du nihilisme se transmue alors en question portant sur ou mieux sans doute interrogeant l'« essence du néant », cherchant à assigner l'« Ort des Nichts », dont déjà la Leçon inaugurale de 1929 disait que l'homme est le « lieutenant » (*Platzhalter des Nichts*). Je m'arrête encore un instant sur cette Leçon inaugurale, car elle date de 1929, avant que Heidegger n'emploie pour la première fois le terme de nihilisme (me semble-t-il) dans le cours de 1929-1930, *Les concepts fondamentaux de la*

1. M. Heidegger, *Gesamtausgabe*, 9, Francfort, Klostermann, 1976 ; p. 367-368.
2. Ga., 9, p. 410.

métaphysique, en réponse (déjà) à des critiques liées à la réception de la Leçon inaugurale :

> Le non-étant et la nullité (*Nichtigkeit*) ne sont compréhensibles que si le *Dasein*, dès le départ et de fond en comble, se tient vis-à-vis du *rien*, est tenu hors de soi jusqu'au cœur du rien *[traduction ou surtraduction de* in das Nichts hinausgehalten ist, *formule qui reprend les termes mêmes de la Leçon de 1929]*.

Et Heidegger de poursuivre, de manière anti-critique par rapport à l'objection du bon sens effarouché : « L'homme se trouve être là dans le rien ; à proprement parler il n'a rien et n'est rien lui-même. Une philosophie qui soutient de telles affirmations est du pur nihilisme »[1].

Ce qui est alors recherché par Heidegger dans sa réponse à Jünger en radicalisant ainsi, comme il l'avait déjà fait dès 1929, la question du néant et du nihilisme, c'est bien tout à la fois la transformation d'une « *Topographie des Nihilismus* » en *Topologie* (qui cherche à fixer le lieu, le site du *Néant)* et une « topique de l'essence de la ligne » (*das Wesen der Linie erörtern)*[2], cette ligne qui traverse le « point médian », la zone la plus dangereuse du nihilisme. On mesure ici la transformation radicale du propos de Jünger qui proposait d'abord une tentative de bonne définition du nihilisme. La « bonne » définition – réplique Heidegger – ce serait ici le fait d'abandonner toute volonté de « définition », « pour autant que celle-ci doit s'emprisonner dans des propositions prédicatives où périt la pensée » (*Aussagesätze).* La recherche d'une « bonne définition » du nihilisme nous engage dans un domaine où un autre dire (*ein anderes Sagen*) est requis. C'est dans ce contexte que réapparaît un terme difficile et central de l'essai : *Zuwendung*, que Gérard Granel traduisait assez curieusement par « atour ». Ce dont il faudrait proposer une « bonne définition », l'essence du nihilisme, « cela nous renvoie à un domaine qui réclame un autre Dire » (*ein anderes Sagen).*

> Si l'Atour (la *Zuwendung)* appartient à l'être, et de telle façon que celui-ci <l'être> repose en celui-là <l'Atour>, alors l'« être » se résout dans l'Atour. *Gehört zum « Sein » die Zuwendung, und zwar so, daß jenes in dieser beruht, dann löst sich das « Sein » in die Zuwendung auf.*

1. Ga. 29/30, *Les concepts fondamentaux de la métaphysique, Monde-finitude-solitude*, trad. fr. D. Panis, Paris, Gallimard, Paris 1992, p. 432.

2. Heidegger parle de « Topographie des Nihilismus » (Ga. 9, p. 412). *Cf.* trad. cit., p. 250.

Le mot (*Zuwendung)* était employé par Jünger lui-même (éd. Figal, p. 134; trad. Henri Plard, p. 81) : enchaînant sur la question de savoir dans quelle mesure les êtres, les œuvres, les institutions ont « passé la ligne », Jünger se demandait si et dans quelle mesure les Églises peuvent encore en appeler à « la vertu créatrice de la souffrance ». « Jusqu'à quel point, s'interrogeait-il, sont-elles encore en mesure d'aider ? Disposent-elles toujours des moyens de grâce ? » Pointait alors un soupçon nietzschéen : « Question à ne pas esquiver : car c'est justement dans les édifices soustraits à l'examen que pourrait s'amonceler la matière d'une attaque nihiliste. » Un tel danger, ajoute-t-il, fait « reculer beaucoup de ceux dont le nihilisme a aiguisé la vue » (p. 81), avant de conclure :

> La question ainsi posée ne restera pas longtemps en suspens : *on peut le prévoir.* Le moment (*Augenblick*) où la ligne sera passée amènera un nouvel afflux d'être (*bringt eine neue Zuwendung des Seins),* et ce qui est réel (*das was wirklich ist),* commencera à luire (*und damit beginnt zu schimmer, was wirklich ist).*

Die Zuwendung, l'atour, l'afflux ? Le terme désigne plutôt le fait de se tourner vers, au sens de la libéralité, celle qui consiste à procurer une faveur, à allouer une donation ou, en termes plus juridico-économiques, une « dotation », voire une subvention. La *Zuwendung des Seins* fait ainsi clairement écho, dans la phrase de Jünger, à l'éclat nouveau de ce qui *est* [souligné] réellement ou effectivement.

Le passage est cité par Heidegger qui s'interroge alors en mode critique – et c'est là, sans jeu de mots, un des tournants de sa réponse à Jünger :

> ... j'aimerais demander si ce n'est pas plutôt au contraire le nouvel Atour de l'être (*die neue Zuwendung des Seins)* qui nous révélera le moment propice au passage de la ligne. [...] Nous pourrions demander plus justement si « l'être » (*das Sein,* entre guillemets) est quelque chose pour soi, et si, outre cela, et par intermittence, il s'atourne ainsi (*sich den Menschen zuwendet)* vers les hommes.

Et Heidegger de reprendre en la reformulant complètement l'expression risquée par Jünger :

> *Vermutlich ist die Zuwendung selber, aber nochverhüllterweise, Jenes, was wir verlegen genug und unbestimmt « das Sein » nennen.* Probablement l'Atour est-il lui-même, mais d'une façon encore voilée, cela que nous nommons avec assez de peine et d'indétermination, l'« être »[1].

1. Ga., 9, p. 407.

C'est dire aussi que cette *Zuwendung* n'en advient pas moins, « sous la domination du nihilisme », elle advient alors comme *Ab-wendung* : l'être se détourne ou, encore, « il se retire dans l'absence ». Mais *Abwendung* et *Entzug* ne sont pas rien : c'est dans ou à travers le retrait que l'être se manifeste. La *Seinsverlassenheit,* ce n'est pas seulement l'abandon loin de l'être, la déréliction, mais bien plutôt l'être-abandonné, ou l'être comme abandon, selon la figure hölderlinienne, ici déterminante pour Heidegger, du « défaut de dieu » ou des « dieux enfuis », et ne se maintenant que dans cette fuite ou cette défaillance. Si donc l'essence de l'homme ne réside et ne demeure que dans cette *Zuwendung/Abwendung* de l'être ou qu'est l'« être » (et à nouveau les guillemets sont ici indispensables), alors toute tentative de correspondre à l'être *(entsprechen)* ne peut qu'aboutir à un dire qui est aussi et essentiellement « dé-dire » : « *...am « Sein » liegt es, daß in der Entsprechung zu ihm unser Sagen versagt* »[1]. Prendre la mesure de cette nouvelle diction (apophatique ou apotropaïque) c'est abandonner le mot « être » non moins résolument que le nom « homme ». Ce ne sont pas là des questions purement terminologiques, mais, souligne Heidegger (*ibid.*, trad. cit., p. 230), « des questions qui, dans la marche "au-delà de la ligne" (*beim Gang « über die Linie »)* reçoivent une plus grande acuité encore ; car cette marche se meut dans le domaine du Néant (*im Bereich des Nichts).* Est-ce qu'avec l'accomplissement ou tout au moins avec le dépassement (*Überwindung*) du nihilisme, disparaît le Néant ? » demande Heidegger.

Je cite à nouveau :

> *Vermutlich kommt es erst dann zu dieser Überwindung, wenn statt des Anscheins des nichtigen Nichts das einsher ins « Sein » verwandte Wesen des Nichts ankommen und bei uns Sterblichen unterkommen kann.* – Probablement n'en vient-on à ce dépassement qu'à la condition qu'au lieu de l'apparence du *nichtiges Nichts,* du *nihil negativum [à quoi en restaient Nietzsche et... Jünger –J.-F. C.],* l'essence du Néant, détournée depuis toujours dans la représentation de l'« être », puisse advenir et trouver abri auprès de nous, mortels.

Ici il n'est plus question de « description », mais bien d'écriture (*schreiben).* Le coup d'œil précurseur (le *Vorblick*) dans le domaine en question ne peut qu'écrire l'« être » barré d'une croix de saint André. La biffure en croix « indique les quatre régions (*Gegenden des Gevierts)* du Quadran et leur rassemblement dans le Lieu où se croise cette croix » (*und deren Versammlung im Ort des Durchkreuzung).*

1. Ga., 9, p. 409.

L'être « est » *Zuwendung : das An-wesen wendet sich als solches zum Menschenwesen* – le déploiement-en-présence se tourne comme tel vers l'être-humain en ayant recours à lui, en faisant appel à lui. L'homme dans son essence devient ainsi *das Gedächtnis des Seins,* la « mémoire » ou mieux la garde (au sens de garder en mémoire) de l'être barré. Le *Denken* se fait *Ge-denken,* pensée mémoriale, pris qu'il est dans l'*Anspruch,* la revendication, l'appel d'une injonction (*Geheiß)* plus initiale que l'être de l'étant (Heidegger avait noté en marge, dans la première édition séparée de 1956 (p. 31) au lieu de *Geheiß, Ereignis)* [1].

Ainsi comprise la « zone » de l'être (barré en croix) est précisément celle du néant (du *Nichts*) ; au point central de cette zone se tient l'essence de l'homme. On voit bien comment toute la topographie de Jünger se trouve ici complètement bouleversée : « L'homme ne fait pas que se tenir *dans la Zone* critique de la ligne. Il *est* lui-même – mais non lui en soi, et absolument pas par soi seul – cette zone et par conséquent la ligne » [2]. Ce qui revient à dire aussi, à l'opposé de toute la mise en scène de Jünger, que « la ligne n'est pas quelque chose qui se tient là devant l'homme, quelque chose qu'on peut franchir. Alors s'effondre aussi la possibilité d'un *trans lineam* et celle d'une traversée pour y parvenir ».

Jünger, avec et après Nietzsche, a tenté de dresser la topographie du nihilisme, mais cette topographie doit être précédée d'une topologie, à savoir : *die Erörterung desjenigen Ortes, der Sein und Nichts in ihr Wesen versammelt, das Wesen des Nihilismus bestimmt...* « la circonscription de ce site qui rassemble en son essence être et néant, et qui seule détermine l'essence du nihilisme. »

Dans la suite de son analyse [3], Heidegger peut ensuite aller jusqu'à réinvestir la transcendance, le « es gibt », la métaphysique, entendue désormais (à la différence de *Sein und Zeit*) en termes de destin ou d'envoi destinal : *Geschick – Geschichte des Seins.*

La *Verwindung der Metaphysik,* dès lors qu'elle accède à l'être biffé, autrement qu'elle abandonne l'« être », en rigoureuse réponse à la *Seinsverlassenheit,* peut aller ensuite jusqu'à réaffirmer positivement la démarche qu'indique la préposition *trans* ou *méta,* mais non plus au sens que maintenait Jünger pour caractériser un mouvement visant à dépasser une ligne, traverser un moment critique, sortir de la zone et du « point zéro ». Le *méta* est repris comme *Überstieg,* non plus celui de la transcendance du

1. *Cf.* Ga. 9, p. 411.
2. Trad. cit., p. 233.
3. Ga. 9, 413 ; trad. fr., p. 235.

Dasein, telle que Heidegger pouvait encore la thématiser dans *Vom Wesen des Grundes,* mais au sens de l'ex-cendance par rapport à l'étant. Mouvement que Heidegger ressaisit dans une formule elle-même complexe : *das Geschick des Überstiegs. Daß und wie « es » das Sein des Seienden gibt, ist die Meta-Physik in dem bezeichneten Sinne.* « Le destin, l'histoire destinale de l'excès, de l'ex-cendance : que et comment « ça » donne l'être de l'étant, voilà la méta-physique, au sens indiqué, qui est le sens insigne ». Le geste ici effectué est tout à fait remarquable. On se gardera de le confondre avec quelque figure que ce soit de l'*Aufhebung* ou de la relève, « à la Hegel », mais il marque bien, au-delà de la critique radicale, quelque chose comme une reprise, une « relance » ou « répétition » – « réconciliation »; lesquelles ne doivent en aucun cas brouiller la ligne de partage qui sépare le Méta-Physique, ou l'essence de la métaphysique et la métaphysique :

> Si donc, c'est le Néant qui règne dans le nihilisme et que l'essence du néant appartient à l'être, si d'autre part l'être est le destin de l'ex-cendance (*Überstieg*), c'est alors l'essence de la métaphysique qui se montre comme le lieu [le site] essentiel du nihilisme. Ce qui ne se laisse dire qu'à la condition que nous éprouvions l'essence de la métaphysique comme le destin de l'ex-cendance. *Wenn somit im Nihilismus das Nichts waltet und das Wesen des Nichts zum Sein gehört, das Sein jedoch das Geschick des Überstiegs ist, dann zeigt sich als Wesensort des Nihilismus das Wesen der Metaphysik. Dies läßt sich nur dann und solange sagen, als wir das Wesen der Metaphysik als das Geschickt des Überstiegs*[1].

À la question venue de Nietzsche, relancée par Jünger : En quoi consiste le dépassement du nihilisme ? il faut donc répondre : dans « l'assomption de la métaphysique », c'est à dire du rien comme l'autre de tout étant : *Worin beruht dann die Überwindung des Nihilismus. In der Verwindung der Metaphysik.*

Surmonter le nihilisme, c'est alors aussi « sauver » (*retten, Rettung)* la métaphysique en son essence (en son déploiement essentiel – « verbal »). Loin de toute « description », de toute tentative d'élaborer une bonne définition du nihilisme, caractérisé selon ses aspects protéiformes, l'urgence véritable, dans ces années d'après-guerre, ou de guerre froide, ces années où « la figure d'une catastrophe planétaire se dessine sous nos pieds » (trad. p. 210), où, après deux guerres mondiales, « le mouvement du nihilisme » n'a été ni arrêté ni « détourné de sa direction », c'est de revenir à la question de l'être : *Zur Seinsfrage* pour le biffer d'une croix, ou de relancer la question :

1. Ga. 9, 414.

Was ist Metaphysik ?[1]. Par là, et je le remarque en passant, on peut redonner un tout autre sens à l'équation répétée *ad nauseam* dans le cours sur Nietzsche de 1940 : *Nietzsche, der europäische Nihilismus :* « Le véritable nihilisme, c'est la métaphysique. »

Dans les cours de 38/39 et de 46/48, rassemblés sous l'intitulé général *Metaphysik und Nihilismus*, Heidegger notait dans le même sens :

> L'être même demeure, selon une nécessité essentielle, impensé dans la métaphysique. La métaphysique est cette histoire dans laquelle l'être lui-même, de manière essentielle, est tenu pour rien. La métaphysique est comme telle le véritable nihilisme. *Das Sein selbst bleibt wesensnotwendig in der Metaphysik ungedacht. Die Metaphysik ist die Geschichte, in der es mit dem Sein selbst wesenhaft nichts ist. – Die Metaphysik als solche ist der eigentliche Nihilismus*[2].

Le véritable nihilisme, celui qu'il convient d'assumer pleinement et en aucun cas de dépasser, c'est aussi ce qui répond proprement à ceci que (*ibid.* 220-221) : « *Das Sein selbst entzieht. Der Entzug geschieht*... L'être lui-même se retire, le retrait advient... L'essence du véritable nihilisme est l'être lui-même dans l'absence, le défaut de sa non-occulation, cette non-occultation qu'il *est* Lui-même pour autant qu'elle est la sienne, et qui, dans l'absence ou le défaut détermine son "est". *Das Wesen des eigentlichen Nihilismus ist das Sein selber im Ausbleiben seiner Unverborgenheit, die als die seine Es selber ist und im Ausbleiben sein "ist" bestimmt* ».

C'est bien de cela qu'il est finalement et fondamentalement question dans le débat ou le différend Heidegger-Jünger, Jünger-Heidegger, du « est », le « est » de « *ce qui* est *réellement, effectivement* ». *Einblick in das, was ist.*

Au « est » heideggérien, pris dans la sombre dramaturgie du retrait, de l'abandon et du défaut où se donne ce qui est à garder et à sauver, il est sans doute permis de préférer celui également effectif que met en lumière la « description » de Jünger, celle du monde dans son caractère d'atelier, de ses déserts et de ses ruines, mais aussi de ses pistes en forêt, à l'écart des sentiers battus, et qui demeurent ouvertes au *Waldgänger*.

Jean-François COURTINE

1..Ga. 9, 417.
2. Ga. 67, 216.

LA MUSIQUE, L'ALLEMAGNE ET LE DIABLE THOMAS MANN ET LE NIHILISME

« *Cave musicam* »
NIETZSCHE [1]

L'art peut-il sauver du nihilisme ? Peut-il, à tout le moins, constituer, comme l'espérait Nietzsche, un « contre-mouvement » [2] au nihilisme ? Tout au long de son œuvre romanesque et de ses essais, Thomas Mann n'a cessé de se débattre avec ce problème qui prenait pour lui la forme d'une contradiction intenable : comment l'art peut-il laisser entrevoir une sortie du nihilisme, s'il est vrai que la création plonge ses racines au plus profond de la maladie et de toutes les formes de décadence ? La question, assurément, n'était pas étrangère à Nietzsche, qui n'hésitait pas à avouer à ses lecteurs, au seuil d'*Ecce homo*, sa « double provenance [*doppelte Herkunft*] » et se présentait d'entrée de jeu sous les deux figures antagoniques du « *décadent* » et du « *commencement* » [3], comme si l'ouverture de temps nouveaux n'était possible qu'au terme de l'inventaire des multiples figures de la décadence,

1. F. Nietzsche, *Humain, trop humain II*, « Avant-propos », § 3.

2. Le terme *Gegenbewegung* apparaît à de nombreuses reprises dans une série de fragments posthumes du début de 1888. Voir notamment, dans le cahier 14, les fragments 14, 35, 47, 117, 119, 169 et 170. Sur la question « L'art peut-il encore *nous* sauver ? », voir les analyses de M. Crépon, *Nietzsche. L'art et la politique de l'avenir*, Paris, P.U.F., 2003, p. 118-124. *Cf.* également, sur le concept de décadence, tout le chapitre « Culture, histoire, politique », p. 125-146.

3. F. Nietzsche, *Ecce homo*, « Pourquoi je suis si sage », § 1, in *Œuvres philosophiques complètes*, t. VIII/1, trad. fr. J.-C. Hémery, Paris, Gallimard, 1974, p. 245 (trad. mod.) ; *Kritische Studienausgabe*, Munich, DTV, 1988, vol. 6, p. 264. Sur cette tension qui fait encore dire à Nietzsche : « Indépendamment du fait que je suis un *décadent*, j'en suis également tout le contraire », *ibid.*, § 2, trad. p. 247 ; *KSA*, 6, 266, voir les pages de J. Derrida dans *Otobiographies : l'enseignement de Nietzsche et la politique du nom propre*, Paris, Galilée, 1984, p. 64-69.

comme si l'annonce de valeurs à venir supposait d'avoir sondé jusqu'en son fond l'abîme du nihilisme. De ce motif, il semble que Thomas Mann ait retenu l'idée d'une équivoque foncière de la création artistique, dont les mystères ne se révéleraient qu'à ceux que la maladie a initiés, ou du moins à ceux qui vivent en retrait, à l'écart de la vie ou en marge de la société, à l'instar de Tonio Kröger comme du héros du *Docteur Faustus*, le compositeur Adrian Leverkühn.

Comme s'il avait voulu prévenir les malentendus susceptibles de surgir chez ses contemporains – à moins qu'il ne se soit complu, en ironiste accompli, à déjouer les interprétations trop simples en multipliant les déclarations au sujet de son roman –, Thomas Mann a accumulé autour du *Docteur Faustus* un ensemble de commentaires d'une singulière abondance. En lui-même, un tel procédé n'a certes rien d'inhabituel, et même le « roman d'un roman » qu'est *Die Entstehung des Doktor Faustus* n'est pas sans rappeler le précédent du *Journal des « Faux-monnayeurs »*. Il est en revanche moins fréquent de voir un écrivain donner par avance à ses lecteurs la clef du roman qu'il est en train d'écrire, comme le fit Thomas Mann en prononçant le 29 mai 1945 à la Library of Congress de Washington une conférence intitulée « L'Allemagne et les Allemands ». Dans des circonstances historiques particulièrement dramatiques, moins d'un mois après la capitulation officielle du Reich et la signature de l'armistice, Thomas Mann tentait une nouvelle fois de répondre à la fatidique question « Qu'est-ce qui est allemand ? ». Si les premiers mots de l'orateur sont pour dire la reconnaissance de l'exilé récemment devenu citoyen américain, ils font rapidement place à une évocation de la ville natale de Lübeck et de sa physionomie si typiquement allemande, faite d'un mélange de modernité et de survivances du Moyen Âge qui amène Thomas Mann à poser l'existence d'« un lien secret de la sensibilité allemande avec le démonique », dont la figure de Faust serait l'emblème. Loin de renvoyer à un passé révolu, ce mythe est donc d'une terrible actualité :

> Un penseur et chercheur solitaire, un théologien et philosophe dans sa cellule qui, par désir des jouissances et de la domination du monde, vend son âme au diable – n'est-ce pas actuellement le bon moment pour voir dans cette image l'Allemagne, aujourd'hui où, à la lettre, le diable emporte l'Allemagne ?[1].

1. Th. Mann, « L'Allemagne et les Allemands », in *Les Exigences du jour*, trad. fr. L. Servicen et J. Naujac, Paris, Grasset, 1976, p. 317 (trad. mod.) ; « Deutschland und die Deutschen », in *Gesammelte Werke in zwölf Bänden*, vol. XI, « Reden und Aufsätze », Francfort s. M., S. Fischer, 1960, p. 1131 (désormais cité *GW*, XI, 1131). Le texte anglais de la conférence est repris dans

Pour avoir « vendu son âme au diable » en portant au pouvoir un dictateur démoniaque, « par désir des jouissances et de la domination du monde », l'Allemagne se serait vouée à l'enfer de la destruction qui vient de s'abattre sur elle. Dans cette interprétation du présent à la lumière du mythe, il n'est qu'un point sur lequel Thomas Mann trouve la légende fautive, et le passage de la conférence où il explicite cette « grande erreur » ressemble à s'y méprendre au schéma de son propre roman :

> Une grande erreur [*Fehler*] de la légende et du poème, c'est de ne pas établir un lien entre Faust et la musique. Il devrait être mélomane, musicien. La musique est du domaine démonique. [...] Si Faust doit être le représentant de l'âme allemande, il faudrait qu'il soit musicien [...] [1].

Thomas Mann n'est sans doute pas le premier à souligner les affinités qui unissent intimement l'Allemagne et la musique, « [le] plus allemand des arts [*die deutscheste der Künste*] » [2], et la thèse qu'il soutient ici ne fait que reprendre un motif d'abord orchestré par le romantisme et par Wagner. L'invention (non dénuée de provocation) que comporte le roman dont Thomas Mann entreprend la rédaction en mai 1943 est ailleurs et tient à la création de cette composition inédite, ce Faust musicien qu'est en somme Adrian Leverkühn, le « compositeur allemand » [3] dont « un ami » raconte la vie. Autour de cette figure se forme ainsi le nœud des relations entre l'Allemagne, la musique et le diable, qui donnent au *Docteur Faustus* sa place singulière dans l'œuvre romanesque de Thomas Mann.

Que cette interrogation lancinante sur l'art soit inséparable d'un débat avec Nietzsche, c'est ce que Thomas Mann a donné à entendre en calquant les principaux épisodes de la biographie de son héros sur la vie de l'auteur de *Par delà bien et mal :* né en 1885, Adrian Leverkühn, après avoir commencé des études de théologie qu'il abandonne pour se consacrer entièrement à sa vocation musicale, invente une méthode de composition révolutionnaire,

le recueil *Thomas Mann's Addresses delivered at the Library of Congress, 1942-1949*, Washington, Library of Congress, 1963.

1. « L'Allemagne et les Allemands », art. cit., trad. p. 317 ; *GW*, XI, 1131-1132.

2. *Le Journal du « Docteur Faustus » : le roman d'un roman*, trad. fr. L. Servicen, Paris, Bourgois, 1994 ; rééd., 2007, p. 159 ; *GW*, XI, 227. Sur ce motif, voir le recueil *Music and German National Identity*, C. Applegate et P. Potter (éd.), Chicago-Londres, University of Chicago Press, 2002.

3. Comme l'a relevé H. R. Vaget, il n'est sans doute pas fortuit que Thomas Mann préfère le terme *Tonsetzer* au *Fremdwort Komponist, cf.* « "German Music" and German Catastrophe : A Re-Reading of *Doktor Faustus* », *in* H. Lehnert et E. Wessel (éd.), *A Companion to the Works of Thomas Mann*, Rochester [NY], Camden House, 2004, p. 221-244 [note 26, p. 241].

avant de succomber à la syphilis qu'il a délibérément contractée avec une prostituée, dans le fol espoir que ce mal lui procurerait un surcroît d'énergie créatrice; après avoir passé dix ans dans l'hébétude, veillé par sa mère, il meurt à l'âge de 55 ans, comme Nietzsche, un 25 août. À la caractérisation du *Docteur Faustus* comme *Nietzsche-roman* qu'avaient aussitôt proposée ses premiers lecteurs, Thomas Mann a lui-même donné sa caution, allant jusqu'à énumérer, dans *Le Journal du « Docteur Faustus »*, quelques-uns de ces épisodes de la vie de Nietzsche transposés dans la biographie d'Adrian Leverkühn :

> La restitution de l'expérience que vécut Nietzsche au bordel de Cologne, les symptômes de son mal, les citations d'*Ecce homo* que fait le diable, celle (à peine un lecteur la remarquera) d'un menu de régime pris dans des lettres que Nietzsche écrivit de Nice, tout cela est véridique; ou encore (autre citation peu apparente), la dernière visite de Deussen avec son bouquet de fleurs, au philosophe perdu dans les ténèbres mentales [1].

Dans la constellation de ces allusions et autres « citations » nietzschéennes que l'auteur du *Docteur Faustus* s'est manifestement plu à multiplier au fil de ses lectures, le problème du nihilisme ne semble d'abord occuper qu'une place secondaire, du moins s'il faut s'en tenir au petit nombre d'occurrences du terme sous la plume de Sérénus Zeitblom, l'ami dévoué du compositeur Adrian Leverkühn devenu son biographe. À l'inverse de *La Montagne magique*, où l'écho de la pensée de Nietzsche est perceptible dans de nombreux passages des conversations entre les protagonistes, *Le Docteur Faustus* semble placer les références à Nietzsche sur le registre de la biographie, si ce n'est de l'anecdote, au détriment d'une discussion explicite des thèses proprement philosophiques. Lorsque le mot de « nihilisme » est effectivement employé, c'est même plutôt comme une citation, non pas des fragments de Nietzsche, mais plutôt des réactions suscitées au sein du public par les œuvres du compositeur. S'il faut en croire le récit de Zeitblom, cette accusation fut d'abord lancée contre « l'étonnante symphonie ou fantaisie pour orchestre à un mouvement, composée durant les derniers mois de 1913 et les premiers de 1914 » et intitulée par antiphrase *Les Merveilles du Grand Tout :*

1. *Le Journal du « Docteur Faustus »*, trad. p. 67; *GW*, XI, 165-166. C'est de 1947, année de la publication du *Docteur Faustus*, que date également l'essai « La philosophie de Nietzsche à la lumière de notre expérience », repris dans *Études*, trad. fr. Ph. Jaccottet, Paris, Gallimard, 2006, p. 73-129. Parmi les nombreux travaux consacrés à Nietzsche et Thomas Mann, voir la synthèse récente de Ch. Schmidt, *"Ehrfurcht und Erbarmen". Thomas Manns Nietzsche-Rezeption 1914 bis 1947*, Trier, Wissenschaftlicher Verlag Trier, 1997.

> Ce morceau n'a pas peu contribué à attirer à l'art de mon ami le reproche d'une virtuosité antiartistique, le reproche de blasphème, de crime nihiliste [*den Vorwurf einer virtuos antikünstlerischen Gesinnung, der Lästerung, des nihilistischen Frevels*] [1].

Dans ce contexte, le terme renvoie à la distance qui sépare les créations de l'artiste solitaire de la masse d'un public hostile à toute innovation. Ces réactions véhémentes de rejet sont en même temps l'indice du climat intellectuel de l'époque, si bien que le terme de nihilisme, lorsqu'il est ainsi lancé comme une injure contre la musique la plus avancée, vaut plus comme un symptôme social que comme un authentique concept philosophique. C'est ce que confirme un passage ultérieur du roman, situé dans la seconde moitié des années 1920 : malgré les bouleversements entraînés par la guerre et le renouvellement des formes artistiques sous l'impulsion des avant-gardes, le jugement du public est tout aussi sévère lors de la première représentation de l'oratorio composé d'après la série de gravures de Dürer, l'*Apocalypsis cum figuris* :

> On cria avec amertume à la "dérision de l'art", au nihilisme, à l'attentat musical, ou, pour employer une insulte courante en ce temps-là, au "bolchevisme culturel" [2].

Avec cette dernière accusation, Thomas Mann laisse transparaître le dévoiement de la notion de nihilisme, dont l'usage idéologique annonce la rhétorique mobilisée par les nazis dans leur dénonciation des diverses formes d'art « dégénéré ».

La force du roman est pourtant de ne pas s'en tenir à cette opposition tranchée et de suggérer, au risque de faire vaciller l'opposition rassurante entre l'avant-garde artistique et les réflexes réactionnaires du public et des critiques, que les compositions d'Adrian Leverkühn n'étaient pas totalement exemptes de « nihilisme ». Telle est du moins l'interprétation que suggère un extrait de l'entretien entre le compositeur et le diable, où le mot fait une troisième apparition. Comme une sorte d'indice délibérément laissé à l'intention de ses lecteurs, Thomas Mann a mis dans la bouche du diable

1. *Le Docteur Faustus. La vie du compositeur allemand Adrian Leverkühn racontée par un ami*, trad. fr. L. Servicen, Paris, Albin Michel, 1950, rééd. Le Livre de poche, « Biblio », 1993, p. 368. Publié comme tome VI de l'édition en 12 volumes des *Gesammelte Werke*, Francfort s. M., Fischer, 1960, déjà citée, le roman a fait l'objet d'une récente édition critique dans le cadre de la *Große kommentierte Frankfurter Ausgabe* en cours de publication (désormais cité *GKFA* ; voir ici le vol. 10/1, éd. R. Wimmer, Francfort s. M., Fischer, 2007, p. 401, correspondant à *GW*, VI, 366).

2. *Le Docteur Faustus*, trad. p. 511 (trad. mod.). *GW*, VI, 515 ; *GKFA*, 10/1, 563.

lui-même le mot de « nihilisme », dans le contexte d'une discussion sur les difficultés de la création musicale auxquelles Leverkühn se voit confronté à l'époque où ce dialogue est censé avoir eu lieu, pendant l'un des deux séjours du compositeur en Italie, en 1911 ou 1912. Au terme de son tableau de la situation de la musique contemporaine, le diable constate la péremption des conventions de composition traditionnelles. Leverkühn lui fait alors observer que rien n'empêche l'usage ludique et la reprise distanciée de ces mêmes conventions, avec la certitude que « toute vie a disparu » de ces formes – à quoi le diable oppose cette fin de non-recevoir : « Je sais, je sais. La parodie. Elle serait gaie si elle n'était par trop lugubre dans son nihilisme aristocratique » [1]. Dans cette réplique du diable, « nihilisme » signifie donc le recours « parodique » à des formes mortes, accompagné de la conscience de la stérilité d'un tel procédé.

Sans solliciter à l'excès ces trois passages où fait irruption le mot de « nihilisme », il n'est pas sans intérêt d'observer qu'ils convergent vers une même énigme, qui n'est autre que celle de l'invention de nouvelles formes musicales dans le contexte d'un ébranlement de la tradition. Selon une interprétation qui n'est pas dénuée de rapports avec la détermination nietzschéenne, le nihilisme est l'expression de cet entre-deux où les anciennes valeurs ont perdu leur force d'évidence et où aucune perspective nouvelle ne s'est encore dessinée – temps d'incertitude où la seule issue semble être de jouer avec les anciennes valeurs, tout en sachant qu'elles ne sont plus porteuses d'aucun avenir.

Relu sous cet angle, *Le Docteur Faustus*, tout autant qu'un roman sur Nietzsche, apparaît comme un roman sur la musique, cet art dont Thomas Mann s'est senti au moins aussi proche que l'auteur du *Cas Wagner*. Au prisme de la biographie d'Adrian Leverkühn, c'est en quelque sorte toute l'histoire de la musique que le récit fait défiler en accéléré, de l'éveil de l'oreille du jeune compositeur au contact des sonorités particulièrement musicales de la voix de sa mère aux airs chantés en compagnie de la servante d'étable Hanne, éducation bientôt prolongée par les enseignements autrement plus élaborés dispensés par l'organiste de la cathédrale Wendell Kretzschmar, d'abord dans ses conférences publiques à Kaisersaschern, puis dans ses leçons de composition. Jusque dans la succession des œuvres du compositeur, Thomas Mann a poursuivi le déroulement de cette histoire. Les *Phosphorescences de la Mer*, composition écrite « encore sous les yeux de Kretzschmar », adoptent un style impressionniste aux antipodes de Wagner, qui vaut à leur

1. *Le Docteur Faustus*, trad. p. 328. *GW*, VI, 322 ; *GKFA*, 10/1, 353.

auteur d'être tenu pour « un continuateur extrêmement doué de la lignée Debussy-Ravel », alors même qu'il ne croit déjà plus à la fécondité de ce courant musical. Sous l'influence de Mahler [1], Leverkühn compose ensuite une série de lieder, de « chants brefs ou longs, voire de fragments épiques », avant d'entreprendre une adaptation de *Love's Labour Lost* où se réalise une alliance inédite et paradoxale de « l'élément de convention traditionaliste, archaïque et périmé » avec « le "moderne", les parties libres et plus que libres, rebelles, qui dédaignent tout rapport tonal » [2]. Loin de voir dans cette œuvre un aboutissement, le compositeur « semblait la rejeter derrière lui comme une chose terminée et sans intérêt » [3]. Ce détachement, qui s'exprime dans ses œuvres par les effets parodiques que le compositeur ne peut s'empêcher d'y introduire, renvoie à la situation de crise où la musique se trouve plongée. Quelle que soit l'audace dont il témoigne, le mélange de formes traditionnelles et d'innovations en rupture avec la tonalité est encore une formation de compromis et, à ce titre, un aveu d'impuissance.

Au terme de cette incorporation de l'ensemble de la tradition musicale, le jeune compositeur prend en effet conscience de l'obsolescence des formes héritées, qui rend problématique l'activité créatrice elle-même. Dès le compte rendu des conférences de Kretzschmar, Thomas Mann avait introduit, avec la figure de Beethoven et à travers le commentaire de la sonate opus 111 emprunté à Adorno, le motif sinon d'une fin de l'art, du moins d'un épuisement des formes traditionnelles. Confronté à l'épuisement des possibilités héritées de la tradition romantique et wagnérienne, Leverkühn en est réduit à recourir à la parodie comme seule marque de nouveauté, sans qu'un tel procédé soit à même de surmonter la menace grandissante de stérilité qui pèse sur la création musicale et donne satisfaction aux ambitions élevées du compositeur. Aux réflexions du narrateur sur le statut d'« apparence » de l'œuvre et à ses inquiétudes touchant la légitimité d'une telle recherche de la perfection formelle dans un contexte social dominé par « l'incertain, le problématique et l'absence d'harmonie », le roman juxtapose et oppose les déclarations tranchées du compositeur, où la condamnation de l'œuvre d'art comme « leurre » allant « à l'encontre de la vérité et du sérieux » débouche sur ce défi : « L'art veut cesser d'être une apparence et un jeu [*Schein und Spiel*], il veut devenir une connaissance [*Erkenntnis*] » [4]. Ce débat, dont les termes ne sont pas sans rappeler les thèses d'Adorno, rebondit

1. Voir *Le Docteur Faustus*, trad. p. 225. *GW*, VI, 215; *GKFA*, 10/1, 236.
2. *Le Docteur Faustus*, trad. p. 353 (trad. mod.). *GW*, VI, 348; *GKFA*, 10/1, 381-382.
3. *Le Docteur Faustus*, trad. p. 353. *GW*, VI, 349; *GKFA*, 10/1, 382.
4. *Le Docteur Faustus*, trad. p. 249-250 (trad. mod.). *GW*, VI, 242; *GKFA*, 10/1, 265.

au cœur même du dialogue fatidique d'Adrian Leverkühn avec le diable, qui lui découvre (en des termes non moins adorniens) le fondement de cette crise de l'œuvre musicale :

> N'en rejette point la responsabilité sur les conditions sociales. Je sais, tu inclines à dire et tu as accoutumé de dire que ces conditions ne représentent aucune donnée assez engageante et sûre pour garantir l'harmonie d'une œuvre se suffisant à elle-même. Raisonnement vrai mais subsidiaire. Les difficultés prohibitives d'une œuvre résident au profond d'elle-même. L'évolution historique du matériau musical s'est tournée contre l'œuvre parachevée formant un tout harmonieux en soi [*hat sich gegen das geschlossene Werk gekehrt*] [1].

Au centre du pacte diabolique auquel le héros ne pourra résister, se voit formulée la promesse d'une issue hors des impasses où l'œuvre s'est trouvée paralysée.

Telle que l'expose Adrian Leverkühn, en des termes qui ne sont pas sans rappeler ceux par lesquels Nietzsche décrivait l'essence du « grand style », la nouvelle technique de composition appelée à résoudre cette crise marque une rupture avec ce qu'il appelle dédaigneusement le « verbiage romantique » [2] sur l'artiste et l'exaltation de sa spontanéité créatrice géniale, par-delà toute règle, au profit de la lucidité que promet ce nouveau système de composition. Le narrateur rappelle ainsi la fascination exercée sur le jeune homme par les mathématiques, au point que son habituelle ironie rencontrait une limite et cédait la place à des déclarations solennelles : « Contempler une ordonnance de rapports est en définitive ce qu'il y a de mieux. L'ordre est tout [*Die Ordnung ist alles*] » [3]. L'expression revient au cœur de l'exposé par le compositeur de ses principes théoriques, mais sous la forme d'une affirmation qui excède largement les limites de l'art : « L'organisation est tout [*Organisation ist alles*]. Sans elle, rien n'existe, l'art encore moins » [4]. Symbole de cette « organisation » rigoureuse et immanente du matériau, le carré magique emprunté à la *Melencolia* de Dürer est accroché au-dessus de la table de travail d'Adrian. Au terme de cette rationalisation de la technique de composition, au sein de cette « écriture rigoureuse » où « il n'y

1. *Le Docteur Faustus*, trad. p. 326 (trad. mod.). *GW*, VI, 320; *GKFA*, 10/1, 351.

2. Voir *Le Docteur Faustus*, trad. p. 45. *GW*, VI, 38; *GKFA*, 10/1, 42. Un passage ultérieur nuance cette critique en reconnaissant au romantisme le mérite d'avoir émancipé la musique de son provincialisme. Voir trad. p. 199; *GW*, VI, 191; *GKFA*, 10/1, 209-210.

3. *Le Docteur Faustus*, trad. p. 73. *GW*, VI, 64; *GKFA*, 10/1, 72.

4. *Le Docteur Faustus*, trad. p. 262. *GW*, VI, 254; *GKFA*, 10/1, 278.

aurait plus une note libre »[1], le cliché de la spontanéité de la création cède la place à une sorte d'auto-engendrement de la forme musicale. Certains passages du roman suggèrent que ces recherches formelles complexes ne sont pas totalement désintéressées de la part du compositeur et renvoient à une préoccupation qui ne se formule sans doute pas par hasard en termes éthiques : si la musique, comme le soutient Leverkühn dès l'époque des conférences de Kretzschmar, a « besoin de toutes sortes de règles réfrigérantes [de « lois » : *allerlei gesetzliche Abkühlung*] », si elle appelle un authentique travail d'ascèse, c'est parce qu'elle a en elle une « chaleur propre [*Eigenwärme*] » qui demande à être tempérée, de peur de donner libre cours au déchaînement incontrôlé de pulsions destructrices[2].

Cette rigueur formelle n'est pourtant que l'un des aspects de l'œuvre du compositeur, et elle n'en est peut-être pas même le but. À plusieurs reprises, Zeitblom souligne la dualité des sources auxquelles puisent les recherches de son ami, dont le constructivisme est loin d'exclure un certain « expressionnisme » :

> Toujours prédomina chez lui une volonté d'expression tendue à l'extrême, jointe à la passion intellectuelle de l'ordre rigoureux, linéaire, des Néerlandais. En d'autres termes, la chaleur et la froideur régissaient tour à tour son œuvre et parfois, aux instants de plus géniale envolée, elles se confondaient, l'espressivo s'emparait du contrepoint strict, l'objectif s'échauffait au contact du sentiment ; et l'on avait l'impression d'une construction ardente qui, plus que tout au monde, me donnait l'idée du démoniaque [...][3].

Cette coïncidence de l'objectif et du subjectif se retrouve dans la dernière œuvre de Leverkühn, que le narrateur interprète en renvoyant explicitement à l'entretien où son ami lui avait exposé son idée d'une « écriture rigoureuse » qui correspondrait, pour reprendre la formule de Zeitblom, à « une sorte de composition antérieure à la composition [*eine Art von Komponieren vor dem Komponieren*] »[4]. Parvenu au sommet de son art, le compositeur a réussi dans sa dernière œuvre à concilier la plus extrême exigence de rigueur et l'expression de la subjectivité la plus intense :

> Le créateur du Chant de douleur du docteur Faustus peut, dans le matériau organisé par avance, s'abandonner sans entraves, insoucieux de la structure déjà prévue, préétablie, s'abandonner à la subjectivité, et de la sorte, son

1. *Le Docteur Faustus*, trad. p. 264. *GW*, VI, 256 ; *GKFA*, 10/1, 280.
2. Voir *Le Docteur Faustus*, trad. p. 101. *GW*, VI, 94 ; *GKFA*, 10/1, 104.
3. *Le Docteur Faustus*, trad. p. 245-246. *GW*, VI, 237 ; *GKFA*, 10/1, 260.
4. *Le Docteur Faustus*, trad. p. 265. *GW*, VI, 257 ; *GKFA*, 10/1, 281.

> œuvre la plus rigoureuse, une œuvre où le calcul est poussé à l'extrême, se trouve être en même temps purement expressive[1].

L'erreur serait de faire de tels passages la transposition de problèmes relatifs à la seule histoire des formes musicales, comme si *Le Docteur Faustus* était en quelque sorte la version romancée de l'invention de Schönberg. Avec la crise de l'œuvre musicale dont Adrian Leverkühn est le témoin exemplaire, c'est la création artistique comme telle qui devient problématique, en même temps que les attentes, les espoirs et les promesses placés en elle[2]. De même, la recherche d'une solution qui permettrait de surmonter cette crise ne se réduit pas, malgré les apparences, à un problème qui ne concernerait que le domaine limité de la musique, comme si les questions soulevées par l'art ne portaient, selon la conception de l'esthétique critiquée par Zeitblom, que sur « un compartiment étroit et spécial de l'humain »[3]. Certes, tout semble se passer comme si les recherches de Leverkühn, qui vit en marge de ses contemporains, n'étaient guidées que par la quête de formes d'expression musicale inédites, mais en vertu de l'affinité élective qui unit la musique à l'Allemagne, il ne fait aucun doute que les chemins empruntés par le compositeur sont inséparables de ceux que suivent ses compatriotes. La méthode de Thomas Mann a consisté à déceler dans l'évolution de la tradition musicale et artistique elle-même l'annonce de la catastrophe à venir. Sa provocation était à son comble lorsqu'il suggérait que si l'Allemagne avait sombré dans la barbarie, ce n'était pas malgré son amour de la musique, mais bien plutôt à cause de ce culte lui-même, en vertu de ce « voisinage de l'esthétisme et de la barbarie » qu'évoque le récit[4].

La distribution des rôles dans le roman, et plus précisément le contraste entre l'audace du compositeur (qui ne porte pas pour rien le nom de Lever*kühn*) et la tempérance du narrateur, fournissent une preuve supplémentaire de l'impossibilité de séparer les débats sur la création musicale et l'analyse des œuvres du compositeur qui parsèment le roman, de la méditation du destin de l'Allemagne. En faisant de son narrateur un philologue dans la plus pure tradition de l'humanisme allemand, Thomas Mann a donné voix à cette conception de la beauté qui ne célèbre l'harmonie et la clôture sur soi de la

1. *Le Docteur Faustus*, trad. p. 638. *GW*, VI, 647 ; *GKFA*, 10/1, 706-707.

2. Cette « tragédie de l'art moderne » forme le fil conducteur de la lecture de G. Lukács (*Thomas Mann*, trad. fr. P. Laveau, Paris, Maspero, 1967, p. 49-102) et de H. Mayer, « Thomas Manns *Doktor Faustus* : Roman einer Endzeit und Endzeit des Romans », *Von Lessing bis Thomas Mann*, Pfullingen, Neske, 1959, p. 383-404.

3. *Le Docteur Faustus*, trad. p. 411. *GW*, VI, 411 ; *GKFA*, 10/1, 449.

4. *Le Docteur Faustus*, trad. p. 491. *GW*, VI, 495 ; *GKFA*, 10/1, 541.

belle totalité qu'est l'œuvre d'art que parce qu'elles sont l'image sensible et le symbole d'une perfection morale et spirituelle à laquelle la beauté est censée nous pousser à aspirer. Loin d'avoir le sens d'un isolement indifférent au chaos des affaires humaines, l'autonomie de l'œuvre d'art incarne l'idéal d'une existence n'ayant laissé aucune de ses virtualités à l'état de possibilité non réalisée, le modèle d'une coexistence harmonieuse et pacifique des parties libérées des entraves de la domination. Telle est la conception de l'œuvre d'art dont *Le Docteur Faustus* sonne le glas en montrant non seulement qu'il n'existe aucun lien de nécessité entre le beau et le bien, mais qu'aux yeux de beaucoup, le seul moyen de surmonter la crise à laquelle l'art se voit confronté était de s'en remettre au diable lui-même. Quelques instants avant de s'écrouler foudroyé par la maladie, dans un discours qui prend valeur de testament, Adrian Leverkühn résume devant ses invités le sens de son destin fatal : « L'art est désormais devenu impraticable sans l'aide de Satan »[1].

Par delà le destin singulier du compositeur Adrian Leverkühn, cette conclusion vaut pour toute une conception de l'art et de son rôle censément civilisateur dont Thomas Mann a dressé dans *Le Docteur Faustus* un bilan dépourvu de la moindre complaisance. Variant et prolongeant les critiques de Nietzsche, Thomas Mann reproche à la tradition humaniste allemande non seulement d'avoir édifié ses idéaux sur une compréhension tronquée de la Grèce d'où toute trace de violence a été délibérément occultée, mais de s'être complu dans une conception idyllique de l'art et de ses vertus éducatrices, sans voir que toute création artistique plongeait ses racines dans un chaos de pulsions irrationnelles. Plus gravement encore, et malgré ses ambitions déclarées, cette conception s'est avérée incapable d'opposer une résistance solide à la barbarie qui s'est emparée de l'Allemagne. Zeitblom le reconnaît indirectement, lorsqu'au détour de son évocation des années d'études de théologie entreprises par son ami à Halle, il souligne la faiblesse de la « théologie libérale » : « à son moralisme et son humanisme fait défaut la perception du caractère démoniaque de l'existence humaine »[2]. Que ce reproche vaille non seulement pour la théologie, mais aussi pour cette philologie dont Zeitblom est le représentant à ce point paradigmatique qu'il en devient presque la caricature, et de proche en proche s'étende à l'humanisme comme tel, c'est ce que concède le narrateur lui-même, lorsqu'il tire rétrospectivement la leçon de sa coupable tolérance envers l'apologie de la violence et l'irrationalisme de certains cercles intellectuels :

1. *Le Docteur Faustus*, trad. p. 652. *GW*, VI, 662; *GKFA*, 10/1, 723.
2. *Le Docteur Faustus*, trad. p. 130. *GW*, VI, 122; *GKFA*, 10/1, 135.

> On voit aujourd'hui que l'erreur [*Fehler*] de notre civilisation fut de pousser ce ménagement et ce respect trop loin, avec trop de magnanimité quand elle avait affaire, dans l'autre camp, à l'insolence toute nue et à la plus irréductible intolérance[1].

De cette « erreur », Zeitblom tire les conséquences en annonçant dans l'épilogue qu'il renonce à reprendre sa mission d'éducateur après la guerre.

De cette rupture avec les idéaux fondateurs du classicisme et de l'humanisme, Thomas Mann a laissé dans son roman une trace particulièrement frappante, dans le passage où Leverkühn s'exclame : « *Il ne faut pas que cela soit* [es soll nicht sein]. » La suite du dialogue avec Zeitblom explicite le sens de cette allusion beethovénienne en ces termes : ce qui « ne doit pas être », ce n'est rien de moins que « le bon et le noble, dit-il, ce qu'on appelle l'humain, bien que bon et noble. Ce pour quoi les hommes ont lutté, ce pour quoi ils ont pris d'assaut les bastilles des oppresseurs, ce que les grands initiés ont annoncé en exultant, cela ne doit pas être ! Il faut que ce soit effacé ! Je veux l'effacer ! [...] La *Neuvième Symphonie* [...] »[2]. Dans la dernière œuvre de Leverkühn, le *Chant de douleur du docteur Faustus*, Zeitblom soulignera les allusions au finale de la *9e Symphonie* dont Leverkühn a bel et bien effectué le renversement radical : « De toute évidence, il a été écrit les yeux fixés sur la Neuvième de Beethoven, en guise de contrepartie [*Gegenstück*] au sens le plus mélancolique du terme » et de façon à la « réfuter » ou à l'inverser[3]. Avec cet « effacement » de la *Neuvième Symphonie*, il semble que l'art, loin de sauver du nihilisme, ait lui-même succombé à son emprise, l'œuvre de Leverkühn ne se concevant que sur le mode négatif d'un refus des valeurs et d'un dégoût de l'humanité.

Toutes les conclusions que l'on peut tirer de la lecture du *Docteur Faustus* ne peuvent cependant, pour finir, faire l'économie d'une dernière série de remarques, appelées par la forme même de l'œuvre composée par Thomas Mann. Non seulement l'auteur a placé son interprétation du nihilisme sur le terrain de l'art, mais il a choisi de recourir à la forme d'un récit dont la complexité semble défier toute interprétation définitive. À supposer qu'il soit possible et légitime de voir dans le roman la recherche d'une solution à un problème, encore faut-il pouvoir montrer pourquoi le traitement de ce problème ne se présente pas sous la forme d'une discussion explicite de thèses philosophiques, mais passe par l'invention d'un dispositif de com-

1. *Le Docteur Faustus*, trad. p. 380. *GW*, VI, 378; *GKFA*, 10/1, 413.
2. *Le Docteur Faustus*, trad. p. 626. *GW*, VI, 634; *GKFA*, 10/1, 692-693.
3. *Le Docteur Faustus*, trad. p. 640. *GW*, VI, 649; *GKFA*, 10/1, 709-710.

position singulier dont il faut, en guise de conclusion, dégager brièvement les principaux enjeux.

Dans *Le Journal du « Docteur Faustus »*, Thomas Mann lui-même a souligné le double intérêt qu'avait présenté pour lui l'introduction d'un narrateur interne au récit : outre la possibilité de décharger la tension dramatique et de « laisser filtrer le démoniaque à travers un médiateur exemplairement non-démoniaque, une âme fervente et simple d'humaniste, tendre et effarouchée », l'auteur souligne surtout les ressources de ce double registre du point de vue de la problématique de la temporalité :

> Mais surtout, en introduisant un narrateur, je gagnai la possibilité de dérouler le récit sur deux plans chronologiques et d'enchevêtrer en une polyphonie les événements qui bouleversent le chroniqueur tandis qu'il écrit avec ceux qu'il relate[1].

À intervalles réguliers, en début de chapitre, Sérénus Zeitblom interrompt le fil de sa biographie pour évoquer les événements contemporains et confronter aux épisodes marquants de la vie d'Adrian Leverkühn les principales étapes qui scandent les dernières années de la Seconde Guerre mondiale. L'effondrement du compositeur se produit en 1930, au moment où s'annonce la ruine de la République de Weimar, dont la chronique de Zeitblom, rédigée entre le 27 mai 1943 et la fin de la guerre, relate les conséquences les plus dramatiques. Leverkühn meurt en 1940, au moment où l'Allemagne se trouve « à l'apogée de ses sauvages triomphes, sur le point de conquérir le monde grâce à un pacte qu'elle était résolue à observer et qu'elle avait signé de son sang »[2]. Le destin du compositeur apparaît ainsi comme l'anticipation du désastre qui attend l'Allemagne.

Mais la complexité du roman s'étend en un sens au-delà même de ces deux plans évoqués par Thomas Mann, et sa portée historique plonge bien plus avant dans la chronologie. En plaçant son roman sous le signe mythique de Faust, Thomas Mann a inscrit le destin d'Adrian Leverkühn dans la longue durée d'une tradition dont l'origine coïncide avec la Réforme et l'entrée dans la modernité. De sa ville natale de Kaisersaschern à ses années d'études à Halle, les lieux où se forme le jeune Leverkühn sont saturés de références à un passé qui est tout sauf révolu, mais travaille à ce point le présent qu'au moment où éclate la première guerre mondiale, le compositeur a ce commentaire énigmatique : « Kaisersaschern [prétend] devenir la

1. *Le Journal du « Docteur Faustus »*, trad. p. 65 et 66. *GW*, XI, 164-165.
2. *Le Docteur Faustus*, trad. p. 666. *GW*, VI, 676; *GKFA*, 10/1, 738.

métropole du monde »[1]. À l'autre extrême, c'est au temps des lecteurs à venir qu'en appelle explicitement le narrateur :

> Il y a là un très singulier croisement des époques, d'ailleurs destiné à se recouper avec une troisième période, où le lecteur voudra bien accueillir ma relation, de telle sorte qu'elle se rattache à un triple registre de temps : le sien propre, celui du chroniqueur et le temps historique[2].

À la faveur de cette multiplication des points de vue où certains interprètes ont voulu voir un écho du perspectivisme nietzschéen et que Thomas Mann, pour sa part, a assimilée à un traitement « polyphonique » du matériau romanesque, le statut du narrateur se complique et s'écarte du modèle du narrateur omniscient. Les doutes récurrents de Zeitblom sur sa capacité à être le biographe de son ami disparu, aggravés par l'auto-dérision dont il sait faire preuve, laissent à leur tour « filtrer » une ironie qui rappelle le caractère fictif de ce récit et suggère la présence d'un autre narrateur écrivant pour ainsi dire dans le dos de Zeitblom. Grâce à ce décalage s'introduit une dimension de réflexivité essentielle à l'économie du *Docteur Faustus*, puisque la dernière composition de Leverkühn, le *Chant de douleur du docteur Faustus*, puise exactement aux mêmes sources que le roman lui-même : avant de donner son titre à une œuvre de Thomas Mann, la légende de Faust forme la matière de la dernière œuvre du compositeur. Selon un procédé dont les romantiques d'Iéna avaient formalisé la logique, tout semble donc se passer comme si le roman incluait réflexivement sa propre image réduite. Dans le sillage des romantiques, le lecteur pourra voir dans ce dédoublement spéculaire l'amorce d'une auto-interprétation critique du roman. Pour sa dernière œuvre, d'où toute trace de parodie est absente, Leverkühn a choisi de fonder toute l'architecture de sa composition sur la phrase de douze syllabes « Je meurs à la fois en bon et mauvais chrétien [*Denn ich sterbe als ein böser und guter Christ*] »[3]. Aux auditeurs de sa conférence « L'Allemagne et les Allemands », Thomas Mann avait par avance donné la clef du *Faust* de Leverkühn, si ce n'est de son propre *Faust*, en critiquant l'idée qu'il existerait deux Allemagnes que l'on pourrait distinguer comme la bonne et la mauvaise :

> [...] il n'y a pas deux Allemagnes, une mauvaise et une bonne, mais rien qu'une, chez qui, par une ruse du diable, ce qu'elle avait de meilleur a dégé-

1. *Le Docteur Faustus*, p. 409-410. *GW*, VI, 409; *GKFA*, 10/1, 448.
2. *Le Docteur Faustus*, p. 340. *GW*, VI, 335; *GKFA*, 10/1, 367.
3. *Le Docteur Faustus*, trad. p. 637. *GW*, VI, 648; *GKFA*, 10/1, 708. Ce thème a été soufflé à Thomas Mann par Adorno.

> néré en mal. La mauvaise Allemagne, c'est la bonne qui a mal tourné, la bonne dans le malheur, dans la faute et la perdition [*Das böse Deutschland, das ist das fehlgegangene gute, das gute im Unglück, in Schuld und Untergang*] [1].

De même que le roman laisse s'exprimer une critique radicale de la tradition humaniste, Thomas Mann se refuse ici à exonérer une certaine Allemagne de toute responsabilité dans la catastrophe. Sa formulation prudente laisse en même temps ouverte la possibilité d'un retour sur le droit chemin. De même que le héros de Leverkühn meurt « à la fois en bon et mauvais chrétien », c'est une seule et même Allemagne, à la fois bonne et mauvaise, qui a succombé à la tentation du nihilisme. Pour sonder dans toute sa complexité cet enchevêtrement vertigineux du bien et du mal, il ne fallait sans doute pas moins que les ressources de la forme romanesque, les détours appelés par ses jeux de miroir et la distance créée par ses ironies [2]. Si le roman de Thomas Mann conclut sans formuler de leçon univoque et reste jusqu'au bout suspendu entre le bien et le mal, il comporte au moins un enseignement clair : à défaut de promettre une issue à la catastrophe, l'art permettait du moins de déjouer les pièges que dissimule toute tentative de résolution immédiate de l'énigme du nihilisme.

Jacques-Olivier BÉGOT

1. « L'Allemagne et les Allemands », art. cit., trad. p. 330. *GW*, XI, 1146.

2. À la différence de la parodie, régulièrement associée au motif diabolique, l'ironie n'est pas purement négative et destructrice ; à ce titre, elle peut sans contradiction faire signe vers un au-delà du nihilisme. Je remercie Marc de Launay d'avoir attiré mon attention sur cette distinction décisive. Dans une étude récemment rééditée à l'initiative de Danielle Cohen-Levinas, Stéphane Mosès avait exploré les « affinités » du *Docteur Faustus* avec le romantisme. Cf. *Une affinité littéraire. Le « Titan » de Jean-Paul et le « Docteur Faustus » de Thomas Mann* [1972], rééd. Paris, Hermann, 2009.

UNE MÉTAPHYSIQUE SANS *LOGOS* SCHOENBERG, LA PAROLE ALTÉRÉE ET L'EXPÉRIENCE DU NIHILISME

Ce qui est su est objet de récit, ce qui est connu objet d'exposé ce qui est pressenti objet de prophétie
SCHELLING, *Les Âges du monde*

Sans musique, la vie serait une erreur
NIETZSCHE, *Crépuscule des idoles*

Le nouvel ordre de la technique dodécaphonique efface virtuellement le sujet
ADORNO, *Philosophie de la nouvelle musique*

Sais-tu ce que je trouve ? La musique est l'ambiguïté érigée en système
THOMAS MANN, *Docteur Faustus*

Si Schoenberg eut bien l'ambition d'échafauder une phénoménologie du matériau musical redevable d'aucun modèle sémantique, renonçant autant à l'esprit de la dialectique en vigueur dans la pensée tonale qu'à celui d'une pensée empirique se détachant de toute méthode et de tout référent, il fut aussi celui qui évalua les contradictions du système musical oscillant au début du XXe siècle entre une voie régressive ou réactionnaire, qui maintient la logique du son dans le flux d'une temporalité prévisible, et une voie progressive, mettant l'accent sur l'atomisation du son et le processus de pulvérisation de cette prévisibilité et intentionnalité temporelles. Rien de plus complexe et de plus décisif que ce geste qui consiste à se démarquer de la conscience homogène que requiert l'héritage musical européen des XVIIIe et XIXe siècles pour favoriser l'émergence de ce que l'on pourrait appeler, dès le début du XXe siècle, une forme de structuralisme musical. Ainsi, le moment Schoenberg correspond historiquement à une manière de composer selon l'idée de méthode et non selon celle d'histoire, s'appuyant sur une pensée opératoire qui prétend ne solliciter aucun sujet pour que la musique produise du sens et de la signification. Il nous faut cependant relever un paradoxe qui n'est pas sans conséquence sur l'interprétation théorique de la musique de Schoenberg par Schoenberg lui-même et sur les effets de théorisation qu'elle n'a pas manqué de susciter.

Schoenberg insiste sur la nécessité de la combinatoire musicale contre l'idée de discours, d'allégorisation et de métaphorisation de la musique comme langage. Alors que les compositeurs dont il revendique l'héritage – Bach, Mozart, Beethoven, Wagner – érigent le système tonal en loi, comme clé de voûte d'un universel musical qui est à la fois art et science, permettant des développements au sein même de la structure harmonique et mélodique, Schoenberg s'emploie à explorer des zones seuils, entre subordination aux lois acoustiques du matériau musical et traitement irréductible à une logique présupposant une « méthode » qui mettrait en défaut ces mêmes lois. Schoenberg renvoie en quelque sorte dos à dos la *doxa* et l'*épistémè*, tout en réitérant non seulement sa dette envers ses aînés, mais également une forme d'artisanat du métier de compositeur au service d'un absolu musical que l'identité tonale a su conquérir en affirmant la prééminence du système. Il faut donc se rendre au subtil raisonnement de Schoenberg : la question du système hante *toute* l'histoire de la musique. Ce à quoi nous ajoutons l'hypothèse que le *tout* de la musique ne peut s'abstraire du *tout* philosophique ; que ce *tout* hante *toute* la connaissance de la musique occidentale, et que c'est depuis cette totalité attestée par le système tonal en vigueur pendant près de trois siècles que Schoenberg a tenté de penser les rapports entre liberté du compositeur et nécessité du système. Le geste de Schoenberg est de part en part historique, et ce, jusque dans les recoins les plus reculés de ses explorations combinatoires sur le matériau sonore, avec lesquelles il put passer du tout systémique et conjoint des fonctions tonales au tout paratactique et disjoint de la méthode de composition à douze sons, autrement dit, du dodécaphonisme.

Entendons bien le mot « méthode » dans son acception la plus critique et la plus radicalement opposée au concept de langage. Le monde de la composition jusqu'à Schoenberg fut celui où s'organisaient, se combattaient et se déployaient les forces antagonistes des structures mélodiques et harmoniques. C'était le monde puissant de l'hégélianisme où la distribution des thèmes pouvait s'identifier à une quête du savoir absolu et à l'apothéose de l'esprit créateur. Le thème était alors une figure quasi conceptuelle pour penser le mouvement téléologique de ce savoir. L'œuvre de Beethoven, contemporain de Hegel, est au cœur de cette téléologie attentive néanmoins aux singularités. Une des démonstrations les plus puissantes de cette relation irréductible entre système et singularité chez Beethoven demeure pour Schoenberg le rapport organique entre un thème et ses variations, inauguré par Bach – le père fondateur dirons-nous de l'idéalisme musical allemand. Chez Beethoven, le principe même de variation induit une pensée de la musique préfiguratrice, non plus du tout organique, mais d'une brisure interne au motif mélodique lui-même donné par le thème initial. Le plus bel exemple demeure sans doute le final de la 9 e symphonie de Beethoven, qui substitue au *tout* fonctionnel et gravitationnel du développement tonal, la notion de processus, faisant ainsi dériver une multitude de possibles mélodiques là où la trajectoire sur laquelle le temps musical se déployait répondait à une logique directionnelle. Schoenberg ne s'y est pas trompé. En effet, que fait la variation ? Elle fait varier, et donc dériver le thème initial. Elle peut le cas échéant l'éloigner de son *habitus* thématique au point de susciter une disjonction, une interruption, une sortie du système, quand bien même elle se jouerait encore de la plasticité modulante de la tonalité. De là à voir et à entendre dans la plasticité formelle de la variation la préfiguration de la musique sérielle, il n'y avait qu'un pas, le plus difficile, le plus insurmontable, que Schoenberg finit par franchir après tant d'années de lutte pour neutraliser ce que nous pourrions appeler le *subjectum* de la musique, qui constituait alors le sommet de la métaphysique musicale, le versant sans *logos* de la *Phénoménologie de l'Esprit*. La variation développante comme méthode de composition et non plus uniquement comme héritage formel fut pour Schoenberg un laboratoire expérimental pour disloquer l'unité tonale et faire accéder la musique à son caractère propre et autonome sans pour autant renoncer à ce à quoi il tenait le plus : « la forme d'intuition » (*Anschauungsform*), dans laquelle ce qui se joue de l'intérieur de chaque note, de chaque son, ne saurait infléchir le sens et en contraindre l'interprétation en vue de réintroduire des polarités. Webern, dans une de ses conférences, entendra, tout comme Schoenberg, dans le dernier mouvement de la 9 e Symphonie de Beethoven un principe analogue, et bien que sa perception du matériau reste résolument organique, attachée à l'idée d'une cellule génératrice, il s'achemine vers une conception de l'identité musicale qui s'engendre elle-même depuis une source initiale. Cet engendrement ne se veut ni prévisible, ni argumentatif. La dualité s'annule et du même coup, le principe d'identité du matériau musical n'est plus relié à la mélodie, ni à l'harmonie, mais juste au processus générateur de l'idée et à ses transformations temporelles :

> Son thème (denier mouvement) est monodique ; tout ce qui va suivre est fondé sur cette idée, qui est la forme première. Il se passe quelque chose ! Vous voyez maintenant où je veux en venir : la plante originelle (*Urpflanz*) de Goethe. La racine n'est en réalité rien d'autre que la tige, la tige n'est rien d'autre que la feuille et la feuille n'est rien d'autre à son tour que la fleur : ce sont des variations sur une même idée [1].

On peut tenir la question de la variation comme une poïétique à part dans l'histoire de la musique, dans l'histoire de la métaphysique, car le processus dont font état Schoenberg et Webern nous oblige à penser les formes de rupture et de continuité avec le tout du système tonal. Une fois le Tout disjoint atteint, le compositeur a-t-il pour autant dépassé un geste compositionnel qui ne soit pas synonyme d'un Tout spéculatif, dans la mesure où l'idée demeure toujours ce qui lie pour mieux délier ?

Nous interrogeons l'exister musical depuis la tension interne que Schoenberg a inaugurée en posant comme postulat que la cellule génératrice est inscrite au cœur de toute pensée de la musique qui s'arrache à l'enlisement d'un fond tonal qui n'est autre que le pur-en-soi de l'essence du musical. L'art et la science de Schoenberg consistent à objectiver ce pur-en-soi, à le rendre éruptif et non dialectique, à susciter une diachronie de tous les instants entre l'horizontal (mélodie) et le vertical (harmonie), à multiplier les ressources de la pensée combinatoire qui auto-réfléchirait la temporalité même de cet exister musical. De sorte que Schoenberg parvient à mettre en place une méthode de composition sérielle qui projette dans le temps de l'œuvre des hétérogénéités sans cesse altérées. D'où l'extrême rigueur et contrainte avec lesquelles il aura insister sur l'indépendance des voix. D'où le refus catégorique du contrepoint linéaire, considéré comme un non-sens. D'où également la nécessité de sortir du face à face entre sujet musical et prédicat, en impliquant, à chaque fois que l'on veut changer de prédicat, une idée nouvelle, sans pour autant changer le sujet :

> De toute façon – écrit Schoenberg – et quel que soit le plaisir qu'on puisse avoir à faire évoluer les voix d'une polyphonie indépendamment les unes aux autres en répondant à la fois aux lois de l'esthétique et à celles de la

1. A. Webern, *Chemins vers la nouvelle musique*, trad. fr. A. Servant, D. Alluard et C. Huvé, Paris, J-C. Lattès, 1980, p. 134-135. J'ai modifié ici la traduction. Citons la nouvelle édition établie par Ph. Albéra et G. Starobinski, dans une traduction de V. Barras, A. Carruzzo, G. Starobinski et B. Boccadoro, Genève, Contrechamps, 2008.

> logique, on peut voir les choses d'un point de vue plus élevé et c'est à ce niveau qu'il faut se situer si l'on veut aboutir à cette vérité que « tout ce qui peut arriver dans un morceau de musique n'est autre que la perpétuelle remise en forme d'une forme fondamentale ». [...] Dès lors qu'un travail contrapuntique est fondé sur la combinaison de plusieurs parties, que peut donc bien être un contrepoint linéaire ? [1].

Aussi, la nouvelle pensée de Schoenberg et de sa vocation qui est, d'une manière ou d'une autre, tributaire de la pensée d'une perpétuelle transformation d'un sujet auquel elle renvoie, nous apparaît-elle comme une des tâches qui aura le plus problématisé les liens complexes entre philosophie et musique, que nous voulons ici analyser depuis la réflexion de Nietzsche sur Wagner, depuis l'interprétation heideggérienne de cette réflexion et depuis la tentative schoenbergienne d'un sauvetage de la musique moderne qui oppose à la tentation nihiliste - que la dislocation du système tonal pouvait laisser entrevoir – une pensée éthique de la musique et de la composition. Cette éthique de la musique est elle-même de bout en bout de nature politique. Dès lors, comment comprendre philosophiquement des idiomes compositionnels tels que suspension, interruption, non résolution, infini, combinatoire dodécaphonique, motif, absence de hiérarchie, récurrence, miroir, rétrogradation, dissonance, timbre ? Comment passer d'un vocabulaire technique à une « vision » discordante et désynchronisée du sujet musical où la *Stimmung*, comme accord, mélodie ou harmonie est la scène du conflit entre libre création, Raison et imagination. Ni le même, ni l'autre, mais le milieu, ce qui se joue là entre le vide de chaque son, autrement dit, ce qui se joue dans l'intervalle, l'écart qui sépare ce qui n'est plus lié directement à notre faculté de juger, bien que le milieu, la *Mitte* – *Mittelgleid* – soit, chez Kant, un lieu de médiation entre sensibilité et entendement qui n'est pas étranger selon nous à la démarche de Schoenberg. Il faudrait donc s'arrêter sur cette *Mitte* où s'élabore la réflexion intervallique comme le propre de la musique sérielle. Que réfléchit la série sérielle si elle ne relève plus d'un jugement de goût ? Peut-on parler d'un beau sériel qui viendrait contrarier le risque d'un nihilisme sériel ? Si la nouvelle pensée musicale de Schoenberg ne réfléchit plus les facultés du sujet comme *concertance*, consonance donc, peut-elle les réfléchir comme *déconcertance*, dissonance ? Nous reviendrons plus loin sur ces questions qui introduisent dans l'économie de notre propos la question de la parole et de ses diverses modalités d'altération dans l'œuvre de Schoenberg. L'altération vaut ici comme idiome

1. A. Schoenberg, *Le style et l'idée*, « L'ancien contrepoint et le nouveau (1928) » nouvelle édition établie et présentée par D. Cohen-Levinas, Paris, Buchet/Chastel, 2002, p. 226.

avec lequel Schoenberg luttera contre le nihilisme consubstantiel à la subjectivité inconditionnée de l'idéalisme. Il exposera, dans ce que nous désignons par empirisme musical, non seulement la critique de cet idéalisme transcendantal, mais également l'antinomie irréductible entre le système et le matériau sonore. La recherche d'une nouvelle manière de composer se présente alors comme une phénoménologie relationnelle entre les diverses composantes du son ; et la possibilité d'objectivation des lois acoustiques du matériau musical, malgré l'antinomie ou ce qui se donne comme tel, ne réduit pas complètement le sujet à l'objet. La tension métaphysique est donc maintenue, mais elle ne vise pas un *telos*, pas plus qu'elle ne s'inscrit dans une dialectique de la maîtrise et de la servitude. C'est le rapport entre le présupposé sériel et l'intellection musicale qui débouche sur une pensée du *Tout* déjà brisé avant tout commencement. La cellule génératrice schoenbergienne est un pur « milieu » qui ne peut trouver sa résolution dans un horizon fermé. L'ordre des sons fondé sur l'idée de milieu (*Mitte*) institue la succession, mais aucun ordre et aucune succession ne peuvent fonder une loi, puisque la forme elle-même est en continuel devenir, variation d'elle-même comme de ses microstructures en miroir. La construction se poursuit donc à l'infini, même si dans le cas de la musique sérielle l'infini est dénombrable, déclinable, auscultant et ausculté. Il s'agit là d'un continu de la transformation, continûment activé par le jeu de la dissonance érigée en nouvelle consonance, dont la parole, cryptée ou explicite, ne peut à aucun moment se poser sur le sol de la Raison ou sous la forme d'un salut qui tomberait comme une cadence parfaite et héroïque. C'est la leçon que nous enseigne la fin du IIe acte de *Moïse et Aaron* de Schoenberg resté inachevé. L'abstraction de la figure sérielle signifie la façon dont le son s'avance, se présente en se retirant, puisant sa force phénoménale dans le retrait. Le son traité sériellement apparaît en se dissolvant. Il ne vient pas d'un commencement ou d'une transitivité dialectique, mais d'un ailleurs, d'une scission infinie entre sa venue et son retrait, que Schoenberg entend en partie dans l'expérience de la Révélation sinaïtique. Peut-être la musique ne fait-elle événement qu'au moment précis où elle est arrachée à l'ordre du système et du temps historique. C'est le tournant éthique qu'assume Schoenberg en toute conscience. Ce dernier s'avérera une réponse au nihilisme esthétique annoncé par les événements politiques, par la manière dont l'homme réalise le destin du mal en faisant prévaloir ses propres volontés. Le mal a donc une histoire, et la tradition de la musique savante occidentale jusqu'à Wagner en fait partie. J'y reviendrai.

Politique du philosophème musical

Si l'on excepte les spéculations mathématiques ou/et cosmologiques, le dialogue entre philosophie et musique est plutôt tendu, crispé, inexistant ou du moins évité. Dans le meilleur des cas, il est chargé d'un contenu métaphysique qui trouve une explication rationnelle dans la nécessité où se trouve la philosophie à l'époque romantique de rendre compte de l'idéal d'un Système qui exige une esthétique et qui, en l'exigeant, doit trouver une place où ranger la musique. L'idéalisme allemand va donc « ranger » la musique comme il se doit, dans diverses cases, le plus souvent excentrées par rapport à l'exercice de la philosophie, qui ne prennent pas leur place dans une communauté où le travail du concept est de rigueur. Kant l'évoque sans s'y arrêter ; Hegel avoue son embarras. Il intègre la musique à son système des beaux arts, tout en réitérant le geste platonicien du procès mimétique entre *mousikè* et *logos ;* Schopenhauer s'exalte et fait passer la musique au registre de la volonté ; Nietzsche y verra une des clés du renversement entre *Dichten* et *Denken ;* Heidegger interprètera la rupture entre Nietzsche et Wagner comme étant le tournant nécessaire de l'histoire de l'être. La musique hante la philosophie, comme si le concept grec de *melos*, signifiant l'abstraction que représente la structure mélodique de la parole humaine, agissait en sourdine dans l'exercice du penser, comme une sonorité qui viendrait toucher la *prosa oratio*, et qui serait au *logos* ce que la musique est à l'ouïe ou la couleur à la vue : un *ethos* de la philosophie. La musique est donc le lieu d'une résistance pour la philosophie, qui la considère le plus souvent comme une menace. Deux épisodes racontent l'histoire de cette menace : le premier, c'est l'expulsion par Platon de la Cité grecque du poète tragique, des faiseurs de mythes et de presque la totalité de la musique, à l'exception de celle qui est régie par le code pythagoricien ; le deuxième, c'est en effet la rupture de Nietzsche avec Wagner, le renversement du platonisme. Ce qui est rejeté et qui fait immanquablement retour, c'est ce que les Grecs appellent *hè mousiké* ou *ta mousika*, plus exactement, le dialogue qui, dans l'écriture de Platon, correspond au mode dramatique et mimétique. *Les Lois* est un texte présenté comme le plus beau des poèmes tragiques. C'est donc la musique comme parole tragique ou encore la parole tragique se prolongeant dans la musique qui viendrait perturber l'ordre de l'être-en-communauté. C'est pourquoi Heidegger, dans une note additionnelle à la conférence de 1938 intitulée « L'Époque des conceptions du monde », dans laquelle il critique le concept de valeur, n'hésitera pas à donner en exemple la rupture de Nietzsche avec Wagner et à lui donner une pleine signification philosophique :

> Parce que la pensée de Nietzsche reste prise dans l'idée de valeur, il lui faut énoncer ce qui est essentiel pour elle sous une forme quasi régressive, c'est-à-dire comme inversion de la valeur de toutes les valeurs. Lorsque nous réussirons à comprendre la pensée nietzschéenne indépendamment de l'idée de valeur, alors seulement nous parviendrons en un lieu où l'œuvre du dernier penseur de la Métaphysique devient une tâche du questionnement ; alors seulement nous comprendrons l'hostilité de Nietzsche contre Wagner comme le tournant nécessaire de notre Histoire [1].

Étonnante appréhension de ce que Heidegger appelle « notre Histoire ». Cette dernière aurait rencontré le destin de la musique, ce serait alliée à elle et aurait manqué y sombrer. Nietzsche, dans son différend avec Wagner, aurait ainsi évité le pire. La fin de la philosophie ? La prise de pouvoir de l'exercice du penser par une théâtrocratie déguisée en métaphysique sans *logos* serait ce à quoi la fin de la métaphysique aurait échappé. Cependant, est-il seulement envisageable d'approcher l'œuvre du dernier penseur de la Métaphysique sans la musique ? N'est-ce pas pour déployer sa critique contre la morale chrétienne que Nietzsche, dans *La Naissance de la tragédie*, fait exagérément appel à Dionysos. La conscience chrétienne est sublimée par un déploiement amphigourique du *melos*, et en particulier, par le leitmotiv wagnérien qui conduit à une lecture micrologique de la forme et du système qu'il cherche à dépasser. Le mythe que défend ici Nietzsche est soumis à un brouillage temporel et textuel. Qu'est-ce qui, dans la musique de Wagner, est assignable au *mythos* et qu'est-ce qui est assignable au *logos ?* Il semble bien, du moins dans les premiers textes de Nietzsche, que le *mythos* précède le *logos ;* lorsque c'est l'inverse qui se produit, lorsque c'est le *logos* qui précède le *mythos*, c'est pour engager une sorte de mouvement spéculaire, un mouvement de circularité simultanément musical et philosophique d'où la philosophie ne sort pas indemne. Or, sur quel postulat repose l'allusion de Heidegger ? Probablement sur l'idée qu'une pensée musicale de la phraséologie, quand bien même serait-elle prise dans l'ellipse de l'inversion ou du renversement des valeurs, ne peut qu'obstruer l'accès à la pensée métaphysique de Nietzsche, plus précisément à la détermination de l'être de l'étant comme Volonté de puissance et comme Éternel retour. Dans son cours sur

1. M. Heidegger, *Chemins qui ne mènent nulle part*, trad. fr. W. Brockmeier, Paris, Gallimard, 1962, p. 133.

Nietzsche[1], Heidegger distingue la philosophie comme telle du fameux *dichterisch*, de la *Dichtung*, qui, bien qu'elle soit *denkerisch*, pensante, n'est jamais à proprement parlé donnée comme relevant du philosophique. Il est clair que pour Heidegger, seul Hölderlin a accompli à la fois le *denken* et le *dichten*. Or, Nietzsche a certainement entrevu chez Wagner cette possibilité de rassemblement du *denken* et du *dichten* dans *Tristan und Isolde*[2], et c'est pourquoi, tout comme Heidegger le fait avec Hölderlin, Wagner n'est jamais interprété par Nietzsche dans une perspective romantique – ce qui n'est pas le moindre paradoxe lorsqu'on sait jusqu'à quel point la *Dichtung* est au centre des préoccupations des compositeurs romantiques, tel que Schumann qui écrira le cycle de lieder *Dichterliebe*[3]. En revanche, la *Dichtung* wagnérienne peut être pensée – et l'a certainement été par Nietzsche – comme une tentative de surmonter la clôture hégélienne ou de rompre avec elle. Cette question éclaire selon nous d'un jour nouveau la définition nietzschéenne du nihilisme que cite Heidegger, comme dégradation des « valeurs suprêmes ». Elle éclaire également d'un jour nouveau le *Zarathoustra* qui se donne textuellement sous forme de chants, de versets, de paraboles, d'énigmes, de discours de prophètes, bref, qui n'est pas étranger à la question de la *Dichtung*. On retrouve ici la parole disposant à la musique, et quand Nietzsche parle de *Zarathoustra* dans *Ecce Homo*, c'est pour le présenter comme un dithyrambe – la figure privilégiée du leitmotiv wagnérien. Le modèle n'est donc pas si éloigné du poème tragique de Platon, *Les Lois*, même s'il s'agit d'un rapport équivoque; mais dès lors que l'on interroge l'écriture nietzschéenne du *Zarathoustra*, il faut interroger l'écriture platonicienne, et comprendre que l'écriture wagnérienne du *Tristan und Isolde* se situe exactement au point d'intersection des deux. C'est là qu'intervient la remarque de Heidegger quant à la tâche du questionnement sur l'histoire qui est aussi questionnement sur l'être, dans la mesure où pour Heidegger, l'être n'est rien d'autre que l'histoire de l'être. La rupture de Nietzsche avec Wagner n'est donc pas anecdotique comme d'aucuns ont bien voulu le croire. Elle n'est pas non plus motivée par un ressentiment ou une déception d'ordre personnel. Les enjeux de cette rupture sont simultanément philosophiques et politiques. Heidegger, qui n'a pas prêté une grande attention

1. Cf., *Nietzsche* I, trad. fr. P. Klossowski, Paris, Gallimard, 1971.

2. Action en trois actes sur un poème de Richard Wagner, composée entre 1857 et 1859, créé le 10 juin 1865, au Théâtre royal de la cour de Bavière, sous la direction de Hans von Bülow.

3. Œuvre composée en 1840, *Les Amours du poète* est un cycle de seize mélodies sur des poèmes de Heinrich Heine.

à la musique, ne se serait pas arrêté sur une simple querelle. Or, non seulement il en fait état, mais il va jusqu'à montrer, dans la section du cours consacré à Nietzsche qui s'intitule « Six faits fondamentaux tirés de l'histoire de l'esthétique », comment comprendre le sens de l'ivresse, comment relier cette ivresse à l'exercice de la pensée, et comment le lien entre les deux est la présentification d'un état esthétique essentiel, la figuration ou configuration de la Volonté de puissance. Or, le savoir artistique n'est rien d'autre qu'une *teknè* pour Heidegger, au sens grec et originel du terme, à savoir, qu'il ne véhicule aucune réflexion pensante, aucune spéculation conceptuelle. Seule la pensée tragique – et sans doute la musique – requerrait cette absence de conceptualité, et c'est pourquoi la philosophie l'aurait laissé pour compte, comme si en oubliant la pensée tragique et la musique, elle pouvait exister et affirmer son autonomie. Il faut donc attendre le moment métaphysique, le moment où le grand art touche à sa fin, pour que la question du musical et de la *Dichtung* remonte à la surface de la réflexion philosophique et vienne exalter la surdétermination des concepts fondamentaux de Platon et d'Aristote ; concepts qui affectent la question de l'*epistémè*, de l'expérience et du comportement sensible de l'individu. Quelle serait la *teknè* capable de se soustraire à cette surdétermination confinant au politique ? De quelle poïétique désastreuse Nietzsche se fait-il le juge, en cherchant à affranchir la philosophie d'une fascination quasi mortifère ? Est-ce la question du *phainesthai,* du se-montrer selon l'*eidos ;* est-ce la détermination du beau comme *ekphanestaton,* comme comble du paraître ; ou est-ce la visée poïétique de la *teknè* qui ouvre sur l'espace métaphysique de la subjectivité ? Où se situe Wagner dont l'œuvre s'est construite comme une réponse audacieuse au déclin de l'art, à la défection (*Abfall*) de son essence. C'est donc Hegel qui est visé, puisque le projet wagnérien dans son ensemble, le *Gesamtkunstwerk,* se veut poursuivre un projet esthétique là où le diagnostic et le verdict hégéliens supposaient une mort de l'art, contemporaine du romantisme, c'est à dire de l'art moderne. Il n'y avait guère qu'un Wagner pour se jeter à corps perdu dans une entreprise esthétique qui cherchait explicitement à restaurer la tragédie, le grand art grec. Or, à l'époque de Wagner, dans les années 1850 et 1860, un tel projet ne pouvait que demeurer unique. En voulant assurer le sauvetage du grand art – ce que Nietzsche salue dans *La Naissance de la tragédie* – Wagner ne faisait pas que décloisonner les arts par une réceptivité de la forme qui accomplit l'idéal de la *Dichtung*, l'alliance absolue de la mélodie et de la poésie, qu'on appelle en musique *arioso continu*. Il souscrivait sourdement à l'émergence d'un art religieux, donc politique ; un art dont la vocation fut bien de *religere,* de faire signe en direction d'une communauté-peuple (*Volkgemeinschaft*), d'un social tel que la tragédie attique l'entendait. Mythe tragique et mythe romantique furent ainsi convoqués dans un même processus de barbarisation croissante du code et de la figure, dans la mesure où la *teknè* de Wagner n'est pas la véritable *Dichtung* hölderlinienne, selon Heidegger qui condamne sévèrement l'œuvre d'art totale :

> Selon ce projet, la musique devait être le moyen de mettre le drame en valeur ; mais en réalité la musique devient un art spécifique sous la forme de l'Opéra. Le poids et l'essence du drame ne résident pas dans sa forme originelle poétique, c'est à dire dans la vérité figurée par l'œuvre de langage, mais dans le caractère scénique et spectaculaire de ce qu'il représente. L'architecture ne vaut qu'en tant que décor théâtral, la peinture en tant que coulisse, la plastique en tant que jeu mimique de l'acteur. La poésie et le langage ne subsistent que dépourvus de la force créatrice essentielle et décisive du savoir proprement dit. Le règne de l'art en tant que musique est voulu et, de ce fait, le règne du pur état affectif… [1].

En admettant que Heidegger n'ait pas compris grand chose à la musique de Wagner, on peut accepter son analyse de la surenchère esthétique, de l'hyperbole de l'affect qui produit un effet de concupiscence empathique et conduit le sujet récepteur à une totale et sombre passivité de l'écoute à laquelle s'opposerait le véritable grand art, la *Gestaltung*, qui elle, contrairement à la démesure sophistique et hystérique de *Tristan und Isolde* par exemple, serait virile de bout en bout. En poussant la figure jusqu'à l'extrême, Wagner porte la musique à son point d'acmé nihiliste. Évidemment, il faut insister sur un point, sans doute le plus essentiel de tous. Pour Heidegger, ce n'est pas la musique qui est capable de *Gestaltung*, mais la poésie. Entre l'expérience poétique et l'expérience musicale, se joue tout le rapport à l'écriture, la lecture d'Hölderlin d'une part, et le procès du théâtre qui privilégie le « règne de l'art comme musique ». Si dans *Zarathoustra*, Nietzsche est au suprême degré *dichterisch*, Wagner dans *Tristan* parvient au suprême degré du nihilisme. Ce qui diffère ici, c'est la *Darstellung*. Dans un cas, elle est pertinente, dans l'autre, décadente, car dès que le théâtre fait son entrée, il y a *mimèsis*, il y a identification passive, il y a désappropriation. Ce n'est pas pour autant que Heidegger, commentant la rupture de Nietzsche avec Wagner, condamne *toute* la musique. Il opère comme Platon une discrimination au sein de la différenciation entre musique active et musique passive, entre virilité et féminité. Le partage est dès lors celui là même que les Grecs pratiquaient, conservant les bons modes (dorien ou phrygien), chassant les mauvais (lydien) ; sélectionnant les bons instruments – telles que les cordes

1. *Cf.*, *Nietzsche* I, *op. cit.*, p. 84.

– et réfutant les mauvais, comme la flûte, l'aulos; privilégiant les rythmes simples au détriment des rythmes complexes. Or, « le tournant nécessaire de notre Histoire » dont parle Heidegger est celui qui aura refusé l'endormissement, la fascination narcotique, l'extase de l'affect et de l'effet. Mais faut-il en déduire que le dernier penseur de la métaphysique, Nietzsche, donne prise à une conception du musical qui ne peut et ne doit être pensé qu'en dehors de la sphère de l'affection ? Doit-on penser que l'héritage wagnérien correspond à une forme de musicolâtrie propice au déploiement du nihilisme, à la dissimulation de la vérité de l'art, et donc, de la philosophie ? Si la musique ne peut se traduire ni en grec ni en allemand, en quelle langue peut-elle se dire et se faire ? Nietzsche est le philosophe qui aura rompu, non seulement avec Wagner, mais avec l'identification romantique du grec, de l'allemand et du *mythos*. En affirmant comme il le fait dans *Ecce Homo* qu'il est « l'anti-chrétien en grec, et aussi dans bien d'autres langues… » ; en réitérant, comme il le fit si souvent, qu'il est « latin » ou « romain », Nietzsche touche ici à la modernité de la musique et à la quête d'une conception du temps et de la langue musicale qui ne coïncide plus avec les attendus de la culture et de l'histoire de la métaphysique. On pourrait dire qu'en se dégageant du langage, la musique s'écarte de plus en plus du procès mimétique avec la philosophie qui lui aura valu plusieurs siècles d'exclusion et d'enfermement tautologique, jusqu'à la folie. Elle s'écarte à dessein de la *Dichtung* et se rapproche peu à peu de la *Sprache* et de la *Sage* comme modalité intelligible des rapports texte/musique que Schoenberg inaugurera en 1912-1913 avec la technique du *Sprechgesang* dans le monodrame *Pierrot Lunaire*. Un chemin était trouvé, celui de la sortie, non plus de la seule métaphysique, mais du nihilisme wagnérien.

La parole infigurable

À la réception passive de l'affect et de la figure, Schoenberg opposa une perception qui fut perception d'une chose que l'on appelle « son ». La révolution schoenbergienne, bien que reposant sur le renversement dialectique du système tonal et son excès dans le chromatisme et l'enharmonie wagnérienne, s'appuyaient sur des postulats restés jusqu'alors ininterrogés, à commencer par celui impliquant de concevoir le son comme un phénomène et non plus comme un code; un phénomène qui se montre et se retire au moment même où il s'est montré tel quel. La musique cessait alors d'être pensée dans sa détermination philosophico-politique, soumise à la fatalité du déclin, de la chute et de la représentation des affects nationalistes.

Loin de creuser la fissure wagnérienne par où commençait à s'annoncer la ruine de la philosophie, loin de s'enfermer dans un rapport historial à l'accès ou à l'envoi de la vérité, Schoenberg entendait faire sonner la musique autrement, à savoir, dégagée de la gangue de l'affect, en déplaçant la relation consonance-dissonance sur le registre du timbre et non plus de la hauteur qui détermine la mélodie, donc, la figure. Faire retour vers l'inexplicable, l'irreprésentable, l'inconcevable, l'inimitable et l'innommable : voilà ainsi brièvement résumé le programme de composition dont Schoenberg, dans une lettre adressée à Kandinsky, datée du 24 janvier 1911, disait qu'il correspondait à « l'élimination de la volonté consciente en art ».

L'espace de la composition sérielle interdit toute figuration. Cette scission de l'identité mélodique indique très clairement que le lieu où se configure l'infigurable est un hors lieu : « Mais dans le désert vous êtes invincible », dit Moïse dans l'opéra de Schoenberg. L'infigurable est donc un pur déplacement, un pur mouvement et parcours de la bouche de Moïse (Aaron), de la voix du Buisson ardent (le chœur) et de la parole qui parle (Moïse). La seule présence phénoménale acquise est celle des Tables de la Loi, une manière de réintroduire de la *Bildung* là où l'exil de la tonalité est total. *Moïse et Aaron* [1] est une œuvre lyrique construite sur une série sérielle. Or, cette série, dès le début de l'œuvre, est constamment sollicitée par Schoenberg sous ses formes dérivées et non pas dans sa forme originelle. De même, le discourir du texte ne peut être représenté selon un contenu ou un sens déterminé. Ce dernier est porté par une inépuisable combinatoire acoustique qui s'adresse à l'oreille de l'esprit davantage qu'à notre compréhension allégorique, poétique ou narrative. Le pathos de la liberté au sens de l'autodétermination du moi n'est pas requis par le monde des apparences figurales. Ici, c'est l'expérience absolue de l'audition qui active à l'extrême notre attention. Pour Schoenberg, cette expérience est sans aucun doute la manifestation la plus haute d'une pleine défection du nihilisme et de ses avatars dans les mouvements esthétiques néoclassiques ou romantiques qui traversaient alors l'Europe musicale. Il faut entendre par défection, une modification radicale au sein de la hiérarchie des structures et des paramètres de la langue-son. Celle-là est parvenue avec Schoenberg à un point de non retour : une structure inaudible relayée par des variations infinies de toutes les composantes réunies dans cette œuvre gigantesque qui, à bien des égards, est une forme négative de la tragédie grecque ; une forme qui ne se referme sur rien d'autre que sur un manque, une béance, une impossibilité, un

1. Opéra commencé en 1933 et resté inachevé à la mort de Schoenberg en 1951. Schoenberg a composé deux actes avec la musique ; le 3e ne comporte que le texte.

suspens de la parole, une altération du temps lui-même : « *O Wort, du Wort, das mir fehlt!* »[1].

La musique aurait à charge de raconter ce manque, le manque de mot, autrement dit, le manque de *logos*. Elle aurait à charge de *défigurer* la temporalisation de l'infini combinatoire en prenant garde de ne jamais la reconfigurer de crainte de voir resurgir à la surface de la notation la positivité de la figure et du message. Tout l'idéalisme musical allemand convergeait vers l'idée d'une unité originelle qui viendrait déchirer la séparation. Schoenberg inverse le mouvement. Avec *Moïse et Aaron*, il montre combien la séparation est ce qui est déjà inscrit au cœur de la structure originaire dont le périple, le déploiement dans le temps, la mise en mouvement et en espace est un exil sans retour vers une unité qui n'aura jamais été pré immémoriale, présente. De cette absence immémoriale peut naître le récit, une composition narrative dont les dits et dédits ne sont plus dans les sons, mais entre. La figure nihiliste est donc tombée dans le *Mitte*, comme absorbée par lui. Ce qui est raconté est précisément ce qui ne se parle pas.

C'est exactement ce que Benjamin perçoit d'une manière toute tragique et sans doute prophétique dans le retrait de l'œuvre comme porte-voix ou porte-regard et porte-parole d'un monde plus antérieur que le nôtre ; un monde dont l'utopie se mesure à la force de sa réception et de sa nécessité quasi fractale dans le cours de l'histoire. Pour Adorno, élève de Benjamin les rythmes de ce futur antérieur quasi messianique s'achève sur une dissonance non résolue. La conférence d'avril 1963 intitulée « Un fragment sacré. Au sujet de *Moïse et Aaron* de Schoenberg » est significative à cet égard la façon dont Adorno justifie la puissance d'une œuvre qu'il ne considère pas comme relavant purement de l'opéra, mais plutôt de la catégorie *oratorio*. Cette puissance – Benjamin se serait peut-être risqué à utiliser le mot *aura* – résulte bien du projet métaphysique que Schoenberg élabore en convoquant une richesse de moyens dont Adorno dit qu'ils sont « proportionnés au contenu musical ». Pourquoi Adorno accorde-t-il un tel crédit esthétique aux moyens mis en œuvre pour intensifier, densifier de façon quantitative le contenu de vérité de ce fragment sacré, *Moïse et Aaron,* que Schoenberg aura laissé inachevé ? L'œuvre répond bien pour Schoenberg à la catégorie opéra, en dépit de son orientation spirituelle juive, plaçant la question de la Loi transmise par Moïse au cœur d'une problématique délicate à appréhender : le renouvellement du genre lyrique après Wagner. L'idée de modernité défendue par Schoenberg est ici représentée sous les traits d'une œuvre immensément chargée, se saisissant d'une réflexion sur le sacré que l'époque n'était plus

1. Fin du 2e acte de *Moïse et Aaron* : « Ô parole, parole qui me manque ».

apte à recevoir. Ce paradoxe est particulièrement significatif si l'on songe que l'inachèvement de *Moïse et Aaron* répond aux intuitions théologiques de Gershom Scholem pour qui, dans un temps de chute, d'extrême précarité de l'humain et de déshumanisation, seule une esthétique du fragment, une esthétique de l'inachèvement, ce que Benjamin appelle la ruine, ou encore, l'allégorie comme discontinuité entre la représentation (ce qui est visible) et l'Idée (ce qui est irreprésentable), peut encore sauver un reste d'humanité, un fragment d'utopie, une promesse de bonheur. Le fragment d'utopie deviendrait une représentation en négatif – une représentation sans image, sans message – du *nomen innomabile*. Adorno développe cette idée jusqu'à considérer que l'opéra de Schoenberg ferait apparaître une antinomie inhérente à la fonction artistique elle-même. L'utopie d'un art moderne résiderait dans cette antinomie, une manière radicale et sans trace de réconciliation de détourner la question de l'aura, de la supplanter par la seule force de l'irreprésentation et de l'infigurable. Pour Adorno, la présence effective d'une dimension religieuse au sein de l'œuvre musicale permet de renverser l'hypothèse de l'aura et de lui substituer la radicalité d'un langage musical qui, au-delà du langage signifiant, renvoie au Nom qui se révèle sans pour autant se dire ou se raconter, ou se nommer. Le sens à la fois précis et caché du Nom qui révèle la force de l'œuvre sans la dévoiler, confère à la musique, non pas cette aura irréductible dont parle Benjamin, mais une forme d'absolu immédiat. Au moment où l'expérience musicale advient dans notre vécu, au même instant, à cet instant précis, c'est l'expérience elle-même qui devient inaccessible, comme une lumière trop intense aveuglerait l'œil et ferait dériver les effets de vision ailleurs que sur l'objet que l'on regarde. Si l'essence de la musique est le mystère du Nom, de ce qui ne peut être nommé parce que nous ne le connaissons pas, elle est aussi ce qui permet de mettre fin au mensonge du Tout à inscrire au cœur de tout exister. D'où l'idée que le langage musical ne se satisfait pas d'une signification conceptuelle. Il appelle une dimension mimétique – thème récurrent chez Adorno. Dans la pratique mimétique, le langage musical comme expérience d'un hors-lieu confronté à la langue, au concept, au récit, à tout ce qui relève du dire et du signifiant se retrouve en situation de frottement, de raptus, de fragment, de lambeau de sens. L'un et l'autre se nourrissent de leur insuffisance réciproque. L'un et l'autre s'attirent dans cette indissociable élan nomade qui les fait ressembler à l'inachevé. Quant l'un touche à l'immédiat absolu, et que la condition de cet absolu est qu'il demeure inaccessible, l'autre répond à une logique clinique. Que dire d'un art qui unit le relatif à l'absolu ? La réponse d'Adorno est elle-même une tentative mimétique et met l'esthétique en demeure de répondre de ses propres insuffisances : « L'échec rapproche musique et langage.

[…] C'est en s'éloignant du langage que la musique réalise sa similitude avec lui ».

On pourrait presque augurer avec *Moïse et Aaron* de Schoenberg, et dans le sillage de Benjamin et d'Adorno, d'une esthétique non-thématisable. L'absence de thématique, le non-thématique est aussi la manifestation inquiétante de la révélation de l'inachèvement. Le thématisable est délimité. Il est historique de bout en bout, comme le sont les œuvres répondant à une logique de clôture. L'histoire comme symptôme du code symbolique ne peut rendre compte de ces effets de temps venus d'un ailleurs nécessaire à notre temporalité. Ils instaurent un rapport d'indécision, un doute, un presque historique, une vision déchirante de la modernité, un tragique que la musique transmue en dissonance sans résolution. L'utopie dont parle Benjamin est de nature mélancolique, nostalgique, elle est une représentation aliénante de l'histoire. En subvertissant la logique de l'aura, on redonne à l'utopie une force d'intrusion, de fracas qui renverse les effets de désenchantement provoqués par la perte d'une aura idéelle. Avec *Moïse et Aaron*, Schoenberg développe le non-thème de la déchéance du langage et la manière dont la parole va se briser sur elle-même. La vérité de l'œuvre, comme celle de l'histoire, ne peut se dire en mots. La parole manquante l'est à sa propre cause. La parole est toujours en retard sur l'événement. D'où la chute, la catastrophe, la ruine. Le mot en provenance de la langue signifiante d'après le modèle d'Adam se dédouble à l'infini dit-on. Lorsque les hommes veulent nommer une chose, lorsqu'ils veulent accoler un nom à une expérience, il leur faut incessamment la dire, et la dire encore et la dire à l'infini avec un autre mot. Cette impossibilité de dire une fois pour toute la chose oblige l'homme à n'atteindre son objectif qu'en le blessant. En blessant la chose et le mot. En le privant de sa moitié. Ce qu'il dit, ce qu'il énonce, ce qu'il prononce ou proclame, il ne le fera jamais en parfaite connaissance de la vérité du mot. En constituant un savoir, les mots ont perdu la chose. La musique comme forme du Nom serait plein de cette chose. L'expérience musicale n'est pas un savoir et une maîtrise du *logos*, une accumulation de paroles ou de langues dont la vocation téléologique serait d'atteindre le Nom. Dans *Moïse et Aaron*, cette accumulation est en chute. Elle tombe « entre » les notes, dans la béance de l'intervalle resté muet. Elle devient ainsi le témoin d'une connaissance brisée. La musique est ici un geste sublime de déposition. Elle fait émerger un contenu plus essentiel que le total de tous les mots.

Danielle Cohen-Levinas

LE NIHILISME DANS L'HISTOIRE (UNE LECTURE DE *L'HOMME RÉVOLTÉ*)

Si notre temps admet aisément
que le meurtre ait ses justifications,
c'est à cause de cette indifférence à la vie
qui est la marque du nihilisme[1].

Qui pourrait dire, qui pourrait se risquer à soutenir qu'il n'a jamais consenti à la violence, qu'il n'a jamais désiré la mort de personne ou laissé faire, que le désir de meurtre ou l'indifférence au meurtre lui sont, lui ont été et lui seront toujours étrangers ? Le consentement est toujours susceptible de se produire à l'insu de celui qui prétend le refuser. Et la liste des noms qui devraient nous hanter comme les formes toujours récurrentes de sa manifestation n'est pas close : la résignation, la passivité, l'absence de révolte devant toutes les injustices meurtrières, dont le monde offre le spectacle, l'acceptation du meurtre des autres, mais aussi le goût des assassinats, la tentation de la terreur, la « pulsion de mort » et toutes les manifestations de cruauté qui la traduisent. Ou plutôt, nous savons que le sentiment de ce consentement (dont les formes infiniment variables font la trame de l'histoire, en même temps qu'elles circonscrivent des géographies du deuil – c'est-à-dire des différences entre ceux dont la mort nous affecte et ceux dont la disparition ne semble pas nous concerner) – nous savons que le problème d'un tel consentement trace une ligne de partage entre ceux qu'il n'aura jamais effleuré, perturbé ou inquiété, qui l'auront toujours jugé déraisonnable, excessif, « idéaliste » et se seront trouvé de bonnes raisons (politiques, économiques ou même philosophiques) pour qu'il ne vienne pas déranger

1. A. Camus, *L'homme révolté*, introduction, dans *Œuvres complètes*, t. III, « Bibliothèque de la Pléiade », Paris, Gallimard, 2009, p. 66.

leur vie confortable et ceux qui l'auront toujours éprouvé comme une injustice acceptée, sinon encouragée au cœur de leur existence. Qu'il s'agisse des populations exposées à la famine (alors même que les pays les plus riches ne savent que faire de la surproduction de leurs denrées alimentaires), de la privation d'accès aux soins d'une partie croissante de l'humanité (alors que les industries pharmaceutiques engrangent des profits astronomiques), des guerres oubliées (qui nourrissent les marchands de canons des pays fiers de leurs plaidoyers pour la paix), des massacres de populations civiles, des camps de réfugiés où l'on meurt en masse dans l'indifférence générale, ceux-là savent qu'*en ne disant ni ne faisant rien, ils consentent au meurtre*.

Mais à supposer que le sentiment d'injustice qu'appelle un tel constat s'empare de nous, comment résister à la tentation de la violence qu'il porte en lui ? Comment échapper au désir légitime de mettre un terme, par le feu et dans le sang, aux causes, aux raisons, réelles ou supposées, de la violence et de l'injustice ? Comment le parti pris des victimes pourrait-il s'abstenir de punir les responsables de leurs souffrances ? Ainsi se mêlent inextricablement – et il n'est pas de question éthico-politique plus insoluble – le refus de la violence et son consentement. Si je ne dis rien, si je ne fais rien, je consens. Mais est-il possible de dire et de faire quoi que ce soit contre l'injustice et les multiples formes de violence dans lesquelles elle se décline *sans* violence ? Est-il possible, en d'autres termes, de rendre possible l'impossible – de croire même qu'il est possible qu'il en aille ainsi – sans consentir à la violence ? Mais dès lors qu'un tel consentement est acquis, n'est-ce pas cette même possibilité qui s'en trouve *ipso facto* invalidée ?

On aura reconnu dans ce paradoxe celui qui n'a cessé de hanter la pensée de Camus. Il constitue le fil conducteur de *L'homme révolté*, et notamment du dernier chapitre : « La pensée de midi », il oriente les prises de positions de l'auteur de *L'Étranger* et de *La Peste* dans ses *Actuelles* consacrées à la guerre d'Algérie, ainsi que dans de nombreux articles publiés dans *Combat*. Enfin il est le sujet unique de quelques-unes de ses pièces de théâtre, avec lesquelles il faudrait commencer : *Caligula*, d'une part, *Les Justes*, d'autre part. Mais d'où vient qu'on a cru bon de rappeler ici, dans ces journées consacrées au nihilisme, ce que Camus nommait un « consentement meurtrier » ? Qu'est-ce qui l'impose ? Pourquoi l'expression semble-t-elle entrer en résonance avec une part (sans doute pas la moins obscure) de notre historicité ? De quelle expérience s'agit-il ? La réponse que l'on voudrait tenter d'esquisser ici est qu'il s'agit à la fois de notre expérience du temps présent, de ce temps qui est le nôtre, et de notre expérience du monde, là où nous lui manquons – que le « consentement meurtrier », en d'autres termes, désigne un trait distinctif de l'époque en même temps qu'il décrit une dimension, la plus difficile à avouer et pourtant la moins contestable, de notre *être-au-monde*. Avec le meurtre pour fil conducteur, on partira donc de la première moitié de cette proposition (notre époque, telle qu'elle intègre entre autres la mémoire que nous gardons du siècle écoulé, des crimes et des meurtres qui en sont la marque) pour parvenir à la seconde (notre rapport au monde présent et à venir).

On le fera en repartant de Camus et plus explicitement de *L'homme révolté* qui parut en 1951, non sans susciter de vives polémiques ; de ce grand livre, donc, écrit à la pointe de la lucidité, dont le dernier chapitre « La pensée de midi » reste, aujourd'hui encore, à rebours de tous les aveuglements, l'une des grandes leçons morales et politiques du XXe siècle et une magnifique méditation sur l'histoire. Car si les livres de Camus ne cessent de tourner autour de la possibilité du meurtre, c'est qu'ils sont hantés par un spectre qui suffit à définir notre époque : celui du « nihilisme ». Le consentement meurtrier, c'est l'autre nom du nihilisme qui est ainsi moins directement « la dévalorisation de toutes les valeurs » que la « justification », *logique et rationnelle*, du crime. Cette distinction a son importance et elle doit être rappelée d'entrée de jeu, car si l'histoire de « l'effondrement des valeurs » est une chose, celle de ces « justifications criminelles » en est une autre. On s'abstiendra donc de les superposer pas plus qu'on ne tiendra pour évidente la responsabilité du déclin de telles et telles valeurs, indexables à un « ordre civilisationnel », moral, politique ou autre déterminé, dans la « prolifération des crimes ».

Il y va d'un écart et d'un faux départ. Le faux départ, ce serait de supposer d'entrée de jeu que « le consentement meurtrier » s'enracine dans « la mort de Dieu », que notre époque est « nihiliste », parce qu'elle a cessé de croire et que, du même coup, comme le Grand Inquisiteur le dit à Ivan dans *Les Frères Karamazov*, « tout est permis ». Quant à l'écart, il consiste, au contraire, à ne pas replier, comme si cela allait de soi, la question du « consentement meurtrier » sur celle des avatars historiques, politiques et moraux du commandement divin « tu ne tueras point ». Un premier indice de la nécessité d'une telle distance serait que, à réduire ce consentement à la transgression de l'interdit du meurtre, on manquerait tous les cas, où le consentement ne tombe pas sous le coup de la loi, humaine ou divine, – où l'on « consent » donc *sans tuer* pour autant. On laisserait de côté ce qui se produit chaque fois que la relation à la mortalité et à la vulnérabilité d'autrui est suspendue, éclipsée *sans* que, au sens de la loi, on puisse être tenu pour responsable de sa mort. Car ce qui se produit alors, c'est à chaque fois la même chose : une faille, un abîme ouverts dans l'appartenance au monde. Avec *L'Homme révolté*, c'est donc un autre commencement qui nous est proposé. Camus, en effet, n'étudie pas le « consentement meurtrier » pour lui-même, mais comme le nœud d'un paradoxe. Le propre du XXe siècle, du « siècle des totalitarismes », comme on dit, c'est que jamais le meurtre ne s'y est trouvé autant de bonnes raisons, jamais il ne se s'est réclamé, autant qu'en ces temps de terreur, d'une révolte contre l'« injustice ». Jamais des millions de vies n'ont été détruites aussi massivement, au nom d'une relation prétendument plus « juste » ou plus « égale », c'est-à-dire plus conforme à tel « principe de justice », fût-il aberrant, entre les vivants. Deux voies alors s'ouvrent à la contestation.

La première est la récusation de l'une ou l'autre des idéologies qui supportent ces justifications. Elle est le plus souvent la part des idéologies elles-mêmes. Elle les engage dans une confrontation qui apporte à chacune des raisons supplémentaires de justifier le meurtre. La révolte de l'une contre les « principes inhumains » de l'autre appelle ainsi la violence et jamais elle ne se réclame d'une autre justice sans se *retourner contre la vie elle-même*. L'histoire du XXe siècle, comme *chacun* sait, est faite de ces confrontations. Mais elles constituent aussi l'un des pivots de son histoire littéraire et intellectuelle. « Le consentement meurtrier », ce n'est pas seulement, mais c'est aussi beaucoup l'affaire de la littérature, des historiens, des philosophes, des écrivains et des poètes. Et il fut un temps, pas si lointain, où le simple fait de proposer ici quelques noms propres eût ouvert un champ de bataille. En voici pourtant quelques-uns, parmi les plus évidents, pour nous en tenir à la France : Brasillac, Céline, mais aussi Aragon, Eluard, Sartre qui a beaucoup cautionné. Pour éviter la polémique, on laissera de côté ceux, plus près de nous encore, auxquels on pourrait songer.

Il n'est pas surprenant, dans cette perspective, que *L'Homme révolté* ait suscité tant de réprobation et de protestations, sinon de critiques indignes, à sa parution. Car la réflexion de Camus ouvre une autre voie à la contestation du « consentement meurtrier » – une voie difficile, dans un temps où dénoncer un tel consentement signifiait le plus souvent condamner les crimes des autres et justifier, sinon idéaliser les siens. Cette voie qu'il nous faut suivre un moment, quelle est-elle ? Elle est d'abord, de façon principielle, celle de la révolte contre la servitude, le mensonge et la terreur – une révolte qui ne se laisse pas ressaisir dans un dogme ni circonvenir par un passé mythique, pas plus qu'elle ne se projette dans un avenir radieux, une révolte qui, pour cette raison même, ne saurait se laisser calculer ni programmer à l'avance pas plus qu'elle ne suppose, à ce titre, une allégeance à un programme, à une organisation, à ses programmateurs ou à ses dirigeants. La voie de la révolte, c'est celle qui se pratique dans un présent qui ne cesse de devoir être réinventé, de façon chaque fois singulière et éruptive. Sa temporalité ne déroule aucun fil continu, elle ne se plie à aucune dialectique négative. Elle est *l'insurrection d'un sens* qui surgit à l'encontre des forces qui en confisquent la possibilité (les autorités, politiques et religieuses, les dogmes qu'elles soutiennent, les Églises, les partis).

> Mais ses raisons [les raisons de la révolte], la reconnaissance mutuelle d'une destination commune et la communication des hommes entre eux, sont toujours vivantes. La révolte les proclamait et s'engageait à les servir. Du même coup, elle définissait contre le nihilisme, une règle de conduite qui n'a pas besoin d'attendre la fin de l'histoire pour éclairer l'action et qui, pourtant n'est pas formelle [1].

Ici, plusieurs remarques s'imposent. On note d'abord que, dans ce texte qui occupe les toutes premières pages de « la pensée du midi », il est parlé de la révolte *au passé*. Pourquoi ? Parce que le présent, précisément, (celui de Camus en 1951, mais peut-être encore le nôtre, aujourd'hui, autrement), n'est plus dominé par la révolte, telle qu'elle est ici définie, mais par toutes les formes de nihilisme qui l'étouffent et la pervertissent – c'est-à-dire par des affrontements, des luttes, des engagements qui n'ont que l'apparence de la révolte, ou dans lesquels du moins le sens de cette dernière est compromis. Or, Camus ne cesse de le rappeler, le nihilisme ne saurait se définir autrement que comme la *prolifération des consentements meurtriers*. Parler au passé, c'est dire ainsi que la pensée s'inscrit dans un temps où le sens d'une révolte ouverte sur (et par) les injustices du présent, à l'affût de la servitude et du mensonge, dressé contre la terreur, s'est perdu. Et la façon qu'il a eu de s'être perdu et de se perdre, c'est (ce fut) précisément de consentir au meurtre, au nom d'une morale jacobine, ou encore au nom de la règle et de la loi, ou encore au nom de principes abstraits ou de vérités présentées comme éternelles. La révolte est insurrection du sens, parce qu'elle disparaît, parce qu'elle se perd, dès que ce sens est confisqué dans la vérité imposée d'un dogme ou d'une règle qui sont toujours potentiellement meurtriers.

La seconde remarque qui s'impose concerne les « raisons » de la révolte. Elles sont ici capitales. De celles-ci qui sont « la reconnaissance mutuelle d'une destination commune et la communication des hommes entre eux », Camus écrit, en effet, qu'elles sont « toujours vivantes ». Et il précise un peu plus loin, à propos de l'injustice, qu'elle s'impose au « révolté » non en ceci

1. A. Camus, *L'homme révolté*, chap. v, « La pensée de midi », *Œuvres complètes*, t. III, *op. cit.*, p. 303.

qu'elle contrarie ou contredit une certaine idée de la justice, supposée immuable et principielle, mais en cela qu'« elle tue le peu d'être qui peut venir au monde par la complicité des hommes entre eux » [1]. Il convient de s'attarder sur ces phrases. Elles concentrent en elles tous les fils qu'on essaye de tisser ici. L'expression qui retient l'attention est d'abord celle-ci : « Le peu d'être qui peut venir *au monde* [2] par la complicité des hommes entre eux ». Il y est question du monde, de ce qui vient au monde – et donc forcément de l'être-au-monde, ou encore de ce qui fait que le monde est monde. Il y est question des conditions nécessaires pour que le monde historique dans lequel nous vivons, le monde que nous avons en commun soit vraiment un monde. Or ce qui fait que notre rapport au monde est pris en défaut – ou qu'il manque d'être – ce qui met en échec, en d'autres termes, la mondialisation du monde, c'est que le nihilisme y règne sans partage. Notre être-au-monde manque d'être, parce que notre rapport à la mortalité et à la vulnérabilité d'autrui n'est plus soutenu par une révolte qui trouverait son sens dans le refus de son éclipse, de son effacement ou de sa perversion.

Il reste qu'il y a davantage encore dans cette page. Car ce que nous devons interroger, c'est tout autant la « complicité des hommes entre eux » qu'elle appelle de ses vœux – une complicité qui, en même temps qu'elle signe l'œuvre de Camus (c'est notamment le sujet essentiel de *La peste*), constitue la tâche assignée à la littérature – et, pour finir, le contrepoint, fragile et incertain, que l'écriture oppose au nihilisme. Et pourtant, nous savons que la complicité, elle aussi, peut être meurtrière, pour peu qu'elle soit restrictive ou qu'elle se retourne contre celui ou ceux qui en sont exclus. « Complice », on peut l'être aussi dans le crime.

Il y va donc de la possibilité d'un monde qui ne soit pas déchiré par l'antagonisme des consentements meurtriers. Car c'est toujours au pluriel qu'il faut décliner l'expression. Le propre du meurtre, de quelque façon qu'on y consente, est qu'il divise. Il ne fait jamais l'unanimité. Son consentement trace, par essence, mille et une frontières, dont chaque conflit renouvelle l'expérience *désormais mondiale*. Quelle que soit la « complicité » entre (tous) les hommes que Camus a en vue, une chose est sûre : le meurtre l'interrompt. S'il crée des chaînes de solidarité (meurtrières), c'est pour en briser d'autres (universelles ou, pour risquer le mot, « cosmopolites »), dans l'oubli qu'elles sont les seules qui justifient la révolte. De fait, c'est toujours un lien que brise le « consentement meurtrier » – un lien qui trouve son

1. A. Camus, *L'homme révolté*, chap. v, « La pensée de midi », *Œuvres complètes*, t. III, *op. cit.*, p. 304.

2. Je souligne.

origine dans le langage, ou plutôt dans la possibilité de se parler les uns aux autres, en d'autres termes : un dialogue. Pour l'homme de théâtre qu'est Camus, le terme est essentiel. La parole du consentement est, par définition, « monologuale ». Elle n'écoute personne, elle ne se plie à aucun argument ; sa logique est sans partage, comme le sont celle de Caligula, dans *Caligula* (« une tragédie de l'intelligence ») ou de Stepan, dans *Les Justes*. Elle ne reçoit rien de personne et elle ne s'impose aux autres que par la violence.

> La complicité et la communication découvertes par la révolte ne peuvent se vivre que dans le dialogue. Chaque équivoque, chaque malentendu suscite la mort ; le langage clair, le mot simple, peut seul sauver de cette mort[1].

Là encore, bien des éléments permettent d'avancer. L'opposition du nihilisme et de la révolte recoupe celle du « consentement meurtrier » et du « plaidoyer pour la vie » qui recouvre, elle-même, celle du monologue et du dialogue. Autant dire que ce qui s'oppose à la justification du meurtre est le lien entre les trois éléments associés de cette alternative : la révolte, le « plaidoyer pour la vie », le dialogue. La révolte plaide en faveur de la vie ou elle cesse d'être révoltée. Voilà ce qui l'oppose (ce qui devrait l'opposer) à toute forme de caution apportée au meurtre. Elle se trahit elle-même dès qu'elle accorde la moindre concession à une violence qui met la vie en péril, car c'est dans la vie, dans le soin et la protection de la vie, d'une vie digne de ce nom, qu'elle trouve sa justification. Aussi cette opposition trace-t-elle une ligne de partage qu'à penser l'histoire, on devrait toujours s'interdire de franchir : elle seule dissocie l'engagement dans l'histoire d'un calcul de la puissance ou encore d'une volonté de puissance illimitée qui est bien souvent la raison la moins avouée et la plus secrète des meurtres[2]. Elle seule également garantit l'extension de la révolte au-delà des frontières, c'est-à-dire un autre rapport au monde, un *tout autre être-au-monde*. Lorsque la révolte se pervertit en « consentement meurtrier », c'est toujours l'aveu qu'elle est ressaisie et circonscrite à l'intérieur de frontières déterminées, que ce soit celles d'un village ou d'une ville, d'une région ou d'un pays et même d'une « internationale » limitée. C'est contre ces frontières que se dresse ce que Camus appelle « la pensée de midi ».

1. A. Camus, *L'homme révolté*, chap. v, « La pensée de midi », *Œuvres complètes*, t. III, *op. cit.*, p. 304. Nous soulignons les deux passages en italiques dans la citation.

2. De ce point de vue, Nietzsche rejoint peut être, par un biais inattendu, quelques-unes des définitions classiques du nihilisme, comme celle qui l'indexe au règne de la technique, entendue comme puissance de domination. Voir, sur ce point Heidegger, *Nietzsche*, t. II, trad. fr. P. Klossovski, Paris, Gallimard, 1971.

Ainsi se nouent quelques-uns des fils qui nous conduisent. Trois choses au moins s'offrent à la méditation. La première est qu'il n'y a pas de rapport au monde juste qui ne puisse et ne doive se vivre, se penser et se partager autrement que comme révolte. Ou pour le dire encore autrement, la révolte contre la servitude, le mensonge et la terreur est principielle, dès lors que ceux-ci compromettent la possibilité d'un tel rapport. La seconde est que cette compromission est toujours un défaut de reconnaissance – et ce qui n'est pas reconnu, c'est l'objet d'une exigence, à savoir « l'unité de la condition humaine ». C'est parce que des parties du monde sont exposées à la servitude, au mensonge et à la terreur que, d'une part la condition humaine est divisée (et qu'en conséquence son unité doit être exigée) et, d'autre part, que le monde n'est pas (ou plus) un monde (et qu'il doit être recréé). La troisième enfin est que ce défaut de reconnaissance est toujours mortifère – et que c'est toujours dans la langue, dans un rapport à la langue, historiquement déterminé que la mort s'annonce.

Mais rien n'est simple, car la révolte, comme engagement dans l'histoire, est aporétique. D'un côté, elle implique, par principe, le renoncement à la violence. A supposer qu'elle fasse des concessions au meurtre, elle entre en contradiction avec sa finalité qui est à la fois de protester contre la mort et d'introduire de l'unité dans le monde. C'est parce qu'elle tient les deux qu'elle engage simultanément notre attitude face à la mort (et prioritairement à la mort des autres) et notre être-au-monde. Si elle renonce à l'un de ces engagements, elle perd l'autre. En d'autres termes, elle perd son sens, dès qu'elle choisit de sacrifier à ses fins perverties une partie de l'humanité. Mais, d'un autre côté, la révolte se heurte à des forces qui lui résistent et devant lesquelles elle ne doit pas abdiquer, sous peine de se perdre elle-même dans la vanité de ses incantations. Pour peu qu'elle renonce, elle s'abîme dans ce qui est un autre versant du « nihilisme » : celui que traduisent des formules populaires comme « à quoi bon ! » ou encore « on n'y peut rien ! » – formules qui sont elles-mêmes, à leur façon, d'autres versions du « consentement meurtrier ».

On posait en commençant la question : « Qui pourrait dire, qui pourrait se risquer à soutenir qu'il n'a jamais consenti à la violence, qu'il n'a jamais désiré la mort de personne ou laissé faire, que le désir de meurtre ou l'indifférence au meurtre lui sont, lui ont été et lui seront toujours étrangers ? » – que le consentement meurtrier donc n'est pas sa condition historique. Lisant Camus, il est possible désormais de cerner davantage les termes de cette interrogation. Nous sommes pris entre deux formes extrêmes de ce « consentement ». D'un côté, nous sommes exposés au paradoxe de la révolte, selon lequel l'introduction de l'unité dans le monde (par exemple sous la forme d'un rêve de justice qui voudrait devenir réalité) retourne la protestation contre la mort (qui devrait l'inspirer) en consentement au meurtre. D'un autre côté, nier cette unité relève aussi d'une acceptation de la mort des autres. Toutes les formes de négation alors doivent être prises en compte : des politiques les plus criminelles (pour lesquelles il n'a jamais été question de reconnaître une quelconque unité de la condition humaine) qui organisent délibérément sa scission par la discrimination et l'extermination à toutes les formes de compromission (actives et passives) qui les soutiennent.

C'est pourquoi « le peu d'être qui peut venir au monde par la complicité des hommes entre eux » (pour reprendre les mots majestueux de Camus), ce « peu d'être » donc, cette « venue au monde » et enfin cette « complicité des hommes entre eux » constituent le pivot autour duquel s'organise la pensée du « consentement meurtrier ». Il y va de ce qui lie « l'être-au-monde » non pas à l'être-pour-la-mort (au *Sein-zum-Tode* heideggérien), mais (dans un sens éthique et politique) à la mortalité et à la vulnérabilité de *tout* homme. Il y va d'un sentiment d'appartenance au monde (un *cosmopolitisme*) qui trouve son fondement dans une relation à la mort d'autrui, dont le trait distinctif constitutif est de faire front contre toutes les formes de consentement qui éclipsent le soin, le secours, la médication, l'attention, les paroles et les gestes de réconfort qui devraient la fonder *partout* et *pour tous*. Il y va enfin de la possibilité d'une révolte qu'aucune allégeance à de prétendues lois absolues de l'histoire pas plus qu'à une vision de l'avenir programmée ne détourne de son insurrection renouvelée contre toutes les formes de consentement au meurtre (de quelques principes ou de quelque évidence qu'elles se réclament), telles que les organisent la servitude, le mensonge et la terreur.

Aussi ce que nous devons trouver (ou retrouver), nous dit Camus, comme cela qui fonde notre historicité, n'est-il rien de plus et rien de moins que le chemin d'une insurrection. Tel est aussi l'objectif que poursuit « la pensée de midi » : expliquer quelle philosophie appelle ce sens de la révolte qui est toujours l'invention d'une singularité :

> Si la révolte pouvait fonder une philosophie, au contraire, ce serait une philosophie des limites, de l'ignorance calculée et du risque. *Celui qui ne peut tout savoir ne peut tout tuer*[1]. Le révolté, loin de faire un absolu de

1. Je souligne.

> l'histoire, la récuse et la met en contestation, au nom d'une idée qu'il a de sa propre nature[1].

« Une philosophie des *limites*, de *l'ignorance* calculée et du *risque* ». Ces trois termes méritent qu'on s'y attarde. Ils permettent de mesurer les conditions nécessaires pour qu'une insurrection contre l'injustice et contre la misère, de quelque façon qu'on les décrive et qu'on les définisse, ne se retourne pas en « consentement meurtrier ». Ils sont les balises que pose Camus sur le chemin de la révolte. De quoi s'agit-il ? De trois lignes de fracture qui définissent chacune ces conditions. Elles concernent successivement la limitation mutuelle de la justice et de la liberté, les raisons de la violence et enfin ce qu'on pourrait appeler la faveur ou le service de la vie, conçus comme un « au-delà du nihilisme »[2].

Il existe, de fait, une façon de penser et de vouloir la justice et la même façon de penser et de vouloir la liberté que rien ne distingue davantage que la caution qu'elles apportent au meurtre. C'est ainsi que, rêvant de l'une (la justice), Caligula pouvait prétendre s'affranchir des règles du droit et revendiquer pour l'autre (la liberté) un caractère absolu. Au bout du compte, comme on s'en souvient, cette liberté absolue ne faisait qu'ajouter à l'injustice et à la misère du monde, abandonnant l'empereur au constat sans espoir que sa liberté n'était pas la bonne. Elle ne l'était pas, dès lors qu'aveuglée par son rêve d'une justice elle-même absolue, autrement dit d'une justice sans condition, elle supprimait la place du droit. La liberté de Caligula ne souffrait pas que, face à elle et contre sa conception du « juste », la voix du droit se fasse entendre. Elle se résumait à un soliloque fou qui ne pouvait connaître d'autre issue que le meurtre, celui des citoyens d'abord, le sien, ensuite. Et il en va toujours ainsi : chaque fois que la liberté, désormais absolue, suspend le droit au nom de la justice, elle conduit au meurtre. Ce ne sont pas alors seulement les tyrans qui y consentent, mais tous ceux qui dans ces circonstances soutiennent ou cautionnent cette suspension de près ou de loin – et parfois à distance, à l'abri de tout danger.

Cela ne signifie pas que tout droit est légitime ni que le droit n'est pas partie prenante dans l'organisation et la justification du meurtre, comme tant de lois, passées et présentes, partout dans le monde le rappellent. Cela signifie que la justice ne peut se passer du droit ou encore que, lorsque nous en appelons à un principe de justice, sa réalisation ne peut faire l'économie

1. A. Camus, *L'homme révolté*, chap. v, « La pensée de midi », *Œuvres complètes*, t. III, *op. cit.*, p. 309.

2. « Au-delà du nihilisme », c'est l'intitulé du paragraphe conclusif de « La pensée de midi » et donc de *L'homme révolté*, *op. cit.*, p. 320.

d'une *transaction* avec le droit existant. Une chose, en effet, est de s'insurger contre le droit, pour le transformer, une autre est de faire comme s'il n'existait pas et de *s'en passer* pour un temps qui s'avère toujours plus durable et plus indéfini qu'on ne le pensait ou qu'on ne l'espérait initialement. La transaction suppose la reconnaissance d'un lien, d'une pluralité qui s'accorde (ou ne s'accorde pas ou ne devrait plus s'accorder) dans le droit. Elle reconnaît dans cette pluralité *plus d'une voix* que la justice ne saurait ignorer. La suspension, à l'inverse, implique l'exercice d'une liberté absolue qui ne s'embarrasse d'aucune de ces voix, quand elle ne s'acharne pas à les faire taire – auquel cas, le meurtre n'est jamais loin.

> Elle [une action révolutionnaire qui se voudrait cohérente avec ses origines] garderait, en particulier, au droit la possibilité permanente de s'exprimer. [...] Faire taire le droit jusqu'à ce que la justice soit établie, c'est le faire taire à jamais puisqu'il n'aura plus lieu de parler si la justice règne à jamais. A nouveau, on confie donc la justice à ceux qui, seuls, ont la parole, les puissants [1].

La seconde condition de la révolte (qui pose elle aussi des limites) concerne les raisons de la violence. Elle nous reconduit dans les pas du paradoxe, sur lequel s'était ouvert notre réflexion – à savoir que, d'un côté, il n'est pas d'insurrection contre la misère et l'injustice qui puisse décréter à l'avance qu'elle renonce à toute violence, mais de l'autre tout recours à cette même violence est contradictoire avec (et compromet de ce fait) les raisons de cette même insurrection. Là encore, deux formes de violence peuvent être opposées l'une à l'autre. La première trouve dans l'idée qu'elle se fait des nécessités de l'histoire, qu'il s'agisse de la patrie, de l'Europe ou du monde, les raisons de son absence de limites. Elle s'autorise d'un savoir, celui des fins de cette même histoire, pour justifier cette absence. Elle n'a rien à perdre, parce qu'elle ne croit à rien de ce qu'elle rompt ou interrompt ; en d'autres termes, les relations morales et politiques sur lesquelles se fonde ce que Camus appelle notre « *fidélité* [2] à la condition humaine » lui restent étrangères. Aussi est-ce une violence qui ne connaît pas le doute ni l'inquiétude.

À cette première forme de violence s'en oppose donc une seconde qui sait – et c'est son seul savoir – ce qu'elle brise. Elle ne cherche aucune légitimité dans les fins de l'histoire, pas plus qu'elle n'en appelle à une vision de

1. A. Camus, *L'homme révolté*, chap. v, « la pensée de midi », *Œuvres complètes*, t. III, *op. cit.*, p. 310.

2. Je souligne.

l'avenir. Elle est, elle s'éprouve pour celui qui s'y résigne, toujours provisoirement *et à son corps défendant*, comme une « effraction ». Le terme est ici essentiel, comme l'est cet appel au corps et donc à la vie ; car, à la différence de la violence appelée ou justifiée par l'histoire, il fait valoir l'antériorité principielle de la non-violence et des relations (quasi-corporelles, au moins vitales) qu'elle fonde. Le meurtre n'est pas premier – et il importe de ne jamais oublier ce qu'il vient briser. Voilà où réside la différence et elle est lourde de conséquences. La première est que, si ce qui est en jeu ici est la possibilité d'une violence légitime, celle-ci ne saurait être systématique. Il n'y a pas, il n'y aura jamais de justification possible pour les meurtres de masse. S'il est une chose qui les caractérise, c'est, en effet, toujours l'inverse, à savoir l'éclipse voulue, calculée et organisée de l'effraction que constitue chaque violence, chaque meurtre singulièrement. La seconde conséquence est que la responsabilité s'en trouve restaurée. Si celui qui tue est conscient de l'effraction, s'il sait ce qu'il fracture, il lui sera impossible de trouver un quelconque alibi dans quelque certitude, quelque doctrine, quelque raison d'État que ce soit pour échapper à cette responsabilité. La troisième enfin est que le consentement à la violence (à laquelle la révolte devra se résigner) ne pourra être que temporaire et ponctuel – sauf à renier définitivement les raisons qui le justifient. Sur ce point, les avertissements de Camus tranchent avec tous les égarements intellectuels de son siècle :

> L'action révoltée authentique ne consentira à s'armer que pour des institutions qui limitent la violence, non pour celles qui la codifient. Une révolution ne vaut la peine qu'on meure pour elle que si elle assure sans délai la suppression de la peine de mort ; qu'on souffre pour elle la prison que si elle refuse d'avance d'appliquer des châtiments sans terme prévisible[1].

La dernière condition de la révolte tient enfin à la raison ultime de ses limites qui est *le service de la vie*. Une fois de plus, elle repose sur une opposition décisive qui est celle qui sépare la mesure de la démesure. Où passe la limite ? Qu'est-ce qui *reste* mesuré ? Quand, comment, pourquoi se perd-t-on dans la démesure ? Là encore, on pourrait relire toute l'histoire de la littérature du XXe siècle et de ses engagements à la lumière de ces questions. La démesure, en effet, ce n'est pas seulement, un dépassement de la mesure, c'est aussi son oubli ou sa perte, c'est un égarement hors de tout ce qui pourrait ou devrait permettre de la rappeler ou de la ressaisir. La mesure de la révolte alors, quelle est-elle ? Elle tient dans ces mots de Camus autour

1. A. Camus, *L'homme révolté*, chap. V, « la pensée de midi », *Œuvres complètes*, t. III, *op. cit.*, p. 312.

desquels sa réflexion n'aura cessé de graviter : « la solidarité », « la complicité entre les hommes », la « fidélité à la condition humaine ». Ils désignent les raisons historiques d'une insurrection. Nous nous révoltons parce que telle loi, tel décret, telle évolution du droit, telle institution, tel organisme, telle administration, tel gouvernement sont « infidèles » à la condition humaine et nous les jugeons ainsi parce qu'ils vont à l'encontre de ce qui nous apparaît comme des exigences de cette solidarité et les signes requis de la complicité qui en témoigne – parce que nous avons la conviction qu'ils rajoutent, autrement dit, à la misère et à l'injustice. La démesure, à l'inverse, est la perte de ces amarres. Elle gagne toute révolte que plus rien ne rattache à sa vocation initiale. L'insurrection sort de ses gonds lorsqu'elle oublie qu'il lui importait de rendre le monde plus solidaire et les hommes davantage « complices ».

Mais que sont *la solidarité* et *la complicité* ? Elles sont des modalités de ce *vivre avec* qui définit la vie commune des hommes [1]. Elles prescrivent la nature des relations morales et politiques qui devraient faire le tissu de notre existence. Il y va donc avec elles de la vie. C'est pourquoi Camus peut écrire de la révolte qu'elle « prend le parti du vrai réalisme » et que « si elle veut une révolution, elle la veut en faveur de la vie, non contre elle » [2]. Lorsque la révolte tombe dans la démesure, c'est ce rapport qu'elle inverse – et elle le retourne en consentant au meurtre. Il lui manque alors la générosité qu'elle ne garde qu'aussi longtemps qu'elle sait rester à la mesure et au service de la vie, non d'une vie future ni d'une vie passée, mais de *l'appel présent des vivants* – de cet appel donc qui nous vient de partout, qui surgit à chaque instant, comme chaque jour a sa peine, et qui renouvelle, dans le temps, l'exigence humaine de solidarité et de complicité. Ce n'est pas au secours

1. La question de la solidarité mériterait à elle seule une longue étude. Elle est évidemment au centre d'un roman comme *La Peste*, mais elle revient aussi, comme un leitmotiv, dans de nombreux textes d'intervention. Elle s'exprime ainsi dans ces textes de soutien aux victimes de la répression qui suivit l'intervention des troupes soviétiques en Hongrie en 1956. Par exemple dans ce « Message aux écrivains hongrois en exil » (*Œuvres complètes*, t. IV, *op. cit.*, p. 589) : « Je veux seulement exprimer la solidarité qui depuis un an lie au sort de la Hongrie tous les intellectuels libres d'Occident ». Ou encore dans cet entretien d'octobre 1957, intitulé « Le pari de notre génération », *idem*, p. 586 : « Mon rôle en Algérie n'a jamais été et ne sera jamais de diviser, mais de réunir, selon mes moyens. Je me sens solidaire de tous ceux, Français ou autres, qui souffrent aujourd'hui dans le malheur de mon pays. Mais je ne puis à moi seul refaire ce que tant d'hommes s'acharnent à détruire. Je recommencerai quand il y aura de nouveau une chance d'aider à la reconstitution d'une Algérie délivrée de toutes les haines et de tous les racismes ».

2. A. Camus, *L'homme révolté*, chap. v, « La pensée de midi », *op. cit.*, p. 317.

d'une vie abstraite que se porte la révolte, mais bien de la vie des vivants. Elle est le mouvement de la vie – celui grâce auquel chaque vie singulière s'invente dans sa singularité propre et dans lequel elle se partage, dès lors qu'elle est toujours déjà commune.

Dans la vie et dans l'œuvre de Camus, rien ne le rappelle davantage que ses positions controversées durant la guerre d'Algérie, dont on sait qu'elles devaient creuser davantage encore le fossé qui le séparait de ses contemporains engagés dans les luttes idéologiques, les partis et les groupuscules de l'après-guerre, depuis la publication de *L'homme révolté* et la polémique qui s'était ensuivie avec Breton, Jeanson et Sartre. En avril 1958, Camus rassemble, dans un volume intitulé *Actuelles III. Chroniques algériennes*, les textes qu'il a consacrés, depuis presque vingt ans, à l'Algérie et dont il faut rappeler que les premiers, écrits à la veille de la seconde guerre mondiale, sont une dénonciation sans concession des politiques coloniales de « conservation » – c'est-à-dire d'entretien de la misère [1] – et d'oppression en Algérie. À cette occasion, il écrit un avant-propos, dans lequel se retrouvent la plupart des questions qui ont servi ici de fil conducteur. Elles ont pour toile de fond deux formes de violence qui ont pour effet symétrique non seulement de briser, de façon systématique et délibérée, toute possibilité de « dialogue » et d'entente au-delà des affrontements – de rendre donc la paix impossible –, mais encore d'en appeler à des justifications théoriques, des soutiens intellectuels, des prises de position radicales qui sont autant de formes conflictuelles du « consentement meurtrier ». Ces deux formes (qui n'ont rien perdu de leur actualité, encore moins depuis le 11 septembre 2001, avec ce qu'on a appelé « la guerre contre le terrorisme », puis la guerre en Irak et les images des sévices perpétrés dans la prison d'Abou Graib), ce sont la terreur d'une part – celle des bombes qui frappent aveuglément les foules innocentes – et la torture d'autre part. Comme le rappelle Camus, elles s'engendrent mutuellement, dans l'illusion qu'elles trouvent, chacune dans l'autre, leur justification. De la torture, on dira qu'elle n'a d'autre objectif que d'éviter de nouveaux attentats, des bombes qu'elles sont le seul moyen de combattre efficacement cette situation d'oppression (que la torture prolonge et aggrave) et la seule réponse possible à la répression de protestations et de revendications jamais entendues. C'est cette double logique que l'auteur des *Chroniques algériennes* récuse. Et il le fait dans des termes qui consonnent avec les analyses de *L'homme révolté*, puisque, dès l'instant qu'on justifie la

1. Voir notamment le premier texte de ces chroniques (qui est aussi l'une des premières publications de Camus) intitulé « Misère de la Kabylie ».

terreur ou la torture, acceptant, *par principe*, que des vies soient mutilées et sacrifiées, c'est, dit-il, « le triomphe du nihilisme »[1] que l'on consacre.

> Chacun, pour se justifier, s'appuie alors sur le crime de l'autre. Il y a là une casuistique du sang où un intellectuel, me semble-t-il, n'a que faire, à moins de prendre les armes lui-même[2].

« La casuistique du sang » – c'est (ce pourrait être) en dernier ressort une autre façon de désigner ce qu'on a tenté d'analyser sous le nom de « consentement meurtrier ». Elle ne nous renvoie pas seulement aux pages les plus sombres de notre histoire, elle appartient à notre temps ; elle déchire les « communautés », elle crispe les « appartenances » et, dans un même espace, un quartier, une rue, la cour d'un immeuble ou d'un lycée, elle engendre la violence, provoquant des paroles et des gestes qui sont autant de blessures irréparables. Mais elle divise aussi le monde, car ce que cette casuistique – cette distinction, cette séparation des cas – signifie, c'est que notre relation à la mort (et par conséquent à la vie) des autres trace des frontières. Elle a pour effet que la souffrance et la mortalité des uns nous rendent solidaires, au sens où l'entendait Camus, qu'elles nous indignent et nous révoltent donc, tandis que le malheur des autres au mieux nous indiffère, au pire nous réjouit. Elle rappelle, cette casuistique, que, de part et d'autre de ces lignes, nous ne comptons pas les morts de la même façon. Sans doute est-ce là, pour finir, ce que veut dire, aujourd'hui encore, « consentir au meurtre », où la vie se compromet en même temps que le monde se défait.

Lorsqu'il reçut le prix Nobel, le 10 décembre 1957, Camus entreprit de décrire, dans son discours de réception, la tâche de sa génération, née à la veille de la première guerre mondiale, avant d'être précipitée dans la seconde et pour finir atteinte par la guerre froide. Dès lors qu'elle s'était trouvée exposée à la tentation nihiliste, celle ci n'avait pu se comprendre autrement que comme l'invention d'« un art de vivre par temps de catastrophe ». Mais cet art n'avait pu signifier la jouissance de la paix. Il lui avait imposé d'em-

1. *Cf.* A. Camus, *Actuelles III, Chroniques algériennes*, avant-propos, in *Œuvres complètes*, t. IV, « Bibliothèque de la Pléiade », Paris, Gallimard, 2008, p. 299 : « Les représailles contre les populations civiles et les pratiques de torture sont des crimes dont nous sommes tous solidaires. Que ces faits aient pu se produire parmi nous, c'est une humiliation à quoi il faudra désormais faire face. En attendant, nous devons refuser toute justification, fût-ce par l'efficacité, à ces méthodes. Dès l'instant, en effet, où, même indirectement, on les justifie, il n'y a plus de règle ni de valeur, toutes les causes se valent et la guerre sans buts ni lois consacre le triomphe du nihilisme ».

2. A. Camus, *Actuelles III, Chroniques algériennes*, *op. cit.*, p. 300.

pêcher, de tenter d'empêcher que le monde ne se défasse – ce qu'elle n'avait pu faire, ajoutait l'auteur de *La Peste*, qu'en essayant de « restaurer un peu [...] de ce qui fait la dignité de vivre et de mourir »[1]. De cette dignité, il appartenait à chacun de comprendre qu'elle était à la fois singulière et collective, qu'elle engageait sa vie autant que celle des autres, de tous les autres – et qu'il n'y avait pas de plus grande *responsabilité* qui tienne. Ce n'était pas seulement la tâche des écrivains, même si la littérature pouvait y contribuer. Il y allait plutôt, comme la résistance en avait donné l'exemple, d'une conquête partagée de ces moments de vérité, fragiles et fugitifs, qui font le sens de la révolte, quand elle redonne un peu de sens à l'être-au-monde.

> Chaque génération, sans doute, se croit vouée à refaire le monde. La mienne sait pourtant qu'elle ne le refera pas. Mais sa tâche est peut-être plus grande. Elle consiste à empêcher que le monde ne se défasse. [...] Devant un monde menacé de désintégration, où nos grands inquisiteurs risquent d'établir pour toujours le royaume de la mort, elle sait qu'elle devrait, dans une course folle contre la montre, restaurer entre les nations une paix qui ne soit pas celle de la servitude, réconcilier à nouveau travail et culture, et refaire avec tous les hommes une arche d'alliance[2].

Marc CRÉPON

1. A. Camus, *Discours du 10 novembre 1957*, in *Œuvres complètes*, t. IV, *op. cit.*, p. 241.
2. A. Camus, *Discours du 10 novembre 1957*, *op. cit.*, p. 241-242.

TABLE DES MATIÈRES

Imprimerie de la manutention à Mayenne (France) - Avril 2012 - N° 867832B
Dépot légal : 2e trimestre 2012